여성-되기
들뢰즈의 행동학과 페미니즘

여성-되기
들뢰즈의 행동학과 페미니즘

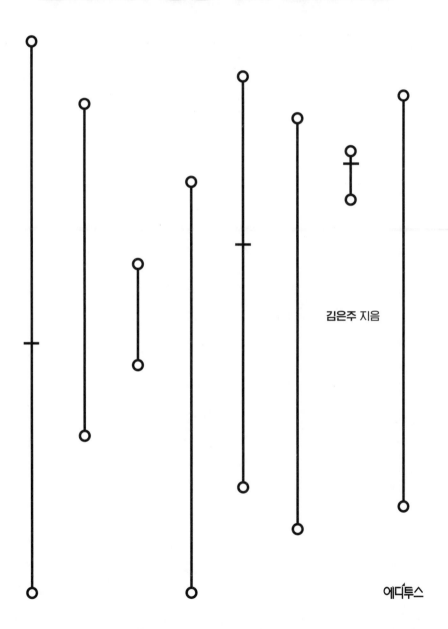

김은주 지음

에디투스

시작하기 전에

　이 책의 목적은 질 들뢰즈Gilles Deleuze의 행동학éthologie이 제안하는 '되기 devenir' 개념에 착안하여 페미니즘적 입장에서 그 실천적 의의를 찾아보는 데에 있다. 나는 신체의 변용 능력의 상승과 하강을 좋음과 나쁨으로 다루 는 행동학이 새로운 윤리적 지평을 열어 주며, 되기 개념을 통해 실천적 의 미가 제시된다고 생각한다. 따라서 여기서의 과제는, 첫째, 되기의 윤리적 의미와 정치적 함의를 밝히는 것이며, 둘째, 되기 개념이 체현적 실재로서 여성 주체의 발명에 기여하며, 되기가 페미니즘에 유용함을 보여 주는 것 이고, 셋째, 페미니즘을 관계성과 타자성을 윤리적 가치로 삼는 '긍정의 윤 리학Affirmative Ethics'으로 제시하는 것이다. 이로부터 나는 긍정의 윤리학으 로서 페미니즘이 여성만의 정치운동이 아닌 다른 사회운동과 함께하는 연 대와 제휴의 정치운동으로 이해하는 길이 열린다고 주장하고자 한다.

　들뢰즈의 행동학에서 차이는 동일한 것에 의해 규정되거나 환원될 수 없는, 존재론적인 역량을 의미한다. 이러한 차이는 변이의 역량을 지닌 강 도intensive적인 것이다. 강도적 차이를 통해 보았을 때, 윤리학은 '얼마나 변 이할 수 있는가'라는 신체의 역량을 다루는 문제이다. 이러한 윤리학은 형 식의 보편성에 기대 '무엇을 해야만 하는가?' 라는 당위에 붙들리지 않으

6

며, '어떻게 할 수 있는가'라는 신체의 행위 능력의 문제를 제기한다. 이러한 신체는 정신과 대립하는 신체성이라는 실체적 본질을 지닌 것이 아니라, 변화할 수 있는 능력인 변용 능력povouir d'être affecté을 의미한다. 신체는 다른 신체들과 결합하는 힘들의 관계에서 행위할 수 있는 능력의 정도이자 신체에 귀속되는 힘들의 집합체이다.

신체에 대한 이러한 정의를 통해 깨닫게 되는 사실은 윤리학이 신체의 변용 능력에 관한 문제를 다루는 행동학이라는 것이다. 행동학은 변용affection시키고 변용하는 능력을 연구하며, 변용이 발생하는 관계들의 질서와 조성을 탐구한다. 이러한 행동학으로서의 윤리학은 신체의 결합과 해체에 관한 원인들의 질서를 파악하고, 결합 관계에 의해 증가하고 감소하는 신체 능력을 윤리적 논의로 주요하게 다룬다.

이 책의 관심은 행동학이 신체의 변용 능력을 상승하고 하강하는 관계의 좋음과 나쁨을 탐구할 뿐 아니라, 변용 능력을 보다 상승시킬 수 있는 좋은 관계들과 결합하기를 능동적으로 추구한다는 데에 있다. 결합은 되기 개념을 통해 보다 구체적이며 실천적인 수준에서 설명된다. 되기는 신체의 능동적인 변용 능력을 고무하는 신체들의 결합을 조성하는 것이다. 되기 개념은 탈정체화와 탈중심화를 실행하는 소수자 되기를 주창할 뿐 아니라, 각기 독특한 신체들의 변용 능력을 긍정하며 모두의 변용 능력을 증강시키는 능동적인 행위를 만들어 내는 관계성을 창출하는 실험을 도모하는 것이다. 이 점에서 되기는 행동학의 실천적 의미를 제시한다고 할 수 있다.

나아가 이 책의 중요한 관심은 무엇보다 되기 개념 중 여성 되기 개념의 중요성을 강조하고 페미니즘과 결합하여 그 의의를 끌어내는 것이다. 이를 위해 나는 페미니즘 논의와 되기 개념을 접목하여 여성 주체의 발명을 이끌어 내는 브라이도티Rosi Braidotti에 주목하려 한다. 브라이도티는 되기를 통해 생산되는 여성 주체를 집합적 신체이자 체현적 실재로 설명하면서 이를 다음과 같이 정의한다. 첫째, 여성 주체는 하나의 중심으로 수렴되지 않고 변이하는 유목적 주체이다. 둘째, 여성 주체는 여성 간의 다양한 차이를 인정하고 각기 다른 사회문제와 결합하여 연대의 역량을 강화하고 확장하는 비단일적인 주체이다. 브라이도티는 이러한 여성 주체를 윤리적 주체로 설명하며, 페미니즘의 과제를 타자와 차이에 개방적인 관계를 추구하는 긍정적인 힘 기르기^{empowerment}로 역설한다. 이러한 그녀의 문제의식은 타자성과 관계성을 윤리적 가치로 두는 긍정의 윤리학으로 제시된다. 긍정의 윤리학은 상호 연결된 관계망에서 영향을 주고받는 복합적 차이를 긍정하며, 부정적인 열정을 긍정적인 역량으로 바꾸어 내는 시도이다.

　이러한 맥락에서 이 책은 페미니즘을 다음의 두 가지 이유로 긍정의 윤리학으로 이해하고자 한다. 하나는, 여성 내의 다양한 차이들 간의 소통과 교섭을 위해서는 페미니즘에 새로운 윤리적 논의가 요청되기 때문이고, 둘은, 다양하고 복잡한 차이들을 주체 생산의 역량으로 삼는 여성 주체는 관계성과 타자성을 강조하는 윤리적 주체이기 때문이다. 긍정의 윤리학으로서 페미니즘은 연결된 관계를 강조함으로써, 하나의 중심에 귀결하지 않고 복잡한 차이들로부터 비롯된 다중적인 정체성에 복수적으로 소속되는 것을 허용하는 관계를 제시한다. 동시에 각기 다양한 맥락을 지닌 현장에서 비롯된 미시적이고 복수적인 요구에서 열린 보편성을 창출해 내는 의의를 지닌다. 이러한 긍정의 윤리학으로서 페미니즘은 각기 다른 차이들을 인정하면서도, 서로 연결되어 함께 더불어 공존하는 의미를 지니는 지구적인 공동체 인식을 공유한다. 요약하자면 긍정의 윤리학으로서의 페미니즘은 여성만의 고립된 운동 형식에서 벗어나 다른 사회운동과 더불어 연대하며, 인간 중심주의를 넘어서 타자에 개방적이고, 미래 세대에 책임을 지는 지속 가능한 공동체를 창출하려는 정치적 활동이라고 할 수 있다.

차례

일러두기

—이 책에서 인용하는 들뢰즈의 저작은 아래의 약호에 따라 표기한다.
—인용문의 출처는 각주를 통해 원서의 쪽수를 표시하거나, 원서의 쪽수/번역본
  의 쪽수를 함께 표기한다.

D   *Dialogues*, Flammarion, 1996

DR   *Différence et repetition* / 11e. ed, Presses Universitaires de
             France, 2003

F   *Foucault*, Editions de Minuit, 1986

LS   *Logique du sens*, Minuit, 1969

MP   *Mille Plateaux(avec Félix Guattari)*, Minuit, 1980

NP   *Nietzsche et la philosophie*, PUF, 2007

P   *Pourparlers 1972-1990*, Editions de Minuit, 2003

SPP   *Spinoza, Philosophie pratique*, Minuit, 1981

SPE   *Spinoza et le problème de l'espression*, Minuit, 1967

QP   *Qu'est-ce que la philosophie?*, Minuit, 1991

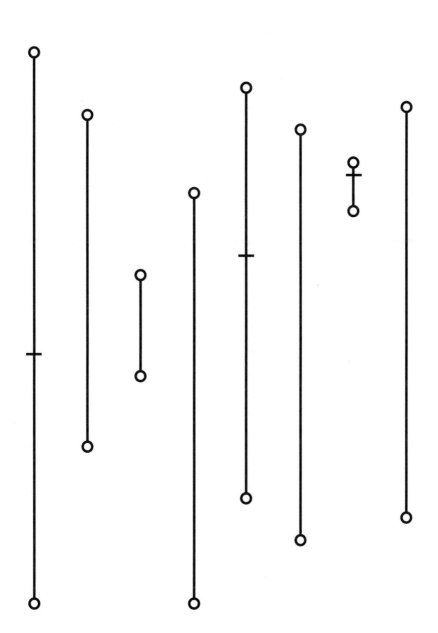

이론은, 땅에서 솟아올라 비구름으로 모아져
몇 번이고 반복해 대지로 되돌아오는 이슬이 될 수 있습니다.
그러나 만약 이론에 대지의 내음이 풍기지 않으면,
이론은 대지에 좋은 것이 아닙니다.
―에이드리언 리치, 「현장의 정치학을 위한 노트들」

삶의 역량은 각각의 불안정한 조합을 통해
존재 속에 비할 데 없는 힘, 끈기, 투지를 가지고 자신을 긍정합니다.
―질 들뢰즈, 『디알로그』

　윤리학을 의무와 당위의 문제로 이해하는 입장에서는, 들뢰즈의 철학에
서 명시적인 윤리적 논의를 찾기가 힘들다. 들뢰즈는 『스피노자와 표현 문
제』에서 "윤리적 세계관에서는 언제나 능력과 역량이 문제이며, 다른 것은
문제가 되지 않는다"(SPE 369/247)고 설명하고 있다. 그에게 있어서, 윤리
적인 것은 바로 생명의 역량을 활력 있게 증강시키는 것이다. 역량의 증강
은 얼마나 변이할 수 있는가에 달려 있다. 들뢰즈는 변이의 역량을 차이에
서 비롯되는 것으로 설명한다. 오랫동안 차이는 오직 동일성이 반대항으
로 규정되었다. 특히 이분법의 논리는 차이를 동일성이 아님, 본질(A)의 대
립항인 비본질(not A)이자 동일성의 부정을 지시한다. 이와 같이, 차이를
규정하는 이분법의 논리는 동일성과 차이를 '정신과 신체, 이성과 감성, 자
아와 타자, 남성과 여성 등의 이항'을 대립시키는 구조로 확정하고, 차이와
묶인 계열을 규제하면서 다양한 차이를 배제하고 차별하며 억압한다.[1] 이
러한 이분법을 넘어서기 위해서는 차이를 동일성의 부정이나 결핍으로 상

1　엘리자베스 그로츠, 『뫼비우스 띠로서 몸』, 임옥희 옮김, 여이연, 2001, 58쪽.

정하는 입장에서 벗어나야 한다고 주장하는 들뢰즈의 입장에 주목할 필요가 있다. 들뢰즈에 따르면, 차이는 존재론적 역량을 지닌 힘이다. 이러한 차이는 동일한 것에 의해 규정되거나 환원될 수 없는 것이다. 동일성으로 수렴되지 않는 복수적인 것이며, 질적으로 언제나 변화할 수 있는 힘을 갖는 강도적인 것이다. 차이를 변이하는 역량으로 이해함으로써, 들뢰즈는 변이할 수 있는 신체 역량의 강화와 약화를 기준으로 삼아 좋음과 나쁨을 윤리적인 기준으로 제안하는 행동학을 윤리학으로 제시한다.

이 같은 새로운 윤리학은 신체를 새롭게 이해하는 데 따른다. 신체는 어떤 신체성의 본질을 지닌 정신의 대립항이 아니며, 변화할 수 있는 능력인 변용 능력인 것이다. 들뢰즈에게 있어서, 신체는 다른 신체들과 결합하는 힘들의 관계에서 한 신체에 귀속되는 힘들의 집합체이자, 이러한 힘을 감당하며 행위할 수 있는 능력의 정도이다. 이러한 행동학에서 신체의 결합과 해체에 관한 원인들의 질서를 파악하고, 결합 관계에 의해 변화하는 신체 능력의 증가와 감소를 이해하는 것은 윤리적인 논의이다. 따라서 행동학의 윤리적 기준은 형식의 보편성에 기대 '무엇을 해야만 하는가'라는 당위가 아니라, '어떻게 할 수 있는가'라는 신체의 행위 능력에 근거한다. 신체의 변이 능력을 윤리적인 문제로 제기하는 행동학은 원자적 개인의 이성과 양심에서 규범적 가치의 근거를 찾는 논리에서 벗어난다. 또한 다른 신체들과의 영향을 주고받는 관계를 통해 신체를 이해함으로써, 다양한 차이들을 긍정하는 관계성을 윤리적인 가치로 조명한다.

이 책은 행동학이 변용 능력을 보다 상승시킬 수 있는 좋은 관계들과 결합하기를 추구할 뿐 아니라, 그러한 관계를 능동적으로 조직하려고 노력한다는 점에 주목한다. 행동학의 목표는 신체의 역량을 상승시키는 데 그치지 않고 새롭게 관계를 조직하는 데에 있다. 들뢰즈에 따르자면, 결합을 조직하는 방식은 한 신체에게만 유리하게 관계를 이용하거나 포획하는 것이 아니다. 조직된 관계는 이에 결합하는 신체들 모두에게 유리한 방식이며, 모든 신체의 행위 능력의 능동성을 강화시키는 방법이다. 들뢰즈는 이 방식을 '되기' 개념으로 설명한다. 되기는 신체의 능동적인 변용 능력을 고무하는 신체들의 결합을 조성하는 것이자, 관계를 맺고 있는 각각의 신체 모두의 능력을 상승시키는 것이다. 각기 다른 신체의 능력을 활성화하는 차이의 역량을 인정하면서 상호 연결된 관계성을 생산할 수 있는 방식이 바로 '되기'인 것이다.

이러한 되기의 방식이 지닌 의미는 다음과 같다. 첫째, 되기는 복합적인 차이들을 연결하고 접속하는 것이며, 둘째, 동일한 중심으로 환원시키려는 제도와 체제에서 벗어나 단일한 정체성을 분산시키는 것이다. 셋째, 되기는 하나의 중심으로 통합시키는 보편성을 통제의 원리로 삼는 지배 체계에서 이탈할 수 있는 수많은 다양한 배치들을 끊임없이 고안해 나가는 것이다. 이 점에서 되기는 주어진 정체성을 허무는 힘이며, 지배 권력의 보편적 기준을 획득하는 다수적인 것이 아니라 새로운 존재 방식을 발명해 내고 그에 대한 권리를 주창하는 소수적인 것이다.

이러한 되기 개념을 통해서 나는 행동학과 페미니즘을 연결하여 그 실천적 의미를 확대하고자 한다. 이 책의 중요한 관심은 되기 개념이 페미니즘에 실천적 유용성을 제공한다는 점을 밝히는 데 있다. 새로운 여성 주체의 발명을 되기 개념을 통해 설명하는 로지 브라이도티의 논의는 행동학과 페미니즘을 연결할 뿐 아니라 페미니즘에 있어서 되기 개념의 생산적 유용성을 보여 준다고 판단하여, 나는 이를 책의 또 하나의 중요한 준거로 삼았다. 브라이도티는 『유목적 주체Nomadic Subjects』(1994/2011)에서, 되기 개념이 인간이라는 정체성에서 벗어나는 급진적인 위치로 설정한다는 점에서 의미가 있지만, 성차sexual difference를 고려하지 못했다는 점에서 한계가 있다고 지적한다. 그럼에도 불구하고, 그녀는 되기가 경험과 위치에서 비롯된 다양한 입장을 옹호하며, 백인-중산층-기독교 유신론자-이성애자-남성이라는 가부장적인 주체의 추상적 일반성과 충돌하기 때문에, 페미니즘 정치와 맞닿아 유의미한 논의를 창안할 수 있다고 평가한다. 특히 브라이도티는 되기 개념을 새로운 집합적 행위자^{agency}를 생산하는 방식으로 이해하면서 복합적 힘들의 집합체로서 여성 주체를 제시한다. 되기를 통해 생산되는 여성 주체는 다양하고 복합적으로 작용하는 관계에서 발생하며, 특수하고 구체적 경험들을 체현하는 물리적 실재이자, 통일적으로 조직되지 않는 '비단일적인 주체^{non-unitary subject}'이다.

브라이도티의 이러한 문제의식은 *Metamorphoses: Towards a Materialist Theory of Becoming*(2002)와 『트랜스포지션^{Transpositions}』(2006)에서 여성 주체를 발명하고자 하는 페미니즘이 윤리적 전회를 통과하기 때문에, 여성 주체를 윤리적 주체로 규명해야 한다고 강조하는 것으로 발전한다. 브라이도티에 따르면, 지금 우리 시대의 페미니즘은 타자와 차이에 개방적인 관계를 추구할 수 있는 긍정적인 힘 기르기를 절실히 필요로 하며, 이러한 페미니즘의 주요한 과제는 긍정적인 역량을 배양하는 관계의 집합체인 윤리적 여성 주체의 발명에 있다는 것이다. 나는 이러한 브라이도티의 논의가 들뢰즈의 행동학을 페미니즘 관점에서 재해석하는 여성-되기와 타자성과 관계성을 윤리적 가치로 삼는 긍정의 윤리학으로 제안하는 것이라고 생각한다.

나는 이러한 긍정의 윤리학이 하나의 중심으로 수렴하는 본질적 정체성을 해체하고 다양한 타자에 개방적인 다중적 소속을 지니면서 더불어 공존하는 공동체의 구축을 모색하기에 정치운동으로서의 의미를 지닌다고 생각한다. 여기에서 더 나아가 이 책은 정치운동으로서의 페미니즘을 긍정의 윤리학으로 보다 확장하여 이해하고자 한다. 긍정의 윤리학으로 이해될 수 있는 페미니즘은 각기 다른 차이들을 인정하면서도, 서로 연결되어 공생하고 공존하는 지구적인 공동체 인식을 공유한다. 이러한 페미니즘은 구체적인 맥락과 지역, 위치에서 능동적 실천을 해나가는 미시정치를 행하고 차이들의 연결을 통해 열린 보편성을 창출해 내면서, 이를 확대

하는 공동체의 구성을 윤리적 목표로 갖는 것이다.[2] 이 책은 이러한 긍정의
윤리학으로서의 페미니즘을 가부장제의 차별에 저항하는 정치운동이자,
'여성'이라는 젠더 범주를 넘어 인본주의적 전제들에서 벗어나 새로운 존
재 양식과 대안을 창출하는 연대와 제휴의 정치운동으로 제안하고자 한다.

　들뢰즈의 행동학을 기반으로 삼아, 페미니즘을 여성-되기이자 긍정의
윤리학으로 제시하려는 이 책의 논의는 크게 다음의 두 파트—1부에서는
행동학의 이론적 의미를 살펴보고, 2부에서 행동학의 실천적 의미인 되기
개념을 페미니즘과 결합하여 다룬다—로 구성된다. 이는 들뢰즈의 행동학
을 기반으로 삼아 긍정의 윤리학으로서 페미니즘에 이르는 논의를 '행동
학의 이론적 의미' 그리고 '실천적 의미로서의 되기와 페미니즘'으로 연결
하는 인식론적 과정을 염두에 둔 것이다. 이에 따라 우선 신체를 변용 능력
으로 정의하고, 능력의 상승과 하강을 좋음과 나쁨으로 제기하는 들뢰즈
의 행동학을 설명하면서 그것의 윤리적 성과와 정치적 함의를 밝힌다. 그
리고 이어서 되기 개념을 비판적으로 수용하고 여성-되기 개념을 거쳐 여
성 주체의 발명을 모색하는 페미니즘 논의를 제시하며, 들뢰즈의 행동학
과 연결되면서 페미니즘적 관점을 견지하는 브라이도티의 긍정의 윤리학
과 그 의의를 설명한다. 논의는 다음의 순서를 따른다. 1) 차이를 변이를
생산하는 강도적인 힘으로 규명하고 신체를 변이할 수 있는 능력으로 설
명한다. 2) 윤리학을 신체의 변용 능력을 탐구하고 변용의 역량을 상승시
키는 관계를 조직하려는 행동학으로 규명한다. 3) 되기 개념을 통해 변용
능력을 상승시키는 관계의 결합과 구성을 탐구해 보고, 되기 개념의 윤리
적, 정치적 의미를 구체적으로 살펴본다. 4) 되기 개념의 실천적 의미를 페

2　나는 열린 보편성을 맥락 초월적이며 불변하는 본질에서가 아니라, 새로운 차이와 결합할
　수 있는 변이 가능성을 담지하는 준안정적인 것으로 이해하고자 한다. 이 책에서는 이러
　한 열린 보편성을 미시 보편성, 임시적 보편성으로 바꾸어 서술한다.

18

미니즘과 연관하여 살펴본다. 특히 들뢰즈의 여성-되기 개념이 지닌 페미니즘적 의의를 논하고, 되기가 여성 주체를 모색하는 페미니즘 논의에 기여하는 지점을 중심으로 삼아 논의를 진행한다. 5) 타자성과 관계성을 윤리적 가치로 제시하는 긍정의 윤리학을 설명한다. 6) 페미니즘을 긍정의 윤리학으로 이해하면서, 차이와 공동체의 문제를 주요하게 다룬다. 이를 보다 구체적으로 설명하면 다음과 같다.

1부의 1장에서는 강도적 차이에 대해 살펴보고 신체의 역량 문제를 다루는 윤리학에 관해 논의한다. 강도적 차이는 동일성과 무관한 변화의 역량을 지닌 존재론적 역량이다. 역량으로서 차이는 다른 차이들과의 관계로부터 발생하며, 새로운 차이를 생산하는 원인이기도 하다. 이러한 차이 개념으로부터, 윤리학은 도덕 주체로서 인간을 가정하는 입장을 넘어 신체 역량의 상승과 하강을 기준으로 삼아 좋음과 나쁨의 문제를 윤리적인 것으로 제기한다. 이어 2장에서는 윤리학을 행동학으로 이해하여 이를 주요하게 살펴본다. 행동학은 특히 신체의 능동적 변용 능력을 상승시키는 다른 신체와 결합하고자 하며, 이러한 결합 관계를 창출하는 것으로 나아간다.

2부에서는 행동학의 실천적 의의를 지닌 되기 개념을 설명하고 이를 페미니즘과 연결하여 다룬다. 2부의 1장은 행동학의 실천적 의미를 지닌 되기 개념에 대해서 설명한다. 되기 개념은 다른 신체와 만남을 조직하여 새롭게 신체를 구성하는 방식이며, 그 목표는 새로운 지각과 정동을 창출하여 단일한 중심으로 수렴시키려는 통제로부터 벗어나는 것이다. 이러한 되기는 미시정치의 문제를 제기하면서, 행동학이 지닌 정치적 함의를 제시한다.

2장에서는 행동학과 페미니즘이 조우하는 지점을 중심으로 삼아, 되기 개념을 비판적으로 수용하고 이를 여성 주체의 발명에 유용할 수 있는 브라이도티의 '여성-되기'논의를 주요하게 다룬다. 브라이도티는 들뢰즈의 작업이 신체의 변용 능력을 탐구한다는 점에서 체현성을 둘러싼 페미니즘 논의에 유용한 시사점을 마련해 준다고 본다. 또한 여성 주체의 생산에 있어서, 들뢰즈의 되기 개념이 차이를 일탈이나 종속된 것이 아니라, 긍정적인 역량으로 삼고 있다는 점에서 적극적으로 받아들인다. 브라이도티에 따르면, 여성 주체는 탈육화된 정신 활동이 아니라 사회문화적 특수성이 긴밀하게 연결되어 있는 체현된 존재이다. 이러한 여성 주체는 이질적이고 불연속적인 신체들의 역량이 교차하면서 각기 다른 신체들을 연결하여 새로운 신체들을 창출해 내는 여성-되기 과정 그 자체이다.

3장에서는 행동학을 페미니즘 관점에서 도입하는 브라이도티의 긍정의 윤리학을 설명하고, 이에 따라 페미니즘을 긍정의 윤리학으로 제시한다. 긍정의 윤리학은 '타자와 맺는 상호 관계를 통해 능동적 행위를 창출하는 집합적 주체를 지속할 수 있게 하는 것은 무엇인가'라는 문제를 윤리적 질문으로 제기한다. 이에 답하는 긍정의 윤리학은 관계성과 차이성을 윤리성으로 삼으며, 책임을 당위가 아니라 삶을 계속 지속하게 할 수 있는 관계와 공동체를 능동적으로 구축하는 것으로 이해한다.

이러한 긍정의 윤리학은 기존의 지배적 규범과 상식에 도전하며, 사회의 다양한 범주를 변화시켜 새로운 삶의 양식을 생산해 내는 정치적 활동이다. 긍정의 윤리학은 인본주의가 가정하는 논리와 이분법을 넘어서 새로운 윤리적/정치적 존재 양식을 창출하려는 시도인 것이다. 결론적으로 이 책은 페미니즘을 긍정의 윤리학으로 제시하면서, 여성이라는 범주를 넘어서 타자에게 개방적이며 타자들의 연결로부터 생산된 '우리'를 위한 비판과 저항, 그리고 중재와 제휴의 정치로서 제안한다. 그리고 긍정의 윤리학으로서 페미니즘을 통해서 다양한 차이와 미시 보편성의 문제 그리고 지속가능성을 추구하는 공동체에 관한 논의를 진행한다.

PART 1
행동학의 이론적 의미

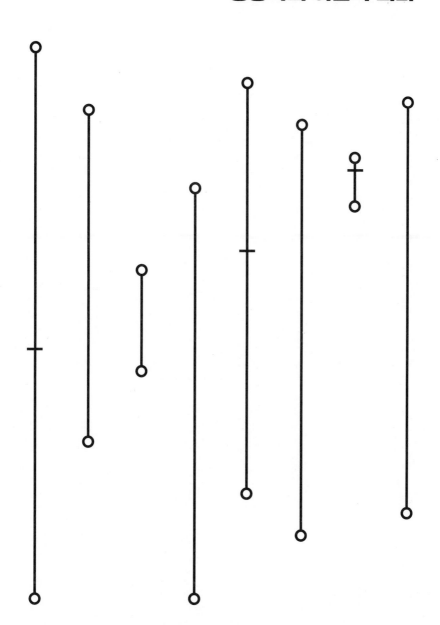

1장

차이와 윤리학

들뢰즈는 윤리적 논의를 형식적 보편타당성을 자율적으로 따르는 의무에 입각하지 않고, 존재 방식들manières을 새롭게 생산하고 기존의 가치를 비판하여 다시 구축하는 작업으로 검토한다. 이러한 입장은 도덕을 비판하는 니체를 계승하고, 존재를 역량puissance으로 설명하는 스피노자의 윤리학éthique을 새롭게 해석하고 보다 구체화한 것이다.

들뢰즈가 제안하는 윤리학은 '신체가 얼마나 그 힘을 발휘하여 변이할 수 있는가'를 다루는 것이다. 그는 윤리학을 규칙을 준수하는 문제가 아니라, 무엇인가를 할 수 있는 행위의 문제로 제시한다.

윤리학을 능동적 행위를 창출하는 것으로 접근해 본다면, 중요한 것은 행위하는 신체의 힘과 그 실행에 있다. 들뢰즈는 신체의 힘을 얼마나 변이할 수 있는가로 이해하는 것이다. 변이variation는 '존재하려는 힘force d'exister'으로 다른 존재하는 힘들의 관계에서 작용하려는 역능puissance d'agir을 의미한다. 변이할 수 있다는 것은 언제나 달라짐으로써 존재한다는 것을 뜻한다. 그러하기에 신체의 행위 역능을 다루는 윤리학에 있어 중요한 관심은 신체가 변이할 수 있는 정도에 있다. 이러한 윤리학의 작업은 신체를 구성하는 관계 전체와 각각의 신체에 작용하는 다양한 변이에 관한 앎을 동반한다. 윤리학의 관심이 신체의 역능을 증강하는 것에 있기에, 어떤 것이 신체를 변용시키는가를 아는 것은 필수적인 것이다.

윤리학에 있어서, 차이는 변화할 수 있는 힘이자 역능이라는 점에서 매우 중요하다. 들뢰즈는 차이를 존재론적인 역량으로 해명하면서, 동일한 것과 비동일한 것으로 나누는 이분법에 의해 오랫동안 차이가 비동일한 개념적 차이로 규정되었다고 지적한다. 이러한 보편적 논리는 동일성을 기준으로 삼아 차이를 위계가 낮은 것으로 규정하며, 소극적인 것, 수동적인 것, 부정적인 것으로 규정한다.

동일성의 특권적 지위는 르네 데카르트로 대표되는 이원론적 사유에 의해 더욱 심화되면서 차이는 차별과 억압의 대상이 된다. 이원론적 사유는 동일성을 근거로 코기토Cogito의 확실성을 확보하며, 신체에서 발생하는 경험과 감각의 불확실성을 비동일한 차이로 규정하는 것이다. 이로 인해, 차이와 관련된 신체는 의식과 완전히 분리될 뿐 아니라 합리적인 의식에 의해 조정되어야 할 단순한 기계로 설명된다. 이는 의식/신체, 이성/감성, 자아/타자, 실재/현상, 초월/내재, 남성/여성 등을 대립시키고 전자에 우월성과 우선성을 부여한다. 사유와 이성이 우위를 지닌 것이라면, 신체는 동일성을 담지하지 못하고 계속적으로 변화하는 것이기에 하등하고 열등한 것이며, 이성적 의식에 의해 지배되고 통제된다.

들뢰즈는 차이를 비동일한 개념적 차이로 묶어 두는 이분법과 이원론을 비판하고 벗어날 뿐 아니라, 차이를 존재론적 역량으로 설명한다. 그는 그 방법으로 변주variation와 전복reversal이라는 개념을 채택한다. 변주는 이분법에 대항하는 또 다른 원리를 세우려는 것이 아니다. '―에 반대하는'과 같은 대립의 원리는 다시 이분법에 빠지기 때문에, 변주의 목적은 동일성의 논리가 자가당착에 빠져 스스로 해체할 수 있는 효과를 창출하는 것에 있

는 것이다.[1]

변주는 동일성의 논리를 해체하는 것에 그치지 않고, 해체의 효과를 통해서 새로운 차이를 만들어 내는 생산이다. 즉, 변주는 이것 아니면 저것이라는 두 가지 선택으로 갇힌 체계에서 벗어나는 것이며, 이것과 저것을 연결하는 방식이다. 그리고 연결을 통해 새로운 다른 지점을 생산해 내고 계속적으로 결합하여 증식하는 것이다. 이 점에서 변주는 해체와 생산을 동시적으로 행하는 전복으로 이해될 수 있다. 전복이라는 단어에는 '뒤집다overturning'와 '압도하다, 넘쳐 더 나아가다overcoming'라는 두 의미가 공존한다. 압도하다, 넘쳐 더 나아간다는 의미에서의 'overcoming'은 이분법적인 논리가 차이를 통제할 수 없을 뿐 아니라, 오히려 차이가 다름을 역량으로 삼아 새로운 차이를 계속적으로 생산하는 힘임을 보여 준다.

생산하는 역량으로 차이를 해명하는 작업은 결코 차이의 우위성을 주장하려는 것이 아니다. 차이 개념에 대한 새로운 이해는 동일성에 근거한 사유하는 자아로서 개인인 인간 개념의 문제점을 드러내며, 불변적 보편성을 원리로 삼는 체계를 비판하면서 새로운 가치를 생성한다. 윤리학은 새로운 가치를 만들어 내는 힘으로 차이를 강조하며, 변이하는 신체의 역능을 다루는 관점에서 가치의 문제에 접근한다. 이 점에서, 존재론적 역능으로 차이를 설명하는 노력은 윤리학의 논의에 꼭 필요한 동시에 선행되어야 할 작업이다. 이에 따라, 1절에서는 차이를 강도적 차이로 설명하는 들뢰즈의 논의를 살펴본다. 그리고 이를 통해 인간 중심주의와 도덕을 비판하면서, 신체의 능력의 문제를 제기하고 새로운 존재 방식을 모색하며 창출하는 것으로서의 윤리학을 주요하게 설명하려고 한다.

---

1 들뢰즈가 사용하는 변주 개념은 음악 용어로 어떤 주제를 바탕으로 화성, 리듬, 선율을 여러 가지로 변형하여 작곡하거나 연주하는 기법을 의미한다.

1. 강도적 차이와 인간 중심주의 비판

동일성을 기준으로 삼는 이분법에 따르면, 차이는 동일성이 아님, 즉 본질(A)의 대립항인 비본질(not A)이자 동일성의 부정으로 규정된다. 동일성의 논리에서, 차이는 오직 개념적 표상을 원인이자 근거로 두는 동일성의 부정이며, 재현될 수 있는 개념적 차이이다. 엄밀히 말하자면, 개념적 차이는 동일성 내에서 구별되는 일정한 정도이자, 특수자인 개별자를 더 상위 개념의 동일성에 귀속시키는 유사성이다.

들뢰즈에 따르면, 개념적 차이는 차이 그 자체를 설명할 수 없다. 차이그 자체는 동일성의 질서에 의해 유기적으로 조직되거나 개념적인 범주로 포착될 수 없는, 계속적으로 변이를 거듭하는 존재론적인 역량을 지닌 것이다.

이러한 차이는 존재론적으로 독특한 것이다. 차이의 독특성은 동일성의 논리에 의해 규정될 수 없는 환원 불가능성과 포섭될 수 없는 재현 불가능성에서 비롯된다. 이는 차이가 결코 유와 종으로 분류되는 수단이나, 동일성에 반대항인 비동일적인 것이나 원본을 재현한 것으로 규정될 수 없음을 의미한다. 들뢰즈는 차이를 어떤 다른 것과 유사하거나 같은 것으로 묶일 수 없는, 즉자적인 차이différence en soi로 설명한다. 차이의 즉자성은 차이그 자체가 같은 상태로 머물러 있지 않고, 언제나 달라지는 변이를 겪고 있음을 의미한다.[2] 차이의 변이는 오로지 자기 자신과의 차이différence avec soi가 발생하는, 항상 그러한 변화의 과정 중에 있는 것으로 설명될 수 있을 뿐이다. 즉, 차이의 변이는 a가 b로 변화하는 것이 아니라, 계속해서, a', a'', a''' 이렇게 달라지는 것이다. a', a'', a'''와 같이 각각 달라지는 차이들 또한, 최

---

2   DR 153/263

종적으로 같은 것으로 수렴될 수 없는 그 자체로 각기 다른 이질적인 것이다. 이러한 이질적인 차이들로 변이되는 차이를 독특성^{singularité}으로 설명하기도 한다.[3] 독특성은 차이가 무한하게 발산하는 생산적인 파열성을 지녔으며, 언제나 새로운 차이를 생산하는 차이 생성적인 것임을 뜻한다. 즉, 차이는 필연적으로 실존하는 힘을 지닐 뿐 아니라 독특한 차이들을 생산하는 역량인 것이다.[4] 들뢰즈는 이러한 차이의 역량을 강도적인 양으로 보다 구체적으로 설명한다.

> 유한자는 양태적, 각각의 실체적 질은 무한히 많은 본래적 양태들로 현실적으로 분할되는, 그 자체로 무한한 양태적인 강도적 양을 갖는다.(SPE 181/270)

강도의 양은 양적으로 등질화된 외연적인 양이 아니라, 내포적인 양이다. 내포적인 양으로 강도를 이해하는 들뢰즈의 생각은 양적 정도인 외연양과 대비하여, 질적 차이를 지닌 내포양의 개념을 설명하는 칸트로부터 영향을 받았다.

1) 내포적인 양으로서의 강도는 나누어질 수 있다는 점에서 양적이다. 그러나 양적으로 분할되면서, 그 질적인 특성에 있어 아무런 변화가 생겨나지 않는 외연양과 달리, 강도가 지닌 양은 분할과 더불어 그 질적 특성을 바꾼다. 또한, 변화했을 때만 양적인 분할 역시 일어난다. 그러하기에 강도의 양은 외연양에 동반된 구조인 계^界를 바꾸면서 제시되는 것이다. 내포

---

3   DR 316/524

4   스피노자는『에티카』2부 명제 8을 통해 이를 증명했으며, 이 명제에 대해 들뢰즈는 SPE 서론과 1부에서 해석하고 있다.

적 양으로서 강도의 예는 영도에서 영상 1도로 온도가 변화함에 따라, 고체인 얼음에서 액체인 물로 물질의 질적 성질을 바꾸는 변화를 통해 이해할 수 있다.

2) 강도의 양이 표현하는 외연양은 어떤 질적 변화의 도度의 관점에서 '순간적으로만' 표현되는 것이다. 예를 들자면, 우리가 배고픔을 느끼는 것은 설탕이 모자라는 것 자체, 버터가 모자라는 것 자체에서가 아니라, 결핍이 어떤 도에 도달하였을 때 배고픔을 순간적으로 포착하는 것이다.[5]

3) 강도의 양이 지닌 질적 변화의 순간성은 강도가 어떤 한계점에 도달했을 때, 변화할 수 있는 힘으로 나타난다. 즉, 강도의 양은 힘이자 역능으로 제시된다. 힘으로서 제시되는 강도의 양은 액화에서 기화 상태로 바뀌는 비등점이 각기 다른 물과 기름의 예로써 설명된다. 물과 기름은 각기 질량이 다르며, 그에 따라 단위 질량의 물질 온도를 1도 높이는 데 드는 열에너지인 비열specific heat capacity이 다르다. 이에 따르자면, 100도에서의 물은 끓으면서 물질의 질량을 기체의 상태로 변화할 수 있는 힘으로 나타나지만, 기름은 100도에서 끓기는 하지만 계속 액체 상태로 머무르기 때문에, 그 질량에 있어서 질적 변화를 일으키는 힘이 생겨나지 않는다.

4) 강도의 양은 차이에 의해 생겨난 차이이다. 이것이 의미하는 바는 강도의 양이 홀로 나타날 수 없으며, 다른 차이들, 즉 다른 강도의 양과 관계 맺음을 통해서만 외연양을 지닌 힘으로 제시된다는 것이다. 이에 관해 들뢰즈는 다음과 같이 설명한다.

그 고유한 특성 안에서 볼 때, 강도 그 자체가 어떤 차이에 의해 구성된다. 하지만

---

5   서동욱, 「들뢰즈의 초월적 경험론과 칸트」, 『칸트 연구』 제7권, 칸트학회, 2001, 110-113쪽. 참조.

이 차이는 다른 차이들에 의해 형성된 차이다.(E-E'에서 E 는 e-e'를, e는 ε-ε'를 배후로 한다.)(DR 155/265)

강도적 차이는 다른 차이들의 관계 맺음을 통해서 생겨난 것으로서 예를 들면 다음과 같다. 우리가 보고 있는 햇빛은 거주하는 위도와 경도라는 위치에 의한 태양의 입사각, 지구의 공전과 자전, 구름과 바람과 같은 대기와 결합하여 시시각각 다른 빛깔로 나타난다. 햇빛은 여러 가지 요소들과 결합했을 때 우리 눈에 빛으로서 보이게 되는 것이며, 그 요소들의 변화와 더불어 빛의 세기와 빛깔이 바뀐다. 즉, 그 자체로 햇빛이란 존재하지 않는 것이다. 햇빛의 예와 같이, 강도적 차이는 다른 차이들과 결합하여 그 관계를 변화의 역량으로 삼아 발생한다.

정리하자면, 강도의 양으로서 차이는 질적 변이의 역량을 지닌 것이다. 변이는 시작과 끝이 상정된 변화가 아니라, 시작도 끝도 없는 과정 그 자체이다. 그러하기에 변이는 필연적 방식으로 규정되지 않으며, 우발적이고 예측 불가능한 방식으로 변화한다.[6] 이러한 차이의 계속적인 변이가 차이를 생산하게 하는 역량인 것이다. 따라서 차이의 생성은 차이 자체가 지닌 발생적 힘인 강도에서 비롯되는 내재적 원인에서 발생하는 것이다. 차이의 강도성은 유한한 양태들의 실존을 무한하게 생산하는 힘이며, 바로 유한한 양태들의 변이를 일으키는 원인인 것이다.[7]

이렇게 차이를 변이하는 역량이자 힘으로 이해했을 때, 세계의 실재성

---

6 제롬 로장발롱, 『들뢰즈와 가타리의 무한 속도 1』, 성기현 옮김, 열린책들, 2012, 51쪽.

7 Todd May, "Difference and Unity in Gilles Deleuze", *Gilles Deleuze and the Theater of Philosiphy*(edited Constantin V.Boundas and Dorothea Olkowski), Routledge, 1994. pp. 33-50, 참고.

은 불변하는 본질로부터 찾을 수 없다. 세계는 계속 변화하면서 관계를 맺는 힘들의 복합적인 상태이며, 동일성으로 결코 환원되지 않는 차이 그 자체가 생성하는 과정이다. 세계는 엄격한 이분법적인 체계로 구분되지 않은 현실화된 다양한 지각들의 연속인 것이다. 지각은 사유하는 나를 기준으로 삼아 규정된 것이 아니라 강도적인 차이 그 자체의 상태이며, 일인칭적인 것 이전의 상태인 전前인칭적pre-personal 장에서 발생한다. 지각은 인간에 의해 파악된 대상을 갖지 않고, 조직화되면서 그 나름의 연장적 모체를 창조하는 과정을 동반한다. 지각 작용 또한 전 인간적이며 전 인칭적인 작용에 의한 것이며, '나'나 사물에 근거를 두지 않은 독특한 차이 그 자체의 상호작용에서 발생한다. 전 인칭적인 지각 작용은 내적인 반성을 수행하는 자기의식의 특권을 지닌 사유하는 '나' 이전에 생명 활동의 유기체적 상태에서 일어나는 것이다. 이러한 지각은 자극과 반응이라는 생명 현상에서 성립되는 유기체들의 반응들의 묶음과 통합의 작용으로부터 생겨난다. 이로부터 들뢰즈는 의식을 사유하는 이성을 본질로 삼는 통일적인 자기의식으로 규정할 수 없으며, 유기체의 수축에 따른 생명 현상에서 기인하여 발생하는 것으로 이해한다. 이러한 의식에 대한 이해는 발생의 측면에서 의식을 이해하고자 했던 앙리 베르그손의 영향에 따른다. 베르그손에 따르면, 자기의식 활동은 수축과 이완이라는 유기체의 기본적인 반응 활동 내에서 구축된 것이다. 의식은 지금 존재하는 실존을 보유하고 이를 응축함으로써, 미래로 나아가는 자기 형성 활동인 것이다. 의식은 표상representation의 기능이 아니라, 감각 운동의 기능으로 파악되는 것이 적절하다. 즉, 의식은 몸의 감각 수용 기관에 미치는 외적 자극과 내적 자극의 충돌을 정신적으로 기입하면서 형성되는 것이다. 이에 따라 의식은 물질과 정신 사이에 이원적 경계로 구분될 수 없는 것이며, 지각과 기억의 복잡하고 끊임

없는 삽입의 과정으로 이해되어야 하는 것이다.[8]

세계를 생명의 작용이자 독특하고 이질적인 지각의 연속으로 이해함으로써, 들뢰즈는 의식의 문제를 초월적 본질이 아니라 생물심리학적 차원에서 접근하고, 내재적 삶의 맥락에서 제시한다. 그러나 들뢰즈의 의식에 대한 이해는 의식을 신경생리학적인 과정의 산물로 여기거나, 합리성을 가진 이성을 인간의 뇌와 동물의 뇌 사이의 정도 상의 차이로 보는 선형적인 진화론을 주창하려는 것이 아니다.

생명 활동의 연장선에서 의식을 이해해 보려는 들뢰즈의 목적은 선험적인 동일성을 지닌 사유 실체에 근거한 근대 인간 개념과 주관적인 내적 성찰을 통해 자기 동일성을 확보하는 자기의식을 비판하는 데에 있다. 이러한 비판은 사유하는 이성으로서 의식의 동일성을 기준으로 삼아 인간과 비인간, 자연과 문화, 안과 밖, 주체와 객체로 구분하는 이분법과 초월적 본질을 담지한 인간 중심주의로부터 벗어나는 것으로 나아간다.

인간 중심주의에서 '인간'이라는 개념은 보편적 이성을 지니고 천부적 권리를 소유한 그런 의미의 '인간다움'으로 근대에서 구체화된 산물이다. 인간이라는 개념은 세계를 정립하는 능동적인 주체이며, 자유의지를 지닌 도덕적 행위자이자 자연권을 가진 자율적 시민임을 내포한다. 그러하기에 인간 중심주의를 비판하고 이를 넘어서려는 작업은 존재함에 대해 새롭게 이해할 수 있는 방식을 모색하는 시도이다. 또한 인간 중심주의에 의해 생겨난 문화와 정치, 제도 등을 검토하고 그에 부과된 가치를 재가치화하면서 공동체를 발명하려는 데 그 목적이 있는 것이다.

인간 중심주의를 넘어서 이제 중요한 것은, 인간 개념을 규정하는 이분법과 동일성의 논리에서 벗어나는 것이다. 이는 인간 개념을 선천적인 본질이 아니라 '언제 우리가 인간이 되었는가?'라는 것, 인간과 인간 아님을

---

8   앙리 베르그손, 『물질과 기억』, 박종원 옮김, 아카넷, 2005, 374-409쪽.

구분하는 분류의 문제로서 제기하는 것이기도 하다.[9] 이분법은 동일성으로서의 본질을 확증하고 난 후, 이를 기준으로 삼아 동일하지 않은 것을 배제하며 사태를 규정한다. 인간이라는 개념은 실체적 자아를 인간다움의 본질로 확증하고, 이에 의해 비인간적인 감각적 부분을 통제하고 규제한다. 이렇게 이분법적이고 이원적 항을 대립시키는 분류 체계는 생물학적인 차원으로서 동물로서의 조에^{zoë}와 시민적 삶으로서 인간적인 비오스^{bios}를 가르는 아리스토텔레스 이후로 계속되어 왔으며, 이성을 지닌 실재이며 자율적 능동성을 지닌 개인이자 인간 주체라는 개념으로 집대성되어 완성되었다.[10]

인간 중심주의를 작동시키는 동일성과 이분법에서 벗어났을 때, 본질적이고 공통적이며 보편적으로 존재하는 인간이라는 개념은 더 이상 성립될 수 없다. 오히려 실제로 존재한다는 것은 복잡성들로부터 이질적인 차이들이 계속적으로 생산되는 흐름이자 과정 그 자체로 이해되어야 한다. 따라서 들뢰즈의 작업은 인간 중심주의를 넘어 동일성으로 환원되거나 정태적 본질로 확정되지 않는 존재의 형식에 대한 새로운 방식을 찾는 시도이다. 들뢰즈에 따르면, 이러한 방식은 "더 이상 나라고 말하지 않는 지점에 이르기 위해서가 아니라, 나라고 말하든 말하지 않든 더 이상 아무 상관이 없는 지점"(MP 11/9), 지금의 인간의 형식을 넘어서는 지점에서 존재의 형식과 범위를 검토하는 것이다. 이 방식은 계속적으로 존재 방식을 확장하고 그 자체를 창안하는 바로서 존재한다는 것으로 이해되어야 한다. 이렇게 존재하는 것은 바로 내재적인 삶에 거주함이라는 의미에서의 에토스

---

9 이러한 분류에 대한 논의는 아리스토텔레스로 거슬러 가는데, 그는 동물의 영역으로서 '종'과 인간을 대조시키면서 '유類'를 지시하기 위해서 형상eidos이라는 단어를 사용한다. 이에 대한 자세한 논의는 지오반나 보라도리, 『테러 시대의 철학: 하버마스, 데리다와의 대화』, 손철성 옮김, 문학과지성사, 2004, 37-39쪽 참조.

10 아리스토텔레스, 『형이상학』, 김진성 옮김, 이제이북스, 2007.

ethos이다.[11] 거주함으로서의 에토스는 이미 주어진 존재 방식을 비판하고, 이미 주어진 자기로부터 벗어나는 것이며, 새롭게 대지에서 거주하는 방식을 실험하는 것이다.

에토스 개념으로부터, 들뢰즈는 윤리학을 기존의 가치를 모방하거나 동일시하는 작업이 아니라, 존재 방식에 대한 새로운 정의와 가치의 문제를 발명하는 작업으로 제안한다. 이는 차이를 그 자체로 생산의 힘을 지닌 강도적인 역량으로 이해하면서, 신체가 얼마나 변화할 수 있는가라는 역능 문제를 다루어, 그 힘의 상승을 가치의 문제로 제기하는 것이다. 이러한 윤리학은 절대적으로 불변하는 보편적인 기준을 구가하는 도덕으로부터 벗어나, '어떻게 살 것인가How might we live?'라는 질문으로 삶에 접근하여 새로운 방식으로 살아가는 방식을 만들어 내는 전회를 의미한다.[12] 즉, 윤리학은 의무로서의 규범이 아니라 힘을 실행하면서 존재하는 방식을 구성하고, 이를 권리로 삼아 그에 따라 필요한 규칙을 만들어 가는 작업인 것이다.

2. 윤리학과 도덕 비판

차이를 강도적인 역량으로 이해함으로써, 들뢰즈는 스피노자의 윤리학

---

11 에토스(ἦθος, ἔθος, ēthos)는 '성격', '관습' 등을 의미하는 고대 그리스어이다. 아리스토텔레스는 『수사학The Art of Rhetoric』에서 에토스라는 단어에 철학적 의미를 부여했다. 그의 정의에 따르면 에토스는 화자話者 고유의 성품을 뜻한다. 체형, 자세, 옷차림, 목소리, 단어 선택, 시선, 성실, 신뢰, 카리스마 등이 에토스에 속한다. 오늘날 이 단어는 민족 혹은 사회별 특징 혹은 관습을 지칭하는 데 사용되고 있다.

12 Tod May, *Gilles Deleuze an introduction*, Cambridge University Press, 2005, p. 1.

éthique을 새롭게 해석하고 보다 구체화시키면서 윤리학에 대한 새로운 지평을 연다. 들뢰즈에 따르면 스피노자의 윤리학은 "범신론과 무신론이, 도덕적이고 창조적이며 초월적인 신의 존재를 부정하는 논제 속에서 결합"(SPP 27/31)하는 자연 개념을 도입하면서, 윤리적인 논의들로 존재 방식들manières의 가치를 탐구한다는 점에서 의미가 있다.

　스피노자의 실체로서 자연은 그 안에서 여러 가지 개체들이 생겨나는 하나의 거대한 체계이다. 들뢰즈는 이러한 스피노자의 자연이자 실체를 "무한히 많은 속성들을 갖는 유일 실체, 신 즉 자연Deus sive Natura, 모든 '창조물'은 이 속성들의 양태들, 혹은 이 실체의 변양들modifications"(SPP 27/31)이라는 내재적인 것으로 이해한다. 이러한 자연은 개체들을 생겨나게 하는 능동적인 능산적 자연과 이로부터 생겨난 소산적 자연이라는 두 측면으로 나뉜다.[13] 능산적 자연은 모든 사물을 생기게 하는 생산적인 역량인 반면, 소산적 자연은 수동적이고 일정한 순간에만 존재하는, 자연으로 잠시 생겼다가 없어지는 우연한 개체적 상태이다. 개체적 양태들은 자연에서 잇달아 나타나며, 그 양태들의 위치와 성질 및 배열은 끊임없이 변모한다. 변화는 자연 그 자체가 지닌 특성인 변화이며, 자연에 운동을 부여하거나 등장하게 한 원인은 자연 그 자체 이외의 어떤 것도 아니다. 즉, 변화를 보여주는 운동과 정지 역시 연장의 형태로 제시되는 자연이 지닌 일차적 특성인 것이다. 운동과 정지의 비율 역시 끊임없이 변화한다. 하지만 운동과 정지의 전체는 항상 일정하며, 이 점에서 물리적인 우주는 운동하는 물체들로 구성된 자기 충족적인 체계인 것이다. 운동과 정지의 총량은 자연의 무

13　스피노자는 능산적 자연과 소산적 자연을 다음과 같이 정의한다. "우리들은 능산적 자연을 그 자체 안에 존재하며 그 자신에 의하여 파악되는 것, 아니면 영원하고 무한한 본질을 표현하는 실체의 속성, 곧 ……자유로운 원인으로 고찰되는 신으로 이해하지 않으면 안 된다. 그러나 나는 소산적 자연을 신의 본성이나 신의 각 속성의 필연성에서 생기는 모든 것, 즉 신 안에 존재하며 신 없이는 존재할 수도 없고 파악될 수도 없는 그러한 것으로 고찰되는 신의 속성의 모든 양태로 이해한다."(B. 스피노자, 『에티카』, 강영계 옮김, 서광사, 1990, 1부, 정리 29, 주석)

한하고 영원한 직접적인 양태이다. 그러나 변화라는 측면에서 보았을 때, 운동과 정지로 제시되는 양태들은 직접적이지 않은 많은 부분들로 구성되는 복합적인 것들이다. 이 때문에 복합적 양태들은 어떤 부분을 얻기도 하고 잃기도 하는 변화의 상태를 드러낸다. 이러한 스피노자의 자연은 양태와 별로도 그 자체로 존재할 수 없는 실체이며, 오로지 다양한 개별자들인 양태들의 다수성으로 이해될 수 있을 뿐이다. 그래서 실체는 양태와 별도로 그 자체만으로 존재하지 않으며, 경험에 주어질 수 있는 양태들의 결합 전체이며 변화 그 자체이다.[14]

---

14 들뢰즈는 스피노자가 실체를 자기 생산적인 내재적인 원인으로 이해하고 있다는 점에 주목한다. 실체는 존재하기 위하여 어떤 다른 것에도 의존하지 않는 제일 원인causa prima이며, 그 자신을 존재의 원인으로 삼는 것causa per se이다. 여기서 "자기원인이란 그것의 본질이 이미 존재를 포함하는 것이며, 그 본성이 존재한다고 생각할 수밖에 없는 것"(B. 스피노자, 『에티카』, 1부, 정리 1)이다. 자기원인적인 실체는 실체의 본질에 이미 현존을 포함하고 있는 것이다. 즉, 실체는 존재할 수 있는 가능성의 상태가 아니라, 내재적으로 지금 여기에 변화하고 약동하면서 존재한다. 들뢰즈는 내재적인 실체에 있어서 가장 중요한 점을 실체가 "자기원인이라는 의미에서 모든 사물의 원인"(『에티카』, 1부, 정리 25의 주석)이라는 것에서 찾는다. 첫째, 실체가 자기 자신을 원인으로 삼아 존재하는 한, 반드시 실존하는 유한한 양태를 무한히 계속 생산해 낸다. 그것은 다음과 같은 이유 때문이다. 우선, 자기원인인 실체는 무한성을 속성으로 삼아 자기 자신을 생산하기에, 무한하게 자기 자신을 산출하는 능력을 가지는 것이다. 여기서 실체가 무한하게 산출하는 것은 바로 실체의 변양태로서 실체 안에서 존재하는 유한한 양태들이다. 그것은 유한한 양태가 그 본질에 있어서는, 실체로부터 기인한 직접적 양태들의 관계에서 비롯된 것이기에 계속적으로 영원히 생산되는 것이다. 그러하기에 자기원인으로서 존재하는 무한성을 속성으로 가진 실체는 실존하는 유한한 양태들을 무한히 계속 생산하는 것이다. 둘째, 실체가 스스로 존재하는 자기원인일 수 있는 이유는 다른 것을 산출하게 작용하는 원인efficient cause이라는 점에서 비롯된다. '자기원인은 더 이상 작용 원인과 다른 의미로 얘기되지 않는다. 반대로 이 작용 원인이야말로 자기원인과 동일한 의미로 얘기되는 것이다.(SPE 149/227)' 작용 원인과 자기원인이 일치하는 실체는 내재적 원인immanent cause인 것이다. 내재적 원인은, 원인에 의해 생겨나는 결과가 그 원인 안에 머물고 존재한다. 생산된 결과는 생산하는 원인 밖에 존재하지 않고 그 원인에 내재immanence하는 것이다. 그러하기에 내재적 원인으로서 자기원인은 외부에서 결과를 생산하는 타동적인 원인이 아니라, 자기 안에서 결과를 생산하고 계속 그 결과와 공현전하는 원인이다.(제롬 로장발롱, 『들뢰즈와 가타리의 무한 속도 1』, 51쪽) 이러한 내재적 원인에 관해 들뢰즈는 둔스 스코투스로부터 착안한 '일의성univocité' 개념을 통해 설명한다. 즉 "존재는 비록 동일한 '양상'으로는 아니지만 존재하는 모든 것—유한하든 무한하든 간에—에 대해 동

이로부터 들뢰즈는 우선적으로 윤리학을 자연에서 내재적인 힘들의 관계와 그 결합을 다루는 것에서 출발하고자 제안한다. 그리고 이를 위해 먼저 선과 악이라는 본질적인 가치를 설정하는 도덕을 비판하는 작업을 실행한다. 들뢰즈가 스피노자의 윤리학으로부터 논의를 시작하는 가장 큰 이유 또한 그의 윤리학이 초월적 존재론에 근거하여 선과 악이라는 판단 체계가 어떻게 성립되었는지를 살펴보면서 비판과 이를 넘어서는 대안을 동시에 실행하고 있기 때문이다. 이 점에서, 스피노자의 윤리학은 근대적 인간의 죽음을 선포하고 도덕을 비판한 니체의 관점과 교차한다. 윤리학을 모색한 스피노자가 도덕을 비판한 니체보다 철학사적으로는 앞서지만, 변화하는 삶을 긍정하는 지평에서 새로운 가치를 창출한다는 점에서 니체와 스피노자의 작업은 연결되는 것이다.

스피노자를 탐구하기에 앞서 들뢰즈는 도덕을 비판한 니체의 작업을 오랫동안 탐구해 왔다. 특히 도덕의 성립이 고통의 무의미성에서 벗어나기 위해서이며, 도덕성을 자기 예속성으로 본 니체의 분석과 비판에 들뢰즈

일한 의미로 얘기된다. 정확히 말해 존재는 그 양상이 변해도 그 본성은 변하지 않는다"(SPE 54/89)는 것이다. 실체와 양태는 무한성과 유한성의 차이, 자기 안에 있는 존재인가 아니면 다른 것 안에서 존재하는가라는 여부에 의해 구분된다. 하지만, 실체와 양태는 그 실존 역량에 있어서는 다를지라도, 즉 다른 양상을 하고 있으나 동일한 거시 실체의 본질을 구성하고 양태의 본질을 포함한다는 점에서 하나의 일의적 의미를 가진다는 것이 바로 일의성의 의미이다. 이에 관해 들뢰즈는 '속성의 일의성'과 '원인의 일의성'으로 나누어 설명한다. 속성의 일의성은 실체, 실체의 본질을 구성하는 속성들, 그 속성의 변양태로서의 양태가 그 속성에 있어서 동일하다는 것이다. 원인의 일의성은 실체와 양태가 동일한 법칙에 따라 작용하고 실존한다는 것을 뜻한다. 즉, 자기원인으로서의 실체는 작용 인과의 무한한 법칙들 자체이며 양태는 그러한 실체 안에서 실체의 법칙들을 따라 작용하고 실존하는 것이다. 정리하자면, '스스로의 원인인 것과 동일한 의미eo sensu로'(SPE 58/95) 만물의 원인인 실체와 양태는 서로 동일한 속성인 무한성과 실재성을 공유하는 일의적 존재이기에 실체와 양태가 차이를 생산해 내는 원인이라는 점에서 동등하다는 것이다. 물론 실체는 무한히 생산하면서 존재하고 양태는 유한하게 존재하기에, 그 실존 역량의 수준은 다르다. 하지만 차이를 생산하는 원인에 있어서 실체와 양태 사이에는 어떠한 위계도 존재하지 않는 것이다. 그러기에 유한 양태인 독특한 차이 그 자체는 차이를 생성하는 파열적인 생산의 역량을 지닌 것이다.

는 특히 착목해 왔다.[15] 주체로서 인간은 자신이 만든 재난인 도덕에 스스로를 종속시킨다. 인간이 도덕성에 중독된 이유는 다양하고 복잡하지만, 중독의 가장 큰 이유는 도덕의 근간인 초월적 존재론이 보장하는 규칙성과 예측 가능성에 있다. 확실성이 일종의 기만임에도 불구하고, 이에 근거하여 지각 체계와 판단 체계를 선험적인 진리로 규정하고 신뢰함으로써 행위하는 근대적 주체가 성립된다. 도덕을 내재화하는 근대적 인간은, 악을 고발하는 도덕이 실은 악을 창조한다는 것을 깨닫게 될 때 내파되기 시작한다. 이러한 비판 선상에서 검토해 보았을 때, 도덕의 가장 큰 문제점은 세계의 고통과 괴로움의 원인을 불완전한 악이나 법치의 위반에서 찾고 있다는 점이다. 도덕의 체계에 따르면, 죄로 인한 징벌은 고통이고, 이로부터 벗어나기 위해서는 속죄 의식이 필요하며 속죄 받아야 한다. 도덕은 고통에 책임지는 희생양을 제공함으로써 일상적 안정과 안전을 보증하는 확실성을 주며, 인간을 본질적 인간성을 지닌 존재로 복구한다. 하지만 선과 악이라는 심판의 체계를 상정하고 있는 도덕에 있어 실상 용서하고 구원하는 힘이자 심판하는 힘인 선은 저주하는 힘이기도 하다. 즉, 악이란 바로 그 악을 창안하고 악의 제거를 주창하며 실행하는 방식을 통해 악에 의존해 성립되는 도덕 체계와 분리될 수 없다. 다시 말해, 악이란 근본적으로 선의 도착perversion이자 도덕 법칙 자체인 것이다.

니체의 도덕 비판을 거쳐, 들뢰즈는 도덕 비판의 핵심이 "스피노자주의를 스캔들의 대상으로 만들었던 실천적 논제들"의 중심인 "의식에 대한 고발"(SPP 27/31)에 있다고 설명한다. 인간을 도덕적 양심을 지닌 반성적 존재이자 당위를 실천하는 자발적 주체로 규정하는 핵심에는 내성의 특별성

---

15 니체에 대한 들뢰즈의 탐구는 『니체와 철학』(이경신 옮김, 민음사, 2001)에서 주로 다루어지고 있다.

을 지닌 의식에 있다.[16] 그러하기에 의식 비판은 인간을 본질적인 도덕적 존재로 규정하는 입장에 대한 비판과 맞닿아 있는 것이다. 들뢰즈에 따르면, 심리적 자아이자 원자와 같은 개인으로서의 나를 중심에 세운 형이상학에서 인간은 자기 동일성을 확증하는 자기 충족적이고 폐쇄적인 실체이다. 이에 근거해 자기의식을 본질로 삼는 인간은 특별한 존재로서 자신을 규정한다. 실체적 자기의식은 의식 자체의 순수성을 주장하는 동시에, '의식은 무엇에 대한 의식이다'라는 지향성을 통해 세계를 구성하는 틀로서 자기의식을 성립시킨다. 이는 필연적으로 내성인 영혼의 우위성과 감각적인 육체의 하위성이라는 이원론으로 귀결되며, 감각이 철저히 배제된 이성만을 인간의 본질로 규정한다.

이러한 입장을 비판하기 위해 들뢰즈는 스피노자가 의식을 "부적합하고 절단된 관념들에 대한 의식"(SPP 33/37)으로 규정한 것에서 출발해 도덕 비판으로 나아간다. 스피노자에 따르면, 자연적 존재로서 인간은 오직 신체에 영향을 미친 결과와 정신에 영향을 끼친 어떤 관념의 결과만을 받아들이는 상태에 있다. 인간의 실존 조건은 자연의 인과를 알지 못하고 태어난다. 그러하기에 원인보다는 일어난 결과만을 받아들이게 되며, 어떻게 그러한 일들이 일어났는지에 대한 원인의 질서를 알지 못하는 것이다.

자연의 질서는 자연 전체를 변용시키는 관계의 결합과 해체 그리고 그 원인에 따른 작용에서 비롯된다. 의식은 그 자체가 지닌 조건의 한계로 인해, 다시 말해 사물들을 인식하는 조건들과 자신에 대해 의식을 갖는 조건

---

16 이러한 들뢰즈의 문제의식은 의식의 본유성과 선천성을 비판한 흄에 관한 초기 연구에서부터 잘 드러난다. 철학사를 탐구하는 그의 긴 여정은 선천적인 것으로서 내성의 특별성과 실체적 자아에 근거한 주체라는 개념이 일종의 허구, 즉 환상이라는 것을 밝혀내는 과정이다. 이에 관해 클레어 콜브룩은 다음과 같이 평가한다. "정신으로부터 철학을 시작하여 세계의 진실을 묻는 대신에, 그리고 세계가 발견되어야 할 안정된 논리를 가지고 있다고 가정하는 대신에, 들뢰즈는 자기와 세계에 대한 자기의 지각 작용의 창조 또는 발생을 설명한 철학자들에 초점을 맞추었다."(클레어 콜브룩, 『이미지와 생명, 들뢰즈의 예술철학』, 정유경 옮김, 그린비, 2008, 237~241쪽.)

들로 인해, 자연 관계의 질서로부터 분리되어 있다. 의식은 자연의 원인을 알지 못하고 자연의 구성과 해체의 결과들만을 받아들이면서 자연을 오인한다. 관념에 대한 관념으로서의 의식은 자연을 잘못 파악하기에 원인들의 질서를 알지 못하며, 단지 결과만을 받아들이는 것이다.

> 의식은 본질적으로 무지하기 때문에, 의식은 원인들과 법칙들의 질서, 관계들과 그것들의 결합의 질서를 모르기 때문에, 그리고 의식은 그것들의 결과를 기다리고 받아들이는 데 만족하기 때문에, 의식은 자연 전체를 잘못 인식한다.(SPP 35-36/40)

원인들을 알지 못하고 결과만을 받아들인다는 점에서 의식은 무지하며 자연을 오인한다. 이로부터 생겨나는 가장 큰 문제는 원인의 질서에 무지한 의식을 지닌 인간이 자기에게 유리한 것을 추구하려는 욕구를 갖고 있으며, 이를 의식하고 있다는 사실이다. 그런데 중요한 것은 어떤 것을 원하고 있다는 욕구와 그 대상이 의식의 자유로운 선택에서 비롯되었다는 착각이다. 즉, 욕구가 있다는 것만을 의식할 뿐 욕구가 일어난 원인인 자연의 질서에 대해서는 무지함으로 인해, 선택했다는 그 의지를 자유와 연관시키는 심리학적 환상에 빠지게 된다. 자유롭다는 착각은 자신이 이롭다고 믿어서 행위하는 이유에 어떠한 의미를 부여하며 목적이 있다고 믿게 된다. 실은 그러한 행위를 이끈 원인이 있음에도 불구하고, 원인을 목적으로 '투사'하고 있는 전도된 상황을 만들어 내면서 세계에 목적이 있다는 신학적 환상이 생겨나는 것이다. 그리고 이로부터 자유의지와 목적을 지닌 존재는 신과 인간뿐이라는 결론이 도출되면서 '의식이 정념들을 지배하려는

기획'인 초월적 도덕이 완성되는 것이다.[17]

도덕은 "환상의 장소"(SPP 33/37)인 의식의 무지와 편견을 더 강화하면서, 인식이 필요한 자연의 법칙을 선과 악이라는 본질적 가치로 규정하는 오류를 범한다. 대표적인 오류는 선악과를 먹지 말라는 신의 말을 오해한 아담의 사례에 있다. 이 사례는 인식을 당위로 착각한 오류의 대표적인 예이다.[18] 아담의 오해는 자연의 원인을 잘 알지 못한 의식이 혼란스럽고 절단된 정보만을 갖고 있기 때문에 비롯된다. 이로 말미암아, 아담은 선악과를 먹지 말라는 신의 말을 악한 것의 금지로 받아들인다. 신은 아담에게 사과가 아담의 존재를 파괴하기 때문에 먹지 말라고 한 것일 뿐이다. 이를 통해 알 수 있는 것은 어떤 사물이 선하거나 악하기 때문에 인간에게 좋은 것이거나 나쁜 것이 아니라는 사실이다. 반대로 그것이 인간에게 이로운 것이거나 해로운 것이기 때문에 선하거나 악하다. 즉, 원래적으로 악한 것도 없고 선한 것도 없다. 선과 악은 인간이 자신을 중심으로 '인간에게 좋은 것'과 '인간에게 나쁜 것'에 붙인 이름에 불과하다. 따라서 선과 악이라는 체계는 인간이 존재하는 데 있어서 이로운 것과 해로운 것에 관한 이해를 선과 악이라는 해야 할 바와 하지 말아야 할 명령으로 받아들이면서 생겨

---

17 스피노자가 지적한 환상은 다음과 같다. "1) 자유라는 심리학적 환상: 본질적으로 원인을 모르는 채 오직 그것의 결과만을 붙들고 있기 때문에, 의식은 스스로를 자유롭다고 생각할 수 있으며, 따라서 신체에 대한 가상적 지배력을 정신에 부여하게 된다. 그러나 의식은 실제적으로 신체를 작용하게끔 하는 원인들과 관련하여 신체가 무엇을 (할 수) 있는지조차도 알고 있지 못하다.(3부, 명제 2, 주석; 5부, 서문) 2) 목적성이라는 신학적 환상: 변용에 대한 관념에 의해 결정된 감정의 형식 아래서만 코나투스와 욕구를 파악하기 때문에, 의식은 외부 신체들이 우리 신체에 미친 작용의 결과들에 대한 관념으로서의 변용에 대한 관념이 진정으로 제1의 것이고, 진정한 목적인 것이며, 우리가 자유롭지 못한 영역들에조차도 선견지명이 있는 신은 수단-목적 관계에 따라 모든 것을 준비해 놓았다고 생각할 수 있다. 따라서 욕망은 좋은 것으로 판단된 사물에 대한 관념과 관련하여 이차적인 것으로 나타나게 된다.(1부, 목록)"(SPP 83/93)

18 SPP 33-34/38-39 참조.

난 것이다. 즉, 인식해야 할 것을 복종으로 혼동하여, 존재하는 사실을 해야만 한다는 당위로 착각하기 때문에 생겨난 오류인 것이다.

선악과의 사례와 같이, 인간은 악, 질병, 죽음, 고통 등과 같이 원인을 알지 못하는 것을 이해하려는 대신에, 금기를 어겨서 발생한 징벌로 받아들여 복종적인 도덕의 법칙을 세운다. 복종의 체계는 사회 전반을 통제하는 질서의 근간이 된다. 특히 인간이 통제할 수 없는 상황이나 불확실한 일들에 관해서는 공포의 감정을 통해서, 원인의 질서에 대한 탐구 없이 막연하게 미래에 잘될 것이라는 희망의 정서를 통해서, 복종은 계속 유지되는 것이다.

이러한 도덕 비판을 통해 들뢰즈가 도달한 바는 첫째, 무지한 의식이 만들어 낸 환상에서 벗어나는 것이 우선적이며, 결과에 영향을 미치는 원인을 추적하여 어떻게 이렇게 작용하는지에 관해 알아야 한다는 것이다.[19] 결과를 산출한 원인과 그 원인들의 관계와 이러한 관계의 결합의 질서에 대한 이해에 도달했을 때, 환상과 기존의 가치 체계의 문제에서 벗어날 수 있는 것이다. 둘째, 의식의 본유성과 선천성에 근거하는 도덕 주체를 끌어내는 논의에서 벗어나 새로운 가치를 창출할 수 있는 방식의 모색이 필요하다는 것이다.

---

19 들뢰즈가 스피노자의 신학정치론을 진정한 독창성을 지닌 것으로 평가하는 이유 역시, 스피노자가 종교를 하나의 결과로 여기고 있다는 점에 있다.

3. 좋음과 나쁨을 다루는 윤리학

들뢰즈는 윤리학을 자연의 질서에 대한 이해에서 시작하며, 이로부터 윤리적인 가치의 측면을 다시 검토하기 시작한다. 들뢰즈는 무수하게 양태들의 결합이 일어나는 원인들의 질서로서의 자연 전체를 내재성의 면으로 새롭게 명명한다. 내재성의 면은 평면^{Plan}과 지도^{Carte}라는 두 가지 뜻을 갖는다. 평면은 양태들의 발생이 양태들의 무수한 합성에 의해 비롯되었다는 것과, 각기 역량의 수준이 다를지라도 하나의 역량에서 기인한다는 것을 나타낸다. 지도는 들뢰즈가 『천 개의 고원』에서 밝힌 바 있듯이 계속적인 연결에 따른 무수한 생성을 의미하는 새로운 차이들의 무한한 생산을 강조하는 개념으로 이해할 수 있다. 이러한 평면이자 지도로서의 내재성의 면은 양태들의 온갖 결합이 이루어지면서 계속적인 변화가 일어나는 역동성을 그 특징으로 갖는다.[20]

초월성의 평면^{plan de transcendance}이 양태의 발생과 조직의 근거인 언제나 또 다른 차원을 추가로 요구하는 반면에, 내재성의 면은 평면에서 벗어난 또 다른 차원을 필요로 하지 않는다. 그것은 내재성의 면에서 일어나는 모든 결합과 분리와 같은 끊임없는 운동이 그 자체의 작용인 힘에 의해서 발

---

20 내재성의 면은 다음과 같이 설명될 수 있다. 1) 스피노자–들뢰즈에게 있어서, 내재성의 면은 무엇보다도 먼저 "변용을 분배하는 자연이라는 평면"이며, "양태가 분배되는 평면"이다. 즉, 내재성의 면은 '자연이라는 면plan de Nature'(SPP 167/184)이자, '양태적 면plan modal'(SPP 164/181)인 것이다. 2) 이러한 내재성의 면에는 물리적 의미를 지닌 양태들의 합성과 결합이 무한히 계속되며, 이에 의해 내재성의 면은 계속적으로 조성된다. 이러한 점에서, 내재성의 면은 '결합성의 면plan de consistance'(SPP 164/181)이다.(질 들뢰즈, 『니체와 철학』, 117쪽, 역주.) 3) 여기서 결합인 consistance는 접착성, 밀도성, 정합성, 일관성을 포함한 다양한 사전적 의미를 가지고 있다. 양태들의 합성이 일어난다는 점에서 내재성의 면은 결합의 면이기도 하지만, 이러한 결합의 면으로서 내재성의 면은 '일관성'을 지닌 '고른 면'이라고 할 수 있다. 내재성의 면을 결합의 면으로 보는 논의와 인용은 다음의 논문을 참조했다.(서동욱, 「들뢰즈의 마지막 스피노자주의」, 『철학연구』 제57집, 2002, 237-251쪽.)

생되며 존재하기 때문이다. 그러하기에 내재성의 면은 존재하기 위한 다른 원인을 찾지 않으며, 그 자체의 파괴와 생산을 작용의 원리로 삼아 변용을 거듭하는 자기원인적인 것이다. 이러한 내재성의 면의 특징은 다음과 같다. 1) 내재성의 면은 '단 하나의 면'인 '내재적 일관성'을 지닌 것이며, 끊임없는 가변성과 존재하는 것들 사이의 무위계성을 그 특징으로 갖는다. 2) 내재성의 면에는 미리 정해진 불변의 형식이 있지 않으며, 형식에 의해 규정되고 그렇게 전개되어야 하는 질료 역시 있지 않다. 3) 무엇보다도 내재성의 면에는 결합을 일으키는 작용의 원인과 무관하게, 이성적으로 내적 반성을 하는 사유나 의식 또한 존재하지 않는다.

위의 내재성의 면의 특징을 통해 알 수 있듯이, 내재성의 면에는 오직 무수하고 무한한 결합에 따라 실재적으로 존재하며 존재하게 되고, 파괴하며 파괴되는 생성만이 일어나는 것이다. 이러한 생성에는 어떤 목적이나 당위도 부여될 수 없다. 생성만이 있는 내재성의 면에서 일어나는 양태들의 결합과 분리를 작동하게 하는 원인은 불완전성이나 결핍에 있지 않다. 실제로 생성으로서 자연은 선하지도 악하지 않다. 그러하기에 내재성의 면이자 자연인 생성에는 본질적인 완전한 선과 불완전한 악은 있을 수 없는 것이다.

들뢰즈가 생성으로 내재성의 면을 강조하는 까닭은 내재성의 면이 그 자체로 완전하다는 것을 강조하기 위해서이다. 즉, 내재성의 면에 있는 각각의 양태는 결합 관계에 따라 존재하는 힘의 정도가 덜해지고 더해짐에 따라 보다 덜 완전하거나 보다 더 완전할 수 있으나 결코 불완전하지는 않은 것이다. 이로부터 들뢰즈는 완전성과 불완전성으로부터 선과 악을 근거 짓는 논리에서 벗어나, 존재하는 바에 있어서는 오직 결합 관계의 좋음과 나쁨만이 있을 뿐이라고 제시하며, 이를 윤리적인 문제로 제안한다.

> 윤리학, 즉 내재적 존재 양태들의 위상학은 언제나 존재를 초월적 가치들에 관계
> 시키는 도덕을 대체한다. 도덕은 신의 심판이고, 심판의 체계이다. 그러나 윤리학
> 은 심판의 체계를 전도시킨다. 가치들(선-악)에 대립하여 존재 양태들의 질적 차
> 이(좋음과 나쁨)가 들어선다.(SPP 35-36/40)

이처럼 윤리학은 우선 결합이 작동하는 원인을 탐구하는 것이며, 존재
하는 양태에 있어서 결합 관계의 좋음과 나쁨을 윤리적인 문제로 다룬다.
여기서 들뢰즈는 윤리학에서 다루는, 존재하는 양태를 신체로 이해한다.
윤리학에서 논하는 신체는 의식의 명령에 따르고 지배되어야 하는 대상으
로 규정되는 신체 개념과 무관하다. 들뢰즈는 "의식에 의한 정념들의 지배
기획"(SPP 28/32)에서 제기하는 신체와 정신의 관계에 대해 반대한다. 신
체를 정신에 의해 통제되어야 할 것으로 규정하는 입장에서는, 신체와 정
신은 인과적인 관계를 맺고 있다. 이 논리에 따르자면, 신체가 능동일 때
정신은 수동적이고, 정신이 능동일 때 신체는 수동적이다. 또한 이에 근거
해서 신체를 통제하는 제1원인으로서 의식의 우월성을 정당화하면서, 자
발성에서 비롯된 주체의 자유의지가 도출되기도 한다. 그러나 윤리학은
위와 같은 신체와 정신의 관계를 거부하면서, 다음과 같은 문제제기로부
터 논의의 출발점을 마련한다. 그것은 '신체가 무엇을 할 수 있는지 모른
다'(SPP 168/186)는 것이다. 윤리학이 제시하는 신체는 정신보다 우위를 점
하는 것이 아니며, 이 둘은 인과적인 관계로 연결되어 있지 않다. 이는 결
코 정신에 대한 신체의 우월성을 주장하는 것은 아니다. 들뢰즈가 비판하
고자 하는 바는 정신이 수동일 때 신체를 능동적으로 여기고, 정신이 능동
일 때 신체가 수동적이라고 보는 견해이다.

들뢰즈는 스피노자의 윤리학을 분석하면서, 정신을 자율적이고 능동적
인 것이라고 판단한다면 신체 또한 바로 그만큼 자율적이고 능동적이라고

설명한다. 스피노자에 따르면 우리의 최초의 인식 대상은 "신체이거나, 오직 현행적으로^{actually} 실존하는 어떤 연장의 양태이다."[21] 인간이 갖게 되는 관념은 반드시 신체에 흔적을 남기는 다른 신체 혹은 물체에 대한 관념을 뜻한다. 이것은 신체가 없다면 세계를 인식한다는 것은 가능하지 않을 뿐만 아니라 인식 자체가 시작될 수 없다는 것을 뜻한다. 정신 안에서 능동인 것은 또한 신체 안에서도 필연적으로 능동이며, 신체 안에서 수동인 것은 또한 필연적으로 정신 안에서도 수동이다.

이러한 신체는 양태들의 무수한 결합으로 생산되는 것이며, 유한하게 존재하는 양태이다.[22] 신체의 구조는 선재先在하는 어떤 본질이 아니라, 얼마나 신체가 변화할 수 있는가라는 힘으로서의 능력을 의미한다. 이러한 들뢰즈의 신체 개념은 합성체로 설명되는 스피노자의 개체로부터 영향을 받았다.『스피노자의 실천철학』의 제2장「윤리학과 도덕의 차이에 관하여」에서 들뢰즈는 스피노자의 평행론 설명을 통해 개체들의 물리적 결합에 의한 합성체로서의 '개체'의 존재를 설명하며, 이것을 들뢰즈 자신의 신체 개념의 기본적인 근거로 삼고 있다.[23] 이러한 복합체로서의 개체는 각기 서로 다른 물체들이 서로 맺는 결합 방식에 따라 단단한 부분과 유동적인 부분으로 이루어져 있다. 개체를 이루는 부분들은 끊임없이 변형된다. 그럼에도 불구하고, 변화가 이 개체의 결합 관계를 파괴하지 않는 한, 개체는 그 틀을 유지하는 형상을 변함없이 유지한다. 개체가 파괴되지 않는 한 유지되는 형상적 요소, 즉 그 물체가 바로 그 물체이게끔 하는 형상 요소는 물질들의 결합 이전에 선재하는 것이 아니라, 부분들의 결합과 '동시에' 이

---

21 스피노자,『에티카』, 80쪽.

22 SPE 197/294.

23 SPP 30/34.

루어진다.[24] 그러하기에 '신체의 구조는 어떠한가?'라는 질문은 '신체는 무엇을 할 수 있는가?'라는 질문과 같은 것이다. 이렇게 신체가 할 수 있는 능력의 최소와 최대치, 다시 말해 변화할 수 있는 능력의 한계들은 신체와 구조와 일치하는 것이다. 따라서 윤리학이 다루는 결합 관계의 좋음과 나쁨은 '신체가 무엇을 할 수 있는가?'라는 능력의 정도를 다루는 것이다.

> 좋음은, 한 신체가 우리 신체와 직접적으로 관계를 구성할 때, 그리고 그 신체의 능력의 전체 혹은 부분을 통해 우리 신체의 능력이 증가할 때를 지시한다. 음식물을 예로 들 수 있을 것이다. 우리에게 나쁨은, 한 신체가, 비록 그것이 우리 신체의 부분들과 여전히 결합하고 있다 하더라도, 우리의 본질에 상응하는 것들과는 다른 관계들 아래서 우리 신체의 관계를 해체할 때이다. 혈액을 해체하는 독이 그 예이다.(SPP 34/38-39)

좋음과 나쁨의 기준은 신체가 결합 관계에 의해 변화할 수 있는 능력이 증가하는가 감소하는가에 따른다. 변화할 수 있는 능력이 바로 신체의 역량인 것이다. 변화의 능력이 증가될 때 신체의 역량은 향상되며, 그 결합 관계는 좋은 것이다. 그러나 관계의 결합에 의해 신체의 능력이 감소되거나, 최종적으로는 파괴되어 존재하지 못하게 될 때, 그것은 나쁜 것이다.

좋음과 나쁨은 그 관계가 한 신체와 잘 맞는지 맞지 않는지, 즉 적합한지 부적합한지에 따른다. 이러한 이유로 윤리학에서는 어떤 관계가 신체의 능력을 증가시키는 적합하고 좋은 관계이며, 어떤 관계가 능력을 저하시

---

24 스피노자에게 개체는 물질적이며, 운동하는 물체들의 결합에 따른 효과로서, 개체는 합성체이며 그 복합성의 결합 수준에 따라 다양한 개체가 존재할 수 있다.

키고 파괴하는 부적합하고 나쁜 관계인가를 아는 것이 중요하다. 하지만 좋음과 나쁨에 대한 앎은 재인식이나 반성과 무관하다. 오히려 "인식은 언제나 좋음-나쁨이라는 존재 양태들의 질적 차이를 결정하는 내재적 능력"(SPP 37/42)이며, 정신의 활동성은 신체의 활동성을 의미한다. 즉, 인식은 신체적 행위를 동반하는 것이자 능력을 상승시키는 관계를 추구하는 것이며, 신체의 능력 상승 그 자체를 뜻하는 것이다.

정리하자면, 윤리학에서 다루는 신체는 유한한 양태들의 복합체이며, 결합 관계에 의해 신체가 존재할 수 있는 힘은 상승되기도 하고 하강되기도 한다. 이러한 상승과 하강은 결합 관계의 좋음과 나쁨을 보여 준다. 여기서 들뢰즈는 좋음과 나쁨의 문제를 제기하는 윤리학에서 정동affect의 문제가 특히 중요하다는 점을 강조한다.[25] 우선 슬픈 정동은 삶을 거역하게 만드는 가치에 중독되어 있고, 계속적으로 중독되게 만든다는 점에서 비판된다. 들뢰즈에 따르면, 슬픈 정동은 원인들의 법칙을 모르고 오직 결과만을 받아들이는 의식의 환상에서 비롯된 것이며, 신비화와 미신으로 빠지게 만들며 환상과 오인을 불러일으키는 인식의 결핍이자, 능력의 가장 낮은 정도이다. 이러한 슬픈 정동은 죄의식으로 나타나며 신체의 능력을 하강하게 만든다.

슬픈 정념이 욕망들의 무한성, 영혼의 동요, 탐욕, 미신 등을 통합시켜 놓은 복합

---

25 이 책에서는 affect를 정동으로 번역한다. 번역서에 따라 정념으로 번역되기도 하지만, 그 역동적인 특징에 주목하여 정동을 번역어로 택했다. 하지만 글에서 인용할 때는 한국어 번역본에 따랐다. 이러한 정동 개념은 신체 전체에 어떤 의미 있는 변화(신체 활동 역량의 증감)이며, 실체 일원론에서 연역되는 개체 본질conatus의 상태를 표현하는 스피노자의 "정서affectus"의 영향을 받았다. 들뢰즈는 스피노자에게 있어는 정서라 칭해지는 정동을 정신에서 일어나는 관념들의 비교에 따른 표상으로 해석하는 주지주의를 비판하며, 신체가 한 상태에서 다른 상태로의 이행하고 그에 상응하여 변용시키는 신체의 변이와 관련하는 것으로 정동을 설명한다. (SPP 68-72/76-81)

체이기 때문이다. '모든 종류의 미신을 열성적으로 따르는 사람은 가장 무절제하게 재물을 탐내는 사람일 수밖에 없다.' 슬픈 영혼들이 상납하고 선전하기 위해서 폭군을 필요로 하는 것과 꼭 마찬가지로, 폭군은 성공하기 위해서 영혼들의 슬픔을 필요로 한다. 어쨌든 이들을 통일시키는 것은 삶에 대한 증오이며, 삶에 대한 원한이다. ······ 우리는 삶을 살고 있지 않으며 단지 삶과 유사한 어떤 것을 영위하고 있을 뿐이라는 것, 그리고 우리는 죽음을 피하기만을 꿈꾸고 있으며 우리의 모든 삶은 죽음에 대한 숭배라는 것을 주장하는 모든 가치들을 고발한다.(SPP 39-40/43-44)

들뢰즈가 스피노자의 윤리학에 주목하는 이유 역시 증오, 반감, 조롱, 공포, 절망, 양심의 가책과 같은 슬픈 정동들의 연쇄 고리를 하나씩 따라가며 그 정동들의 원인을 분석하고 정의하면서, 이러한 슬픈 정동들로부터 벗어나기를 시도한다는 점에 있다. 따라서 신체의 능력을 상승시키는 좋은 관계에 결합하기를 제시하는 윤리학에 있어서, 우선적인 작업은 의식이 일으키는 환상들에서 비롯된 슬픈 정동에서 벗어나 "우리를 삶으로부터 분리시키는 모든 것"을 교정하는 것이며, "의식의 조건들과 환상들에 연결되어 있는, 삶을 거역하는 모든 초월적 가치들을 고발하는 것"(SPP 39/43)이다. 즉, 윤리학은 본질적인 보편성을 근거 삼아 판단과 통치의 원리를 정당화하는 체계를 비판하는 것이며, 이 체계가 야기하는 무기력의 증후인 슬픈 정동을 해독하는 것이다. 그리고 이를 딛고, 생성하는 삶과의 결합을 우선적으로 추구하면서 기존의 가치를 재가치화하려는 시도가 윤리학인 것이다. 이러한 윤리학은 한 신체의 결합 관계에 있어서 좋음과 나쁨의 문제를 새로운 가치로 제기하며, 신체의 변화할 수 있는 능력을 상승시키는 좋은 관계와 기쁜 정동을 추구한다.

2장

행동학: 능력 이론으로서의 윤리학

들뢰즈는 윤리학을 신체의 역동적인 힘을 의미하는 능력의 문제를 다루는 것으로 제시한다. 앞서 살펴보았듯, 윤리학은 신체의 힘의 강화와 약화를 기준으로 하여 좋음과 나쁨을 가치로 삼는다. 이러한 윤리학은 좋음과 나쁨이 신체의 존재론적인 힘인 자기 보존에서 출발하고 있다는 것을 분명히 한다. 그러나 여기서 신체의 자기 보존은 원자적 개인과는 무관하다. 자기 보존은 다른 신체와 결합을 거듭함으로써 변이하는 신체가 자신의 역량을 실재적으로 만드는 것이자 존재론적 활력을 증가시키는 것이다. 이 과정에서 다른 신체와의 조화와 일치의 관계는 미리 상정되지 않기에, 신체는 다른 신체와 충돌하고 부조화를 일으킨다. 오히려 신체는 이러한 역동적인 과정에서 결합을 시도하고 교섭함으로써, 최대한 능동적 역량을 펼치면서 존재하려는 노력을 극대화한다.

신체들의 관계로부터 역량을 창출하는 윤리학에서, 신체의 힘을 강화하는 것은 다른 신체와 결합하는 문제와 분리될 수 없는 것이다. 역량을 증강시키면서 계속적으로 변화하기 위해서, 신체는 다른 신체들에 의해 영향을 받는 힘들을 겪어 내고, 그러한 힘들의 관계를 견디어 내어야 한다. 그러하기에 윤리학에서 있어서 다른 힘들의 영향에 열린 개방성과 관계 맺음은 매우 중요한 것이다.

　이러한 윤리학은 신체가 다른 신체와 복잡하고 상호적으로 의존하는 관계를 맺고, 존재의 힘을 강화할 수 있는 방식으로 변화하는 것에 좋음의 가치를 부여한다. 좋음을 추구하기 위해서 필요한 것은 신체의 변용 능력을 이해하는 것이다. 이는 신체가 다른 신체의 작용을 얼마나 많이 수용할 수 있는지 그리고 얼마나 신체가 할 수 있고, 또한 할 수 있는 것이 무엇인지를 아는 것이다. 그렇기 때문에 신체의 역량이 향상되어 기쁨의 정동을 느끼는 것만큼이나 신체가 얼마만큼까지 역량이 저하되며 그에 따른 고통을 받아들일 수 있는가를 아는 문제 역시 필수적이다. 역량을 강화하는 좋은 관계를 맺기 위해서는, 신체가 지닌 최저와 최고의 역량의 정도를 알아야 하며, 그로부터 역량을 적합하게 실행할 수 있는 것이다.

　들뢰즈는 존재하려는 능동적인 힘을 극대화하는 능력의 문제를 다루는 윤리학을 행동학으로 칭한다. 행동학은 신체를 유와 종차나 범주로 분류하지 않으며, 각각의 역량들의 차이로 신체의 다양성을 이해한다. 유와 종으로 분류하는 통상적 방식과는 달리, 같은 종 내에 있는 두 신체의 관계는 상이한 종인 두 신체의 관계보다 역량의 수준에 있어서 더 많은 차이가 있을 수 있다. 같은 종으로 분류되나, 실은 역량들에 있어서는 각기 차이를 지닌 신체들이 있는 것이다. 신체들은 서로 다른 변용 능력을 지니는 것이며, 동일한 원인에 의한 작용에도 다르게 반응하여 변화하기도 하며, 완전히 서로 다른 원인에 의해 변화하기도 하는 것이다. 행동학은 이렇게 각기 차이 나는 신체들의 변용 능력과 관계를 맺어 변용시키고 변용하는 관계를 탐구하는 것이다.

　2절에서는 변용 능력을 다루는 행동학을 주요하게 다루고자 한다. 이를 위해서 우선 들뢰즈가 스피노자의 윤리학을 통해 제시하는 변용과 변용 능력이라는 개념을 살펴보고, 신체 개념을 보다 구체적으로 이해한다. 또한, 신체의 활력을 증강시키면서 능동적으로 존재하는 노력으로서 행동학을 설명한다.

1. 변용과 변용 능력

윤리학은 신체의 능력을 증가시키는 좋음을 추구한다. 존재의 활동적 힘이 증가되는 좋음은 신체에 있어서 기쁜 정동으로 제시된다. 이를 보다 자세히 이해하기 위해서, 변용affection, 변용 능력povoir d'être affecté, 정동affect 을 설명하고 이를 신체와 관련시켜 좀 더 살펴볼 필요가 있다.

들뢰즈는 스피노자의 『에티카』에서 다루어지는 유한 양태에 관한 논의를 신체들 간의 결합과 그에 따른 신체의 변화할 수 있는 능력의 문제로 다루면서, 신체를 이해하기 위해 변용과 변용 능력에 대해 논의한다. 들뢰즈에 따르면, 스스로 존재하는 실체와 달리 유한 양태는 그 실존existence[1]을 지속하는 원인이 다른 것에 있는 존재이기에, 수동적 의존성을 그 특징으로 삼고 있다. 즉, 양태는 끊임없이 외부 양태들과 영향을 주고받으며 변형되는 것이며, 수동성을 존재하기 위한 기본적인 실존 양식으로 삼는 것이다. 이러한 양태 개념으로부터 들뢰즈는 변용 개념을 다음과 같이 설명한다.

1. 변용들은 양태들 자체이다. 이러한 양태들은 실체의 변용이거나 실체의 속성들의 변용들이다. 이 변용들은 필연적으로 능동적이다. 왜냐하면 그것들은 적합한

---

1 『스피노자의 실천철학』의 번역본에 따라 존재라고 옮길 수도 있겠으나 여기서는 실존이라고 옮겼다.

원인으로서의 신의 본성에 의해서 설명되는데, 신은 수동적이지 않기 때문이다.

2. 두 번째 단계에서는, 변용들은 양태에서 발생되는 것, 즉 양태의 변형들, 어떤 양태에 다른 양태들이 미친 결과들을 지시한다.(SPP 68/76)

변용은 위의 인용에서 보듯이, 다음의 두 가지로 이해된다. 첫째, 변용의 우선적인 원인은 실체에 있지만, 변용은 실체 자체가 변화한 양태를 의미한다. 둘째, 변용은 양태들 간의 결합에서 기인한 것이다. 이로부터 알 수 있는 것은 다음과 같다. 변용은 양태들 간의 결합을 의미한다. 또한 변용이 실체로부터 기인한 것이기 때문에 양태들 간의 결합과 합성인 변용으로 인해 존재하는 양태가 새롭게 생산된다.[2]

양태의 결합인 변용이 새로운 양태를 생산해 낼 수 있는 이유를 들뢰즈는 양태의 본질로부터 찾고 있다. 들뢰즈에 따르면, 양태의 본질은 강도적 힘, 역량puissance에 있다.[3]

---

[2] 들뢰즈가 신체를 설명할 때 사용하는 변용affection은 라틴어 affectiones를 번역한 것이고, 스피노자의 윤리학에서 제시되는 변용affectio개념을 발전시킨 것이다. 스피노자에게 있어서 변용은 개체에게 발생한 외적 충격을 개체 각자에게 고유한 방식으로 굴절시키는 메커니즘을 뜻한다. 스피노자의 변용 개념은 데카르트가 충돌을 외적 충격과 양적 변화의 견지에서 이해하는 방식을 비판하는 것이다. 변용은 신체를 정확한 외부와의 경계를 설정하는 것이 아니라 변화의 과정으로 이해하며, 외부 자극을 그대로가 아니라 어떤 주관성에 따라 그것을 굴절시켜 수용한다는 것을 의미한다. 이러한 변용에는 인간 신체에 대한 외부 물체의 작용, 인간 신체 자신의 변용, 마지막으로 외부 물체의 표상이라는 세 계기가 포함되어 있다. 김은주, 「외적 충격으로부터 어떻게 내면이 구축되는가?―데카르트의 물체 충돌 규칙과 스피노자의 변용affectio 개념」, 『철학 사상』, 49호, 참고.

[3] 양태는, 매 순간 "그것이 (―일 수 있는) 모든 것이며, 역량은 곧 그의 본질"이다. (SPE 82/132) 박기순의 번역에는 puissance가 역량으로 번역되어 있고, 문맥에 따라 능력으로 번역되기도 한다. 『스피노자의 실천철학』(SPP) 4장에서 potentia, puissance를 모두 능력으로 번역했다. 여기서는 이를 힘이자 역량으로 번역하며 같은 의미로 사용한다. 역량이 행위로 나타나 현실화되는, 할 수 있는 능력에 가까운 것이라면, 힘은 변용되고 변용될 수 있는 물리적인 힘들의 관계의 차원에서 이해될 수 있다. 번역서를 인용할 때는 번역자가 사용한 문장을 따른

양태들의 본질들은 본래적 양태들 혹은 강도량들이다. …… 각각의 유한한 존재
는 그의 본질을 구성하는 강도량에 따라서, 다시 말해 그의 역능의 정도에 따라서
절대적인 것을 표현한다고 얘기되어야 한다. 스피노자에게 개체화란 질적이고
부대적(비본래적)이지도 않다. 그것은 양적-본래적이고 강도적이다.(SPE 180/268)

강도적인 힘은 언제나 외연양으로 제시되면서 그 힘을 현실화한다. 여
기서 현실화된다는 것은 다른 강도적인 힘과 결합하여 물질적으로 나타난
다는 것을 의미한다. 현실화는 미리 정해진 가능성을 그대로 나타내는 것
이 아니라, 역동적이고 복합적인 다양한 힘들의 관계 안에 들어감으로써
예상할 수 없는 방향으로 힘을 펼쳐 내는 것이다. 따라서 양태가 힘으로서
의 역량을 지녔다는 것은 언제나 강도적인 외연양으로 표현된다는 것과
같은 것이다.[4]

이러한 양태의 역량은 능동적이고 현실적인 행위로 나타난다.[5] 따라서
강도적인 힘을 지닌 양태는 언제나 필연적으로 그 능력을 실현하기 위해
외연양으로 현실화하는 것이며, 이는 스스로 존재할 수 있는 역량의 능동
성을 지니고 다른 힘들에게 영향을 미치는 것을 의미한다.[6] 이 점에서 양태

다. 역량과 능력으로 구별되고 있는 힘 puissance/power은 니체의 'Wille zur Macht(will to
power)'에 대한 불어 번역이다.

4   SPE 81/130

5   이를 이해하기 위해서는 힘을 포텐시아potentia와 포테스타스potestas로 구별할 필요가 있다.
포텐시아가 능동적인 발생을 뜻한다면, 포테스타스를 이를 실행시키는 변용들을 통해 외연
양으로 실현하는 것이다. 역량인 포텐시아에는 항상 소질aptitudo 혹은 능력인 포테스타스가
대응한다. 즉, 발생을 일으키는 원인으로서 역량은 언제나 할 수 있는, 행위하는 능력으로
실재적으로 제시된다는 것이다.

6   역량인 포텐시아는 스피노자식으로 말하자면 능산적 자연이며, 능력인 포테스타스는 소산
적 자연이다. 능산성이 실체로부터 나온 것이라면, 소산성은 양태로 표현된 것이다. 이러한

는 변용되고 변용할 수 있는 힘인 변용 능력인 것이다. 다시 말해, 양태는 그 역량의 정도를 다른 양태들의 관계들 안에서 외연양으로 제시되어 강도적으로 실현하는 변용 능력 그 자체인 것이다.[7]

변용 능력인 양태의 성질은 다음과 같다. 1) 외부의 다른 원인들이라는 관계 속으로 들어가도록 결정되지만 않는다면, 즉 다른 외부의 영향이 없다면, 양태는 자신의 고유한 관계만을 유지하려는 경향을 지닌다. 즉, 유한 양태는 그 상태를 유지하고 지속하려고만 한다. 하지만 2) 지속하면서 실존하는 양태는 또한 양태들의 관계에서 비롯된 원인과 결과의 질서의 계속적인 작용 안에 있다. 앞서 살펴본 것처럼, 3) 양태의 지속적 존재는 다른 양태들의 외연적 부분들과 합성되었을 때만 그 역량이 외연적인 양으로 현실화되면서 실현될 수 있다.

실존한다는 것, 그것은 매우 많은 부분들plur-imae을 현실적으로 갖는 것이다. 이 합성 부분들은 양태의 본질(강도적 부분)에 외부적이며, 서로에게 외부적이다. 이

능산적인 역능은 언제나 소산적인 양태로 변용됨으로써, 그 역능을 능력으로 발휘하여 현실적으로 존재한다. 그렇기 때문에 역량을 현실화하지 않는 소질 혹은 능력은 없으며, 이러한 이유로 역량은 현실적으로 존재하는 것이다.

7 브라이언 마수미에 따르면, 『스피노자의 철학』 4장의 potentia/puissance는 능력으로 번역된다. 여기서 '능력은 힘을 지칭한다. 이러한 힘인 puissance는 좀 더 잠재력의 영역을 지시'한다. 이에 대해 들뢰즈는 '존재하기 위한 능력, 변용되고 변용하는 능력, 다양한 환경에서 변화하는 정도로 주어진 신체에 의해 현실화되는 다양하게 연결되는 능력, 강도, 현존의 충만함의 크기 스케일'로 이러한 힘의 의미에 관해 서술한다. 이 힘이 변용을 통해 나타날 때, '—할 수 있는 능력'이라는 측면이 더 부각되는데, 들뢰즈는 이러한 '변용 능력에서 힘을 pouvoir라는 개념'으로 서술한다. puissance가 보다 잠재적인 것, 일관성의 평면과 관련된다면, pouvoir는 현실화되는 측면이 더 크다. 이는 조직화의 평면, 푸코적 의미의 힘들의 재생산과 관련된 제도화된 관계, 잠재성의 선별적인 구체화(변용 능력)으로 이해되어야 한다. Brian Massumi, "Foreword", Gilles Deleuze, Felix Guattari, *A thousand plateaus : capitalism and schizophrenia*, translation and foreword by Brian Massumi, University of Minnesota Press, 1987, p. 17.

렇게 유한 양태들의 관계에서의 양태의 실존은 많은 부분들로 합성되는 것을 뜻한다.(SPE 183/273)

따라서, 양태가 지속하면서 존재한다는 것은 그 능력의 정도에 상응하는 무한히 많은 외연적 부분들과 합성할 수 있는 관계를 맺는다는 것을 의미한다.[8] 이러한 양태의 외연적 부분은 무한하게 '변용'하는 것이며, 외연적 부분들의 합성은 결코 완료되지 않는다. 그래서 실상 '합성된'은 '합성되고 있는'을 의미하는 것이다.[9]

변용 능력의 특징을 통해 알 수 있듯이, 힘을 실현하며 존재하는 변용 능력인 양태는 계속적인 외연적 합성을 진행한다. 양태는 존재하는 한, 다른 양태들과 관련을 맺으면서 많은 외연적 부분들을 결합하며, 매우 많은 방식으로 변용한다.

이를 통해서 알 수 있는 것은 다음과 같다. 그것은 바로 양태의 존재의 여부가, 바로 외연적 부분들의 무수한 결합을 통해 '매우 많은 방식으로 변용'되면서 변용 능력인 힘을 실현할 수 있느냐 없느냐에 달려 있다는 것이다. 양태는 역량이 표현되는 외연적 부분들과 합성되면서 일정 정도 그 관계에 귀속할 때 존재하는 것이다. 변용 능력으로서 양태의 존재는 변용되

---

8   양태는 양태들의 관계 내에서 지속할 때 존재한다. 이러한 양태의 지속에는 그 시작이 있다. 하지만 양태가 지속을 끝내는 한계는 양태 자체 내에서 이미 정해져 있지는 않다. 무엇보다도 양태는 존재 속에서 머무르려는 경향을 가지는 것이기에 사라지려 하지 않는다. 또한 이렇게 양태를 존재하게 한 작용인이 양태의 지속 기한을 부여하는 것도 아니다. 이러한 양태의 지속할 수 있는 한계는 바로 다른 양태와의 관계를 통해서, 다시 말해 다른 양태의 영향에 따른 변용에 의해 결정된다. 따라서 양태는 양태들의 관계에서 발생하며, 이 관계로부터 존재할 수 있는 지속을 부여받는 것이다.(SPP 86-87/96-97)

9   SPE의 한국어 번역본 중 『스피노자와 표현의 문제』, 이진경 옮김, 인간사랑, 2003, 273쪽, 역자 주 참고.

고 변용할 수 있는 그러한 결합을 얼마나 할 수 있는가와 관련하는 것이다. 변용 능력은 현실화하는 변용을 실현해야지 그 능력을 지속하면서 존재할 수 있다.

정리하자면, 1) 변용은 양태들 간의 결합을 의미한다. 그리고 양태는 그 자체로 고유한 운동과 정지를 제시하는 힘을 지녔으며, 다른 유한 양태의 부분들과 합성하려는 변용을 통해 그 능력을 발휘한다. 2) 변용 능력은 변용을 통해 그 힘의 정도를 발휘할 수 있는 능력이자 행위를 의미한다. 이 점에서 양태의 실존과 힘으로서의 활동 자체는 결코 분리되지 않는 것이다. 즉, 양태가 존재하게 된 결과(원인의 결과)는 양태의 활동(원인)에 있는 것이다. 물론 엄밀하게 양태는 자기 실존과 지속의 원인일 수 없다. 하지만 양태가 능동적인 실체의 능동 역량을 표현하는 한에서 스스로 원인이자 결과이며, 이러한 의미에서 자체 내에 활동으로서의 힘을 가진다. 따라서 활동이 정지되면 양태도 사라지는 것이다. 이로부터 도출할 수 있는 사실은 다음과 같다. 양태의 존재는 양태가 가진 힘과 동일하며, 이는 존재하는 한 양태가 할 수 있는 모든 바를 행한다는 것을 의미한다.

2. 존재하려는 노력으로서의 능동적 변용 능력과 정동

존재하는 양태는 변용할 수 있는 힘인 변용 능력을 의미한다. 변용 능력은 외부에서 전달되는 힘에 의해 힘을 가질 수 있고 변용할 수 있는 수동적인 힘이 아니라, 활동성을 지닌 능동적인 힘Puissaance이다.

변용 능력의 능동성은 바로 힘의 강도성에서 비롯된다. 앞서 살펴보았지만, 강도적인 힘의 특징을 정리하자면 다음과 같다. 첫째, 강도적인 힘은 힘 자체의 크기를 의미하는 양과 분리 불가능한 질을 지닌 그러한 양을 지녔다. 이 양은 추상적인 개념으로 균등화되고 동일화된 단위를 의미하지 않는다. 다른 힘들과 미리 규정된 추상적 단위로 동질하게 측정되어 비교하거나 균등화될 수 있는 양이 아닌 것이다. 물리적으로 외연화된다는 점에서 양적이지만, 힘의 질적 변이라는 차이를 힘을 구성하는 요소이자 조건으로 지닌 그러한 양이다.

둘째, 강도적인 힘의 양은 그 힘이 지닌 질적 차이와 분리될 수 없다. 차이가 힘을 구성하는 요소인 것이다. 힘은 힘들의 관계를 통해서만 드러나며, 힘들과의 작용을 거친 합성을 거듭하면서 존재할 수 있다. 그래서 관계 맺는 다른 힘과 그 힘을 구별해 주는 것 또한 양적인 것으로 제시되는 변이하는 차이에 있다. 또한 변이하는 차이로 인해 각기 다른 힘들은 서로 영향을 주고받는 관계를 맺을 수 있는 것이다. 따라서 강도적 힘이 지닌 차이로 인해 각각의 힘의 질이 드러나면서, 동시에 힘들 간의 관계가 생겨나는 것이다.[10]

셋째, 강도적 힘은 힘들의 관계에서 분리되어 홀로 존재할 수 있는 것이 아니며, 실재적인 요소들 사이에서 일어나는 힘들의 작용에서 자신의 힘

---

10 내재적인 강도적 힘은 정신과 육체를 이분법인 분리를 전제하는 물질 개념을 통해 지각되거나 재현될 수 있는 것이 아니며, 인간적인 지각을 넘어서 작용하는 힘들의 관계를 통해 변형을 거듭하는 유연한 것이자 역동적인 것이다. 힘들의 관계에 의해 구성되는 이러한 내재적인 힘은 물체들이 서로 상호작용하게 해주는 모든 수단들을 포괄하는 것이다. 따라서 '힘'은 어떤 것일 수 있거나 어떤 것을 할 수 있는 역량이자, 존재하는 것들을 구성하게 만드는 작용하거나 작용받을 수 있는 잠재력들potentials이다. 이러한 힘은 타인에게 우월하게 펼쳐지거나 재인식되면서 사회적 가치와 일치함으로써 힘의 능력을 펼치는 홉스적인 힘과 무관하다. 오히려 이 힘은 니체에게 영향을 끼친 라마르크스적 힘 개념을 통해 이해하는 것이 적합하다. 이러한 힘 개념에 따르면, 물질적 실재는 환원할 수 있는 입자들로 이루어지지 않았으며, 다른 모든 양들과의 긴장 관계 하에 있는 역동적인 양자들quanta로 존재하는 것이다. 이러한 관계적인 힘은 물리적이건, 유기적이건, 아니면 사회적인 관계를 모두 포함하는 존재하는 것들의 다양한 관계의 양상에서 구성적인 것으로 작용한다.(폴 패튼, 『들뢰즈와 정치』, 백민정 옮김, 태학사, 2005, 137-139쪽.)

58

을 펼치는 방향성을 지닌 물리적 실재이다.

강도적 힘의 특징으로부터 알 수 있는 것은, 변용 능력의 능동성이 힘을 지속하게 하는 것에 머무르지 않고, 완전히 다른 차이인 새로운 힘을 생산해 낸다는 것이다. 능동적인 변용 능력은 변용을 거듭하여 새로운 힘을 창출하는 자기 긍정적인 것이다 이러한 능동적 변용 능력은 실존을 보존하려는 노력인 코나투스^{conatus}와 연관되어 보다 구체적으로 설명된다.[11] 이는 코나투스가 존재를 지속하려는 경향과 보다 변이하려는 노력이 모순적이지 않다는 것을 보여 주기 때문이다.

코나투스는 그 어느 것도 결핍되어 있지 않은 물리적 실재인 현실태로 존재하며, 자신이 지닌 힘 안에 머물러 지속하려 하는 경향이다. 동시에 코나투스는 필연적으로 외적 관계와의 영향 속에서 다른 힘들과 연결되고 접속하여 각기 다른 방식으로 변용하려 하는 경향이기도 하다.[12] 얼핏 보면 서로 대립적인 두 경향을 지니는 코나투스는 무엇보다도 존재하려는 노력 그 자체이다. 자연 상태에서 "존재 양태는 자신의 핵심적인 관계들 중의 하

---

11 코나투스는 '노력하다'라는 라틴어 동사 cōnor에서 파생된 라틴어 'cōnātus'에 어원을 둔 개념이다. 코나투스는 현존하려고 노력하는 것, 그리고 그 자체를 증가시키려는 내적 경향성을 지칭한다. 이러한 코나투스 개념은 스토아학파의 키케로에 의해 발전했으며, 근대 이후 힘 개념을 다룬 데카르트, 홉스, 스피노자, 라이프니츠에 의해 본격적으로 재조명되어 논의되었다. 스피노자의 코나투스^{conatus}는 '개체의 자기 존재 역량의 보존과 확장의 노력'을 뜻하며 conatur(동사형 conari)의 명사형이다. conatus는 '-하고자 함'이라는 의미를 갖는다. 이는 각각의 사물이 특정한 경향성을 가지고 있음을 의미한다. 인간의 경우 물리적 경향과 그에 상응하는 관념과 그 연결이 있다. 스피노자는 이에 관해 『에티카』 3부 정리 9의 주석에서 '이 노력^{conatus}이 정신에만 관계될 때에는 의지^{voluntas}라고 부르고, 정신과 신체에 동시에 관계되면 욕동^{appetitus}이라고 말해진다. …… 욕동과 욕망^{cupiditas}의 차이는, 욕망은 자신의 욕동을 의식하는 한 주로 인간에게 관계된다는 것에만 있다. 따라서 욕망은 의식을 동반하는 욕동으로 정의될 수 있다'라고 설명한다.

12 코나투스가 지속하면서도 변용하려는 경향을 가졌다는 것은 서로 대립적이지 않다. 들뢰즈에 따르면, 보존하고 유지하고 계속해서 머무르려는 지속이 코나투스에 대한 기계론적인 정의라면, 증가시키고 장려하는 변용하려는 경향은 코나투스의 역학적 정의이다.(SPP 135/150)

나를 해칠 수 있는 다른 존재 양태들을 필연적으로 만날 수밖에 없다."(SPP 137/152) 다시 말해, 외연적 부분들이 합성되어 변용되는 양태의 차원에서의 관계는 상호적으로 언제나 적합한 것은 아니다. 존재하는 양태들의 관계는 서로에게 적합하지 않을 수 있기에, 양태는 자신에게 적합하지 않은 관계를 만날 수 있다. 이는 존재하는 양태가 적합하지 않은 양태들과 만나 파괴될 수 있으며, 외부에서 기인한 원인에 의해 그 지속이 끝을 맞게 된다는 것을 의미한다.[13]

이러한 상황에 처해 있는 양태에게 있어서, "현실적인en acte 본질은 오로지 존재하려는 노력으로만, 즉 언제나 자신을 능가할 수 있는 다른 능력들과의 비교로써만 결정된다."(SPP 138/152) 이는 양태가 존재한다는 것은 그저 머무름에 그치는 것이 아니라, 존재하기 위해서 행위 능력을 증강시키는 것과 같다는 것을 의미한다.

지속하려는 경향이자 노력인 코나투스를 통해서 알 수 있는 것은, 변용 능력이 자신을 유지하기 위해 변용할 뿐 아니라, 지속을 보다 강화하기 위해 능동적인 변용을 증가시키는 행위 능력 자체라는 것이다. 능동적인 변용 능력인 행위 능력의 증가는 존재를 지속하는 변용을 계속적으로 생산한다는 것을 뜻한다. 이로부터 도출되는 것은 존재하려고 노력하는 실존은 새로운 변이를 생산한다는 것이다. 능동적인 변용 능력은 존재의 힘을 상승시키는 능동적인 변용을 추구하면서 지속을 강화하는 힘이며, 그 힘을 생산해 내는 행위 능력인 것이다. 따라서 존재를 지속하는 양태는 그저 변용되는 것만이 아니라 지속을 강화시키는 관계와의 결합을 추구하려는

---

13 이러한 사라짐과 파괴는 부분들의 관계에서 발생한 것일 뿐이다. 여기서 "사라진 것은 영원한 진리인 관계가 아니다. 사라진 것은 그 관계가 그것들 사이에서 성립되었던 것의 부분들이고, 이제는 다른 관계를 취하고 있는 부분들이다."(SPP 47/53) 즉, 자연 전체로서의 관계의 질서는 그대로 계속 작동하고 있으며, 사라진 것은 바로 개체를 구성하던 복잡한 외연적 부분들의 합성 관계인 것이다. 그 점에서, 한 개체이자 신체의 파괴는 물리적 실재로의 존재의 사라짐이지만, 자연 전체의 질서에서 보았을 때 합성 관계의 변화일 뿐이다.

경향이자 노력인 능동적인 변용 능력인 행위 능력puissance d'agir 그 자체인 것이다.

행위 능력의 증가와 감소는 정동으로 드러난다.[14] 정동은 변용할 수 있는 능력이 증가하거나 감소하고, 도움을 받거나 방해받는 상태를 보여 주기 때문에, 정동을 통해서 존재 양태가 이전에 비해 갖게 되는 더 크거나 더 적은 힘의 전이 상태가 드러나게 되는 것이다. 행위 능력의 증가는 기쁨의 정동으로 나타난다.[15] 이와 반대로, 행위 능력의 감소는 슬픔의 정동을 통해 실현된다. 후자의 경우에 변용 능력은 고통을 몰아내고 그러한 슬픈 감정을 일으킨 원인 대상을 배척하거나 파괴하는 것에 몰두하기 때문에 행위 능력은 향상되지 못한다. 하지만 전자의 경우 변용 능력에 적합한 관계로 인해 힘이 팽창되면서 지속하는 능력이 증가하는 것이다.

---

14 이에 관련해 김재인은 affect(정동) 개념을 분석하면서 이 개념의 출현이 1962년『니체와 철학』(NP)에서 니체의 '힘'force, Kraft과 '권력의지'volonté de puissance, Wille zur Macht 개념을 분석하면서 나타났다고 설명한다. 김재인에 따르면, "들뢰즈는 명사 affect보다 동사 affecter에 주목한다(대응하는 영어 동사는 affect, 독일어 동사는 affizieren). "이 동사는 라틴어 afficere에서 유래했는데, '―를 향하는'을 뜻하는 ad와 '행하다'를 뜻하는 facere가 합쳐진 말로, '―에 작용을 가하다'라는 뜻이다. 스피노자가 구분한 라틴어 명사 affectio와 affectus는 모두 이 동사에서 유래했다. 스피노자는 두 물체가 만나면 서로가 서로에게 작용을 가하여 상호 변용시킨다고 보았다. '변용'은 구체적인 만남에서 가하는 국면('능동')과 당하는 국면('수동')을 필연적으로 내포하며, 따라서 '변용시키다'와 '변용하다'는 각 물체에게 동시에 벌어진다. 이 두 국면을 가리키는 명사가 affection(변용)이다. 한 물체는 다른 물체를 변용시키는 동시에 자신이 변용되며, 이런 일은 만남 속 모든 물체에서 벌어진다. …… 들뢰즈는 affecter를 인간 중심주의를 넘어 만물에 통용되는 원리로 삼는 스피노자의 용법을 따른다." 김재인,「들뢰즈의 '아펙트' 개념의 쟁점들: 스피노자를 넘어」,『안과 밖』, 영미문화연구회, 2017, 135쪽.

15 변용affection은 라틴어 affectiones를 번역한 것이고, 정동affect은 라틴어 affectus를 번역한 것이다. 여기서 정동은 스피노자 철학에서 감정으로 번역되는데, 들뢰즈는 스피노자 철학에서 affect ou sentiment라는 표현을 사용하고 있다. 번역서에서는 감정으로 칭한다. 이 책에서는 정동이라 번역하며, 번역서를 인용할 경우, 그 표현을 존중하여 감정으로 쓴다.

행위 능력의 증가는 기쁨의 감정이라고 불린다. 보다 적은 완전성으로의 이행, 즉 행위 능력의 감소는 슬픔의 정동이다. 이와 같이 행위 능력은, 외적 원인들과의 관계 속에서 변용 능력은 동일하게 유지한 채 상이하게 변한다.(SPP 70/79)

정동은 또한 존재 양태의 변용 능력에 적합한 것인 좋음과 적합하지 않은 나쁨을 보여 준다는 점에서, 좋음이나 나쁨과 바로 연결된다. 기쁨은 변용 능력을 능동적으로 만들어 주는 관계에 연결되어 능력과 관계의 적합성을 제시하기 때문에 변용 능력의 상승과 강화를 뜻하는 좋음과 관련된다. 이와 반대로 슬픔의 감정은 능력의 감소를 보여 주기 때문에 나쁨과 즉시 관련된다.

이러한 정동의 특징을 통해 알 수 있는 것은, 계속적으로 존재하고 지속하기 위해서는 기쁨의 정동을 추구해야 한다는 것이다. 기쁨과 이 기쁨으로부터 나오는 감정은 변용될 수 있는 소질을 존재의 힘이 상대적으로 증가되는 방식인 행위 능력으로 실현시킨다. 기쁨을 추구하면 추구할수록 행위 능력은 증가되는 것이다. 기쁨의 추구가 변용 능력의 상승을 일으킨다는 점에서 기쁨의 감정은 존재 양태의 자기 변용이 생겨나게 하여 능동적인 변용 능력을 실현시키면서 더 큰 기쁨을 발생시킨다. 따라서 계속적으로 능동적인 변용 능력은 "기쁨을 체험하고, 행위 능력을 증가시키고, 기쁨의 원인이 되는 것을 상상하고 발견하려는 노력"을 한다. 이 노력은 기쁨의 원인을 유지하고 그것을 장려하는 것이다. 그러면서 동시에 슬픔을 멀리하고, 슬픔의 원인을 파괴하는 어떤 것을 상상하고 발견하려고 행하는 것이다.

3. 행동학: 신체와 능력 이론인 윤리학

들뢰즈는 능동적으로 변용하는 행위 능력에 대한 논의를 통해서, 얼마나 변용할 수 있는가라는 변용 능력의 문제를 주요하게 간주하여, 윤리학을 변용할 수 있는 힘의 정도를 논의하는 능력 이론으로 제시한다. 능력 이론은 신체가 얼마나 변용할 수 있는가라는 문제를 주요하게 다루며, 신체를 다음의 두 가지 방식으로 정의한다.

스피노자는 어떻게 신체를 정의하는가? 스피노자는 어떤 한 신체를 동시에 두 가지 방식으로 정의한다. 한편으로, 신체는 아무리 작다 하더라도 언제나 무한히 많은 분자들을 포함하고 있다. 한 신체, 한 신체의 개체성을 규정하는 것은 분자들 사이의 운동과 정지의 관계들, 빠름과 느림의 관계들이다. 다른 한편으로, 신체는 다른 신체들을 변용시키고 다른 신체들에 의해서 변용된다. 한 신체를 그 개체성 속에서 규정하는 것은 또한 이 변용시키고 변용될 수 있는 능력이다.(SPP 165/182-18)

우선 신체는 운동과 정지의 관계로 설명된다. 운동과 정지는 힘들의 물리적 운동과 빠름과 느림의 관계로 나타난다. 신체에 있어서 운동의 속도는 다른 신체로서 유한 양태들의 합성을 의미하는 변용을 지시한다. 운동과 정지의 관계로 제시되는 신체는 여러 가지 다른 방식으로 그리고 각기 다른 신체들과 합성하여 다른 것들로 변용되는 것이며, 또한 변용하는 것이기도 하다. 그런 점에서, 신체는 힘들의 결합 관계인 변용으로 정의되는 것이다.

이러한 변용은 결합된 두 신체의 혼합된 상태가 일으킨 작용에 따른 것이다. 변용은 결합된 신체에 작용이 미치는 효과를 뜻한다. 즉, 신체는 하나의 신체가 다른 신체에 미치는 효과나 작용에 의해 정의되는 것이다. 예를 들어, 뜨거운 햇빛이 왁스와 진흙에 비추고 있는 것을 생각해 보자. 햇빛은 왁스와 진흙에 각기 다른 작용을 하면서 각각 다른 효과로서의 변용을 일으킨다. 우선 햇빛은 왁스를 녹여 고체 상태에서 액체 상태로 변이시켜 흐르게 만든다. 햇빛과 왁스의 결합에 따라 녹아내리는 왁스라는 변용이 있다. 딱딱하게 응고된 왁스와 달리, 수분기로 인해 물컹거리는 진흙은 햇빛을 받아 건조해질 뿐 아니라, 시간이 지날수록 수분이 증발되면서 얽힌 흙 조각은 산산이 부서져 흩어지기 시작한다. 햇빛과 진흙의 결합에 따라 딱딱해진 흙덩어리라는 변용이 있는 것이다. 이렇기 각기 다른 변용은 왁스와 진흙이 각기 다른 신체의 구조를 가지고 있기 때문에 생겨난다. 햇빛 또한 각기 다른 변용 능력을 지닌 왁스와 진흙과 결합하면서 빛에너지에서 열에너지로 바뀐다. 즉, 결합하는 신체의 변용 능력의 차이에 따라 햇빛의 에너지 변화의 정도가 다르게 된다. 그러나 변용은 위의 예를 통해서 알 수 있듯이 신체 간의 결합에 따른 효과이기에, 변용만을 가지고 변용이 일어난 원인을 알 수는 없다. 즉, 신체들의 결합과 혼합에 따른 효과로서 변용은 그 원인들과 분리되어 있다.[16] 햇빛은 왁스를 녹이며 진흙을 딱딱하게 했지만, 어떤 신체적 구성으로 인해 햇빛이 작용하여 왁스를 녹이고 진흙을 딱딱하게 했는지에 관해서, 빛에 의해 액상 상태가 된 왁스와 굳어서 딱딱해진 진흙 그 자체로 머물러 있는 한에서는 결코 그 원인을 알 수 없는 것이다.[17]

---

16 그 점에서, 어떤 변용에 대한 관념은 그저 원인들이 없는 효과들에 대한 표상이라고 말할 수 있다. 바로 이 때문에 변용에 대한 관념들은 원인들을 알려 주지 않는 부적합한 관념이자, 혼돈된 관념으로 칭해지는 것이다.

17 진흙과 왁스의 예는 「질 들뢰즈: 스피노자에 관한 세미나, 1978년 1월 24일」(김상운 옮김, 미출

변용으로 규명되는 신체는 다른 신체들과 결합함으로써 상호 영향을 주고받아 변화할 수 있는 신체의 변용 능력에 의해서도 정의된다. 변용 능력은 변화할 수 있는 힘이자 능력이며, 신체를 정의하는 또 다른 축이다. 이러한 변용 능력은 무엇보다도 한 신체에서 일어나는 연속적인 변이를 뜻한다. 앞의 예를 계속 들자면, 왁스는 햇빛에 의해 녹지만, 해가 진 후 급격히 온도가 낮아지면 녹은 왁스는 다시 딱딱해진다. 이렇게 변화하는 왁스의 변이하는 역량이 변용 능력인 것이다. 이렇게 변용 능력으로 정의되는 신체는 물리적 강도의 정도이자 내포적인 실재인 것이다.

변용과 변용 능력이라는 두 축에 따라 정의되는 신체는 신체들 간의 결합과 해체의 관계 안에서 영향을 받고, 영향을 받을 수 있는 힘이 지닌 최대와 최소의 범위scale를 의미한다. 이러한 신체는 실체 혹은 주체, 혹은 형식이나 기관의 기능에 의해 정의될 수 없다. 또한 신체는 단순한 물질성에 의해서나 공간(연장)이나 유기적 구조에 의해서 정의되지 않는 것이다. 물리적 실재를 지니면서 존재하는 신체는 "어떤 속성 안에 있는 존재 양태의 복잡한 조직"(SPP 109/112)이다.

신체는 오직 신체 간의 복합적 관계에 따른 변용과 그에 작용하는 변용의 능력에 의해서만 만들어지는 것이기에, 결합 관계에 따라 변화를 거듭한다.[18] 즉, 신체는 변화할 수 있는 그러한 힘이며, 변용의 능력이 신체의 구조를 형성하는 것이다. 예를 들어, 경주마와 수레를 끄는 말은 각기 역할이 다르긴 하지만 동일한 종으로 분류된다. 그러나 변용 능력으로 보았을 때, 경주마와 수레를 끄는 말은 각기 변이할 수 있는 능력이 상이할 뿐 아니라, 결합하는 신체 역시 다르다. 경주마는 기수와 결합하고, 그 기수에 의해 변용된다. 하지만, 수레를 끄는 말은 수레와 수레를 모는 짐꾼과 결합하고 변

간)에서 참고했다.

18 SPP 46-47/52

용된다. 경주마가 앓는 질병과 활력을 증강시키는 먹이 역시 수레를 모는
말의 그것들과 각기 다르다. 이러한 관점에서 볼 때, 수레를 끄는 말은 경
주마보다는 오히려 밭을 가는 황소와 변용 능력의 측면에서 더 밀접하다.
그러므로 변용 능력에 의해 동물을 행동학적으로 분류하여 도표화한다면,
이는 동물들의 유전적 혹은 종적 구분 방식과는 다를 것이다.

윤리학은 바로 신체에 있어서의 위와 같은 변용 능력의 문제를 다루는
것이다. 들뢰즈는 이러한 윤리학을 행동학éthologie으로 명명한다. 행동학은
19세기 후반에 독일의 생물학자 에른스트 헤켈이 환경 속의 유기체 연구
를 지칭한 'ecology'라는 용어의 의미와 존 스튜어트 밀이 개인, 또는 집단
등의 성격 형성과 도야에 관한 연구라고 했던 뜻을 지닌 'ethology'라는 혼
용된 어원을 가진 개념이다.[19] 행위자의 행위에 초점을 맞추는 기존의 입장
과 달리, 윤리학으로서 행동학은 다음과 같이 설명된다.

행동학, 이것은 무엇보다도, 각 사물을 특징짓는 빠름과 느림의 관계들과, 변용시
키고 변용하는 능력들에 대한 연구이다. 각 사물에 대해서, 이 관계들과 이 능력
들은 범위, 극대와 극소의 문턱들, 고유한 변이들 혹은 전화들transformations을 갖
는다. 그것들은 세계 혹은 자연 속에서 그 사물에 상응하는 것, 즉 그 사물을 변용
시키고 그 사물에 의해서 죽임을 당하는 것을 선택한다.(SPP 168/186)

신체가 얼마나 변용할 수 있는가라는 변용 능력에 관한 물음은 신체가
그 변용 능력을 증대하여 얼마나 활동적으로 지속하여 존재할 수 있는가

19 Keith Ansell-Pearson, *Philosophy and the adventure of the virtual Bergson and the time of life*,
Routledge, 2005, p. 396, 참조.

66

라는 관심에 다름 아니다. 그러하기에 행동학은 우선 변용시키고 변용하는 변용 능력에 초점을 맞추며, 변용 능력에 작용하는 변용을 일으키는 관계들의 질서와 조성을 탐구한다. 행동학의 목적은 신체의 능력을 상승시키는 능동적 변용 능력을 극대화하는 것이며, 이를 상승시키는 신체와의 결합과 능동적 변용 능력을 창출하는 문제가 행동학의 주된 관심사인 것이다.[20]

행동학으로서 윤리학은 1) 수동적인 변용 능력을 능동적인 변용 능력으로 전환하고 2) 능동적 변용 능력을 창출하는 신체와 결합하는 문제를 주요하게 논의한다. 행동학에서 중요한 것은 신체를 유지하기 위해서만 작용에 의해 변용하는 힘의 능력을 사용하는 것이 아니라, 신체의 변용 능력을 보다 확장하여 펼치고 그 활력을 증강시킬 수 있도록 하는 것이며, 이는 힘을 작용할 수 있는 능동적인 것으로 전환하는 데에 있다. 이를 좀 더 설명하자면 다음과 같다. 힘들의 관계에서 있어서, 존재하는 힘들은 변용시키고 변용되는 인과적 작용 안에 있다. 이 점에서 힘은 외부에 의해 변용되는 반응적인 것이지만, 이 역시 신체를 유지하는 힘이기에 어떠한 부정적인 가치를 지니지 않는다. 행동학은 외부의 변용을 통해 존재를 유지하고자 하는 반응적인 힘에 미리 가치를 두지 않는 것이다. 중요한 것은 반응적인 힘을 새로운 힘을 창출하는 능동적 역량으로 전환시키려고 시도하는 것에 있다.

행동학의 목표는 변용되는 반응적인 힘을 수동적인 힘으로 한정짓거나, 부정적인 것들로 한계 짓는 시도에 맞서, 계속적인 변용을 일으켜서 존재를 지속하게 하는 능동적 힘으로 만들려는 것이다.[21] 이를 위해, 중요하고 필수적인 것은 변용 능력의 상승을 이끄는 신체와 결합하여 좋은 변용을

---

20 Keith Ansell-Pearson, 같은 책, p. 324.

21 NP 206/310 참조.

일으키는 것이다.

앞서 살펴보았듯, 좋음과 나쁨은 한 신체의 변용 능력의 상승과 하강과 관련된다. 그러나 관계의 좋음과 나쁨의 문제는 단순히 한 신체에서 좋은 관계를 맺을 수 있는 신체와 결합하느냐의 문제만으로 소급될 수 없다. 신체가 자신에게 좋은 관계를 만날 가능성은 자연의 질서 내에서 지극히 낮기 때문에, 좋은 관계와 만나려는 노력이 신체에 있어서 더 중요하다. 그래서 좋음은 이제 그 신체에게 좋은 관계와 결합하여 자신의 능력을 증가하려는 노력에 있다. 노력을 하지 않을 때, 이는 한 신체에게 나쁨을 가져온다.

자연 전체의 영원한 법칙들에 따라, 고유한 질서 속에서 서로 결합되는 관계들이 언제나 존재한다. 선과 악은 없으며, 좋음bon과 나쁨mauvals이 있다(선악을 넘어, 이것은 적어도 좋음과 나쁨 너머를 의미하지 않는다). 좋음은, 한 신체가 우리 신체와 직접적으로 관계를 구성할 때, 그 신체의 능력, 전체 부분을 통한 능력의 증가를 지시한다. …… 그리고 이에 따라 좋음과 나쁨은 또한 두 번째 의미, 즉 인간 존재의 두 유형, 두 양태를 특징짓는 주관적이고 양태적인 의미를 갖는다. 할 수 있는 한에서, 만남들을 조직하고 자신의 본성과 맞는 것과 통일을 이루며, 결합 가능한 관계들을 자신의 관계와 결합하고, 이를 통해 자신의 능력을 증가시키고 노력하는 사람은 훌륭하다(혹은 자유롭다, 혹은 합리적이라고, 혹은 강하다고 일컬어진다). 왜냐하면 훌륭함은 역학, 능력, 그리고 능력들의 결합에 관련된 일이기 때문이다.(SPP 37-39/38-39)

좋음과 나쁨은 한 신체에게 있어서 관계의 적합성만이 아니라, 그러한 좋은 관계를 맺으려고 노력하느냐가 더 중요한 측면인 것이다. 좋은 관계를 추구하고 조직하는 것은 능동적이며 행위 능력을 상승시키기에, 능력이 있는 '좋음'이다. 이와 반대로, 관계를 조직하지 않고 수동적으로 겪어 내어 무능력을 드러내는 것은 '나쁨'이다. 좋음과 나쁨은 한 신체에 있어서 결합 관계의 적합성과 부적합성에서, 적합하고 좋은 관계를 조직해 내는 것과 관련하는 것이다. 좋음과 나쁨의 문제는 좋은 관계로 결합하는 문제이며, 좋은 관계를 창조하는 문제인 것이다. 따라서 윤리학에서 좋음과 나쁨은 한 신체의 변용 능력을 상승시키는 관계의 좋음과 나쁨의 문제만이 아니라, 좋은 관계를 조직하려는 행위의 역량으로서의 능력의 문제이다. 이것이 좋음과 나쁨의 문제를 윤리적 문제로 제기하는 이유이기도 하다.

물론, 자연권의 차원에서 존재하는 능력인 힘은 존재 양태의 권리droit를 규정한다. "존재 속에 계속 머무르기 위해, 주어진 변용들을 통해서, 결정된 감정들 아래서, 어떤 결정에 의해 내가 할 수 밖에 없는 모든 것(적합하지 않은 것과 나에게 해가 되는 것을 파괴하고, 나에게 유익하고 나에게 적합한 것을 보존하는 것), 이 모든 것은 나의 자연권이다."(SPP 140/154-155) 그러한 이유로, "이성적 인간과 미치광이는 그들의 변용과 그들의 감정에 의해서 구별되기는 하지만, 동일하게 그 변용들과 감정들에 따라 존재 속에 계속 머무르려고 노력한다."(SPP 141/155) 광인과 광인 아닌 자는 존재 양태의 권리 차원에서는 동등하며 동일하다. 즉, 그들 각자는 그들 방식대로 완전하다. 하지만 이 둘은 차이가 있다. 그것은 존재하려고 노력하는 역량인 능동적 변용 능력의 차이에 있는 것이다. 즉, 그들의 차이는 바로 좋은 관계를 추구하려는 그러한 노력 자체인 역량에 기인한다. 따라서 자연권은 오히려 변용의 질서에서, 지속하기 위한 작용들 아래서 할 수 있는 바를 다하는 능동적인 변용 능력인 행위 능력의 차원으로 이해되어야 한다.

계속해서 머무르고, 행위 능력을 증가시키고, 기쁜 정념들을 체험하고, 변용 능력을 최대한으로 높이려는 노력이 언제나 실행된다고 하더라도, 그 노력은 인간이 자신의 만남들을 조직하려고 노력하는 한에서만, 즉 다른 양태들 가운데 자신의 본성과 적합하고 자신과 결합되는 양태들과 만나려고 노력하는 한에서만, 그리고 그것들을 서로 적합하고 결합되는 측면들 아래서 만나려고 노력하는 한에서만 성공할 수 있다.(SPP 141-142/155-156)

　좋은 관계를 추구하는 것, 이를 통해 능력을 증가시키려는 것, 이것은 존재를 지속하는 문제이다. 그러한 이유로, 행동학으로서 윤리학은 신체의 변용 능력을 상승시키는 변용을 일으키는 좋은 관계와 결합하는 문제인 동시에, 이러한 합성을 일으키는 관계를 조성하고 창출하는 노력 그 자체이기도 한 것이다.

　이러한 노력에 있어서 정동affect[22]의 역할은 중요하다. 왜냐하면 변이를 겪는 신체에서 그 역량이 최대로 증가하는 것과 그 역량이 최소로 떨어져 존재할 수 없는 정도는 정동의 상태로 나타나기 때문이다. 예를 들어, 비소와 인간의 몸의 결합에 있어서, 비소가 결합할수록 인간의 몸은 해체된다. 이로 인해 점점 생명력이 떨어져 슬픔의 정동으로 나타나며 죽음에 이르게 되면 정동 자체는 사라진다. 그러나 죽음에 이르기 전에 신체가 비소를 해독하는 약제와 결합하여 신체에서 독이 없어지고 차츰 원기를 회복하여 활기가 증가할수록, 신체의 생명력 증가는 기쁨의 정동으로 나타난다. 즉, 기쁨과 슬픔의 정동은 어떤 것과의 결합이 신체에 좋은 것인지 나쁜 것인지 알 수 있게 하는 지표이다. 따라서 신체의 행위 능력을 증강시키는 기쁨의 정동을 추구하는 것은 특히 중요하다.

　기쁨의 체험은 행위 능력을 증가시킬 뿐만 아니라, 어떠한 관계에서 정동이 비롯되는지 그 원인에 대한 인식을 추구하게 한다는 점에서 또한 중

22　본문 81쪽 이하에서 정동에 대해서 보다 자세히 설명한다.

요하다.

기쁨은 적합한 관계의 원인에 대한 인식인 공통 개념을 형성하도록 이끈다. 공통 개념은 물리-화학적이거나 생물학적이며, 다양한 측면 아래서 자연이 갖는 결합의 통일성을 제시한다. 현실적 존재들, 물리적 존재들, 현존하는 존재들을 관계 짓는 자연적인 인과 질서를 드러냄으로써, 이러한 공통 개념은 어떻게 정동들이 연결되며 연결시킬 수 있는 지를 보여 주는 실천적 기능을 갖는 것이다. 이 점에서, 기쁨을 통해 형성된 공통 개념은 바로 "좋은 만남들을 조직하고, 체험된 관계들을 결합하여, 능동적인 변용을 형성하고 실험하는 기술art이며, 윤리학 그 자체의 기술"(SPP 161/177)인 것이다. 기쁜 정동을 체험함으로써, 좋음과 나쁨을 인식하고 행위 능력을 증가시키는 관계를 조직해 내면서 이러한 신체들과 결합할 수 있게 되는 것이다.

이러한 기쁜 정동의 상승은 또한 자유의 문제와 관련된다. 들뢰즈에게 있어서, 자유는 자연 원인과 무관한 의지의 자유를 의미하지 않는다. 힘들의 관계에 있어서, 관계 밖의 외부 원인은 없다. 자유는 오직 관계 속에서 변용 능력이 상승되어, 능동적인 행위 능력으로 나타나는 것을 의미한다. 이런 점에서, 적합한 관계들을 추구하고 그러한 신체를 조직하려는 능동적 변용 능력이 상승할 때, 이전 상태보다 더 자유롭다.

정리하자면, 행동학으로서 윤리학은 신체가 '할 수 있는' 변용들과 변용 능력의 한계 내에서 반응하게 되는 자극에 의해서 신체를 정의한다. 그리고 한 신체가 맺고 있는 관계의 적합성과 부적합성에 의해, 변용할 수 있는 능력이 증가하고 감소하는 변용 능력의 상이한 변이 관계의 문제를 주요하게 검토하면서, 능동적 변용 능력의 상승을 추구한다. 이러한 능동적 변용 능력은 또한 슬픈 정동에 대한 가치를 절하하고 기쁜 정동을 옹호하면서 슬픔을 기쁨의 정동으로 바꾸어 내는 것이며, 계속적인 변용을 일으켜

삶을 지속하는 변이를 생산하면서 긍정^{affirmation}하는 것이다. 그 점에서 행동학으로서 윤리학은 삶을 긍정하는 기쁨의 윤리학이며, 변용 능력의 상승을 일으키는 신체와 결합하고 기쁨의 정동을 창출하면서 새로운 신체를 조성하는 실험이다.

PART 2

행동학의 실천적 의미로서의 되기와 페미니즘

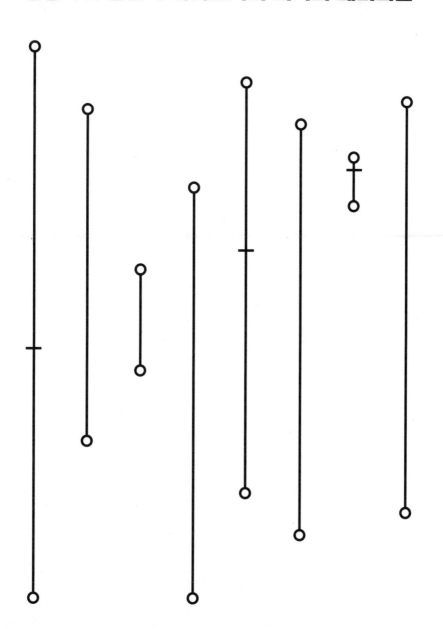

　행동학의 가장 주요한 관심은 능동적 변용 능력을 극대화할 수 있는 신체와 결합하는 것에 있다. 이에 관해 들뢰즈는 결합하는 각각의 신체 능력을 모두 증강하는 방법인 '되기devenir'를 제안한다.

　되기는 힘을 증강시킬 수 있는 방식으로 결합 관계를 모색하고 새로운 신체를 조성하는 것이다. 되기는 한 신체에 있어서 행위할 수 있는 힘의 증대를 추구하는 것이지만, 고립적 개인으로 귀결되지 않는다. 신체 개념은 지리학적인 용어인 위도와 경도로 설명되며, 새로운 차이를 생산하는 지도의 의미도 가지면서 개체의 차원이 아니라 사회적이며 집합적인 신체 개념으로 확대된다. 되기가 추구하는 새로운 신체는 각 신체의 역량을 재구성하는 상호작용을 통해 그 힘을 증대시키는 집합적 관계의 탐구로 확장된다. 이러한 되기 개념을 통해서 행동학은 신체의 능력을 하강시키는 권력에 저항하고 힘을 확대하는 집합적 방식을 창출하는 정치적인 논의로 발전된다. 들뢰즈는『스피노자의 실천철학』을 거쳐『천 개의 고원』에 이르러, 행동학의 실천적이며 정치적인 의미를 보다 구체적으로 강화하는 것이다.

　이번 장에서는 자기 보존을 추구하는 변용 능력을 다른 신체와 연결되어 보다 확장적인 관계망을 창출하는 되기로 설명하고, 페미니즘과 연결시켜 실천적 의미를 살펴보고자 한다. 이를 위해 행동학의 실천적 의미를 담지하는 되기를 페미니즘 관점에서 그 유용성을 해명하고 있는 로지 브라이도티의 논의를 중심으로 다룬다. 이는 크게 세 가지로 나누어 제시된다. 1) 페미니즘 관점에서 되기가 제안하는 여성-되기 개념을 비판적으로 이해하며 페미니즘 논의에 있어서 실용적인 의의를 찾아본다. 2) 되기 개념이 여성 주체의 발명에 기여하는 가능성을 탐구한다. 3) 여성 주체의 윤리적 차원을 부각하면서 페미니즘을 긍정의 윤리학으로 이해해 보고자 한다.

1장

행동학과 되기

행동학으로서 윤리학은 자연적 인과와 무관한 자유의지를 지닌 도덕적 주체인 근대적 인간을 비판하면서 '인간은 기꺼이 왜 복종을 받아들이는가?'라는 물음을 윤리적 논의로 제기한다. 복종은 가장 슬픈 정동을 야기하며, 슬픈 정동을 겪는 상태이다.

복종은 행위 능력을 감소시키며, 무엇보다도 신체의 변용 능력을 저하시켜 최종적으로 존재를 지속하지 못하게 한다. 적합하지 않은 관계인 나쁜 만남은 존재하려는 모든 힘을 이 만남을 거부하는 데에 모두 쏟게 하기 때문에 언제나 신체의 역량을 하강하게 만든다. 하강은 복종으로 귀결되거나, 언제나 슬픈 정동으로 나타난다. 복종과 슬픈 정동은 나쁜 만남이 생겨나는 변용과 그러한 결합 관계가 생겨나는 원인을 탐구하려는 시도조차도 무력화시켜 버리기 때문에, 원인에 무지한 상태를 지속한다. 나쁜 만남에 의해 역량이 계속 하강하여 완전히 압도된 신체는 복종과 무지를 자율성으로 착각하는 기만에 이른다. 이 점에서, 들뢰즈는 "모든 사회에서 문제가 되는 것은 다른 무엇이 아니라 복종"(SPP 10/10)이라고 설명하는 것이다.

행동학의 목표는 신체의 역량을 상승시키는 기쁨의 정동을 일으키는 신체와 결합하는 관계를 조직하여 복종에서 벗어나기를 모색하는 것이다.

기쁨의 정동을 추구하는 행동학에 따르면, 복종은 무지와 기만의 산물이 자 신체에 적합하지 않은 관계들의 질서에 따른 산물이다. 이로부터 알 수 있는 사실은 신체의 변용 능력이 권력의 문제와 연관되어 있다는 것이다. 들뢰즈는 이에 관해 1978년 스피노자에 관한 세미나에서 다음의 예를 통해 설명한다.

> 잘 알려져 있듯이 어떤 정부가 남미의 인디언들을 전멸시켰던 한 가지 방법이 인디언들이 지나다니는 길 위에 유행성 감기에 걸린 사람들의 의복을, 감기에 걸려 진료소에 있던 사람들의 옷을 놓아두는 것이었습니다. 인디언들은 유행성 감기라는 정서에 저항력이 없었기 때문입니다. 어떤 총도 필요 없이 이들은 마치 파리처럼 나가떨어졌습니다.[1]

위의 인용에서 알 수 있듯이, 권력은 각각의 신체의 변용 능력에 작용하며, 변용 능력을 저하시키는 통제를 통해서 지배를 행사하는 것이다. 즉, 통제로서의 권력은 다양한 신체가 아닌 통제에 용이한 신체로 만들기에 몰입하며, 이는 각기 다른 변용 능력을 가진 신체를 파괴하기에 이르는 것이다. 변용 능력을 탐구하는 행동학은 통제의 논리에 따라 변용 능력을 일원화하여 역량을 저하시키는 권력에 저항하는 것이다. 저항의 방식은 존재하려는 능동적 변용 능력을 하강시키는 질병의 요인을 탐구하고 그로부터 치유되는 것이다. 그리고 면역력을 얻어 더 건강해질 수 있는 관계를 점점 더 폭넓고 강력해지는 방식으로 새롭게 조직하고 구성하는 것이다. 행동학이 제시하는 관계를 구성하는 방식은 결합하는 신체 사이에서의 힘들

---

1 「질 들뢰즈: 스피노자에 관한 세미나, 1978년 1월 24일」, (김상운 옮김, 미출간).

의 관계와 각 신체가 지닌 변용 능력을 분리하지 않으면서 결합하여 계속
적으로 변용하게 하는 것이다. 이에 관해 들뢰즈는『천 개의 고원』에서 되
기 개념을 통해 보다 자세히 설명하고 있다.

　되기 개념은 스피노자로부터 영향을 받은 신체 개념에서 한층 더 나아
가, 지리 철학이라고 칭해지는 방식인 위도와 경도로 신체를 이해하면서,
다른 신체와 만남을 조직하여 새롭게 신체를 구성하고 욕망을 생산하는
방식이다. 되기는 신체들 간의 결합과 제휴에 따른 능력의 증가를 생성하
는 과정이며, 한 신체에 있어서 역량의 증가를 위해 다른 신체들의 역량을
탈취하는 것과 무관한 것이다. 즉, 결합의 방식은 한 신체에게만 유리하게
관계를 이용하거나 포획하는 것이 아니면서 신체의 행위 능력의 능동성을
강화시키는 것이다. 오히려 이렇게 조직된 관계로 인해 그 관계를 함께 제
휴하고 결합하는 신체들 각각의 능력은 증가되면서, 새로운 결합과 구성
을 발생시킨다. 이에 따라 다양한 관계를 창출하고, 구성의 형식을 계속적
으로 변화시키는 변용이 끊임없이 일어나며, 통제로부터 벗어나는 새로운
지각과 정동을 창출할 수 있다.[2] 되기의 문제를 통해, 행동학으로서 윤리학
은『스피노자의 실천철학』에서『앙띠 오이디푸스』그리고『천 개의 고원』
을 거치면서, 삶을 통제에 알맞도록 재단하는 권력을 분석하고 이에 저항
하는 미시정치의 문제를 제기하며 사회공동체의 조직에 관한 논의를 강화
하는 것이다.

2　F 136/93-94

1. 정동과 되기

들뢰즈는 『스피노자의 실천철학』에서 내재성의 면을 양태들의 결합이 일어나는 지도로 설명하며, 가타리와 더불어 『천 개의 고원』에서 지리 철학이라는 차원에서 경도와 위도가 교차하는 위치로 보다 구체화시킨다.

힘들의 운동이 끊임없이 일어나는 내재성의 면은 순수한 경도와 위도 전체로 펼쳐지는 지도 평면이다. 그리고 이러한 평면에서 위치를 지닌 각각의 경도와 위도라는 두 차원은 신체를 규정한다. 경도longitude와 위도latitude는 다음과 같이 설명된다.

> 우리는 한 신체를 관계의 관점에서 구성하는 분자들, 즉 형식을 갖지 않은 요소들 사이의 빠름과 느림, 운동과 정지의 관계들 전체를 어떤 한 신체의 경도라고 부른다. 우리는 매 순간 한 신체를 실행시키는 변용들, 즉 익명의 어떤 한 힘(존재의 힘, 변용 능력)의 내포적 상태들의 전체를 위도라고 부른다.(SPP 171/189)

경도는 운동과 정지의 관계들 전체와 빠름과 느림으로 제시되는 속도이며, 위도는 내재성의 면에서 변용들이 매 순간 일으키는 내포적 상태이다.[3]

---

3 질 들뢰즈, 『들뢰즈가 만든 철학사』, 박정태 옮김, 이학사, 2007, 117쪽. 역자는 내재성의 평면을 매 경우마다 경도와 위도가 만나서 그때마다 각각의 위치, 즉 각각의 신체가 결정되는 그런 지도 평면으로 묘사하면서 경도와 위도를 다음과 같이 설명한다. "경도는 어떤 한 신체를 구성하는 입자들 간의 빠름과 느림의 관계 전체, 운동과 정지의 관계 전체를 말한다(예를 들어 강도의 순간 변화에 따른 입의 움직임의 변화). 다음으로 위도는 변용시키고 변용되는 이중적인 자기 능력 아래에서 매 순간 어떤 한 신체를 채우는 변용 전체를 말한다(예를 들어 대화 상대를 만나서 말하기를 하는 입, 음식물을 만나서 먹기를 하는 입, 피리를 만나서 피리 불기를 하는 입 등)."

이에 따르면, 신체는 변용을 일으키는 힘들의 관계에서 신체에 귀속되는 힘들의 집합체인 경도로 규정된다. 그리고 신체는 변용이 일어나는 과정에서 그 신체가 강렬한 강도를 감당하면서 행위할 수 있는 역량의 정도, 다시 말해 변용을 겪어 낼 수 있는 그런 의미에서, 신체가 할 수 있는 그러한 강도로서의 힘이자 내포적인 역량인 위도로 규정된다.

신체를 규정하는 지점에서 보자면, 경도는 신체들 간의 관계를 보여 주며 신체와 신체와의 결합과 합성을 의미하는 변용-affection이다. 위도는 한 신체에 있어서 역량의 증가와 감소라는 강도적인 변화 상태와 그 정도를 보여 주는 정동-affect이다. 변용이 신체들의 합성과 그에 따른 변화라면, 정동은 이러한 변용이 일어날 때 변화하는 신체에서 일어나는 상태의 변이를 보여 주는 것이다. 정동은 신체가 변용되어 하나의 상태에서 다른 상태로 변화하는 격차를 제시하는 것이다. 다시 말해, 정동은 변용을 통해 일어나는 역량의 세기가 변이하는 상태를 바로 지시한다.[4] 즉, 경도와 위도로 규정되는 신체는 다른 신체와 마주침에 의한 변용과, 그에 따른 신체의 힘의 변이 상태의 정도를 보여 주는 정동으로 설명되는 것이다.

여기서 위도인 정동은 중요한 의미를 갖는다. 들뢰즈가 『대담』에서 언급했듯이, 정동은 '감정을 느끼는 새로운 방식'이며, 신체가 행할 수 있는 역량인 능력의 상태를 보여 주기 때문이다. 행동학은 바로 신체의 정동을 주요하게 연구하는 것이며, 신체가 무엇을 할 수 있는지 알기 위해서는 정동에 대해서 알아야 한다.

신체가 무엇을 할 수 있는지 모른다면, 우리는 신체에 대해서 아무것도 알 수 없

---

4 Charles J. Stivale, *Gilles Deleuze Key Concepts*, McGill-Queen's University Press, 2005, pp. 159-169.

다. 즉 신체의 정동이 무엇인지, 그리고 다른 신체를 파괴하기 위해서든, 다른 신체 속에서 파괴되기 위해서든, 다른 신체와 함께 능동들과 수동들을 교환하기 위해서든, 그 신체와 함께 더 많은 능력을 보유한 신체를 구성하기 위해서든, 어떻게 이 정동들이 다른 정동들, 다른 신체의 정동들과 함께 구성될 수 있거나, 구성될 수 없는지를 모른다면, 우리는 신체에 대해서 아무것도 알 수 없다.(MP 313-314/486-488)

정동은 다른 신체와 만나 새롭게 신체를 구성하는 것과 관련된다. 그것은 바로 정동이 새로운 신체를 구성하는 개체성이기 때문이다. 이러한 개체성에 대해 들뢰즈는 스코투스의 용어를 빌어 엑세이테^{heccéité/haecceitas}라고 부른다. "인칭, 주체, 사물 또는 실체의 양태와는 매우 다른 개체화의 양태가 있다. 우리는 그것에 '이것임'이라는 이름을 마련해 놓았다."(MP 318/494)

이것임으로서 헥세이티는 변용이 일어나는 상태를 포착한다는 점에서 정태적인 본질을 담지하지 않는다. 개체성은 신체들이 결합하여 생겨난 예상치 못한 우연적인 발생이자, 그와 같은 어떠한 동일한 상태도 있을 수 없다는 점에서 고유한 것이다. 이것임으로서 개체성은 이성적인 사유자로서의, 변화하는 행위 이전에 미리 존재하는 행위자로서의 주체를 상정하지 않는다. 개체성은 개체의 힘이 변화하는 어떤 상태를 드러내 주는 것이다. 상태의 변화를 보여 주는 개체성은 일반에서 특수, 개별이라는 범주로 분류되는 범주 체계를 적용할 수 없으며, 얼마큼 변화할 수 있는가, 어떻게 변화하는가에 주요하게 관심을 두는 변용 능력에 의해서 정의된다.[5]

---

5 들뢰즈는 개체를 일반과 특수로 분류하는 체계는 원인을 모르고 결과만을 받아들이는 의식에 의해 생겨난 산물이라고 비판한다. 개체를 이렇게 분류하는 것은 일종의 상상이자 부적합한 관념이라는 것이다. "우리의 변용들이 상이하고 다양한 신체들을 혼합할 때, 상상이

들뢰즈는 개체성을 진드기의 예를 들어『디알로그』,『스피노자의 실천철학』,『천 개의 고원』,『철학이란 무엇인가』라는 네 가지 텍스트에 걸쳐 소개하고 있다. 진드기의 개체성은 우선 진드기가 담지할 수 있는 수동적, 능동적 정동으로 설명된다. 수동적 정동은 환경이나 다른 개체와 접속에 있어서 진드기가 견디어야 하는 상태로 이해될 수 있다. 예를 들어, 진드기가 햇빛에 너무 오랫동안 노출되었을 때, 진드기의 표면에 있는 수분은 메말라 간다. 진드기는 생명을 지속하기 위해 생명을 지속하는 힘을 소모하면서 이 상태를 버티는데, 이것이 바로 수동적 정동이다. 능동적인 정동은 진드기가 나뭇잎에 붙어 영양분을 섭취함으로써 생체 활동이 활발해지는 그러한 변화 상태를 보여 준다.

들뢰즈에 따르면, 이러한 진드기는 세 개의 정동으로 정의될 수 있다. 첫째, 시각적 정동의 측면에서 빛을 감지한 진드기는 나뭇가지 끝으로 기어오른다. 둘째, 후각적 정동의 측면에서 진드기는 그 나뭇가지 밑으로 지나가는 포유동물의 냄새를 맡고서 그 동물에게로 떨어진다. 셋째, 열과 관련된 정동의 측면에서 진드기는 털이 없는 보다 따뜻한 부분을 찾아 피부 밑으로 파고든다. 이러한 정동을 고려하지 않고 보았을 때, 활동 능력을 드러내지 않는 진드기는 아직 현실화되지 않는 하나의 잠재태일 뿐이며 어떤 정의도 내릴 수 없는 것이다. 만약 숲속에서 무슨 일이 일어나는지 무관심한 채 몇 년 동안 잠만 자는 진드기는 다른 신체와 결합하여 변용하고 개체적 변화를 일으키지 않기 때문에, 이러한 상태의 진드기는 지속하여 존재하지 않는 것이다.[6]

개체의 존재 상태를 정의하는 개체성은 개체의 힘이 변용하는 강도적

날개 달린 말과 같은 순수한 허구들을 형성하게 되는 것은 바로 이러한 이유에서이다. 그리고 유사한 외부 신체들 사이의 차이를 포착하지 못하는 한, 상상은 종種과 속屬 같은 추상적인 것들을 형성한다."(SPP 106/118)

6 MP 314/487

상태이며, 다른 강도를 지닌 개체와 만나 합성되어 새로운 개체를 생산해 내는 그러한 힘의 크기를 보여 주는 정도이다. 진드기의 예를 통해 알 수 있듯이, 개체성은 다른 강도를 지닌 개체와 만나 개체의 힘이 변용하는 힘의 크기를 보여 주고 그에 따른 개체의 존재 상태를 지시한다. 들뢰즈는 계속적으로 유지되는 상태가 아니라 변화의 순간을 개체성이 보여준다는 점을 강조하면서, 어느 시간, 어느 계절, 어느 대기, 어느 공기 등과 같은 어휘로 개체성의 고유성을 설명한다.[7] 예를 들어, 추위로 벌벌 떨고 있는 사람이 뜨거운 차를 마셨을 때 체온이 올라가 혈액 순환이 원활해지고 몸이 따뜻해지는 그 찰나가 바로 개체성을 지시한다. 즉, 개체성은 한 신체가 변화할 수 있는 변용 능력이자, 한 상태에서 다른 상태로 순간적인 질적 변이 상태를 바로 드러낸다. 이러한 개체성은 변화가 일어나는 바로 그 지점을 보여 주는 힘의 변이 그 자체일 뿐 아니라, 다른 개체와 합성되어 새로운 개체를 생산해 내는 힘의 강도적 상태이다. 무엇보다도 개체성은 신체와 다른 신체가 만나서 새로운 또 다른 신체가 발생할 수 있는 아주 강렬한 내포적 역량인 것이다. 따라서 개체성으로서의 정동은 한 신체가 변화하고 있다는 것을 드러내는 지표인 동시에, 신체와 신체들의 관계가 새롭게 조성되고 있음을 보여 준다.

이 점에서, 개체성으로서의 정동은 한 신체가 변화할 수 있는 변용 능력이자, 한 상태에서 다른 상태로 질적으로 변화하는 것을 나타내는 순간적

---

7   고쿠분 고이치로는 이러한 개체성을 중동태中動態라는 동사와 주어의 작용 간의 관계를 나타내는 말을 통해 설명한다. 고쿠분에 따르면, 동사는 원래 행위자를 지시하는 일 없이 동작이나 사건만을 지시했으나 행위자를 확정하는 언어로 이행하면서 인칭에 귀속되는 형태로 변모한다. 고쿠분은 에밀 벤베니스트Émile Benveniste의 분석을 따르는데, 중동태는 하느냐 당하느냐는 의지를 갖는 주어 인칭의 능동이나 수동과 무관하며, 주어가 어떤 과정의 내부에 있음, 과정을 겪어 내어 변모하여 되어 가는 바를 나타내며 흔히 수동태로 오인되는 파토스의 항목을 담당했다. 고쿠분은 중동태를 들뢰즈의 사건, 예컨대 비가 내리다와 같은 개체성의 설명에 도입한다. 이러한 중동태는 개념은 아리스토텔레스의 범주론의 분석과 이와 관련한 라틴어에도 존재한다. 고쿠분 고이치로, 『중동태의 세계』, 동아시아, 2019.

인 강렬한 역량인 것이다. 정동은 신체가 변용 능력의 순간적인 질적 변이 상태인 강도적인 것을 바로 드러낸다. 즉, 정동은 신체가 변화하고 있다는 것을 드러내는 지표이며, 정동을 통해서 신체가 새롭게 조성되고 있음을 알 수 있다. 그렇기 때문에 개체성으로서의 정동을 알게 되면, 신체가 변용하여 행위할 수 있는 능력을 알게 된다.

이러한 개체성으로서 정동 개념은 오랫동안 신체를 설명하는 틀인 신학적이고 사법적인 함의를 지닌 코르푸스corpus에서 벗어나, 신체를 역동적 힘들의 결합과 변이로 제시한다. 코르푸스는 개인의 신체를 인격과 동일시 하는 것으로서만 이해할 뿐 아니라, 교회의 신체로서 코르푸스나 일반 의지의 전체로 통합시킨다.[8] 또한 이러한 신체는 신체를 사유와 완전히 분리된 기계적 유기체인 연장으로 설명하는 데카르트적 인식과도 단절한다.[9]

정동은 앞에서 살펴보았듯, 신체에 관한 '운동학적cinétique' 정의인 경도와 '역학적dynamique' 정의인 위도 중 후자에 속한다. 신체의 개체성에 대한 정의에서 입자들의 빠름과 느림의 관계인 위도에 관한 논의는 유나 종차의 분류 체계와 다른 방식으로 동물들을 분류 정의하는 들뢰즈의 행동학의 핵심적인 부분이다. 이미『스피노자와 실천철학』에서 들뢰즈는 "정동은 한 상태에서 다른 상태로의 이행, 그리고 변용시키는 몸들의 상관적 변주에 대한 고려와 연관"되고, "순수하게 이행적transitif이기에 (변용과) 아주 다른 본성을 지니며, 두 상태 사이의 차이를 감싸는 체험된 지속 안에서 경험

---

8 라틴어에서 코르푸스는 우선적으로는 생명이 없는 물건res의 물질적 요소이자 육체이며 이후에 인격 그리고 마지막으로 시체를 의미했다. 장 피에르 보,『도둑맞은 손』, 김현경 옮김, 이음, 2019, 128쪽 참조.

9 코르푸스의 원형은 코르푸스 주리스corpus juris에 있으며, 이는 로마법의 모든 항목을 다룬 법학제요와 법적 및 여타 칙법들의 총서 편람집이다. 유스티아누스 로마법은 코르푸스 사법권과 관련이 있다. 장-뤽 낭시,『코르푸스: 몸, 가장 멀리서 오는 지금 여기』, 김예령 옮김, 문학과지성사, 2012, 56쪽.

86

되기에éprouvé 지시적이거나 표상적이지 않다"고 설명한 바 있다.[10] 이행적 정동은 들뢰즈의 행동학의 기반인 동물행동학자 윅스퀼이 제시하는, 각 생물 종에 특유한 둘레 세계Umwelt 개념과 연관하여 지각 운동 그리고 다시 지각으로 돌아오는 회로로서 이해 가능해진다. 이러한 정동 개념을 통해서, 실체적 주체와 그와 철저히 분리된 객체를 전제하는 근대적 지각 체계와는 다른 방식의 감각과 개체적 신체와 공간 간의 관계를 모색할 수 있다.[11]

들뢰즈는 신체가 변화하는 데 있어서 가장 강렬한 순간적 힘을 제시하는 정동을 통해서, 새로운 신체를 조성하고 생산하는 되기 개념을 설명한다. 들뢰즈와 가타리에 따르면, "정동들은 되기들이다Les affects sont des deve-nirs."(MP 313/486) 다시 말해, 되기는 한 신체의 질적인 강렬한 변화를 일으키는 것이다. 이러한 정동으로서 되기는 리좀적 방식의 '되기'로 이해될 수 있다. 그것은 바로 되기가 리좀rhizome적인 방식으로 다른 신체와 결합하여 신체에 강도적인 차이를 발생시키고 행위 능력을 증강하기 때문이다. 리좀이라는 개념은 원래 넝쿨식물의 땅속줄기를 칭하는 단어이다. 들뢰즈는 리좀 개념을 토대인 뿌리가 흔들리면 전체가 죽어 버리는 데카르트의 수목arboreal적 방식에서 벗어나서, 언제나 다른 것들을 생성해 내면서 지속하는 연결 접속의 방법으로 이해하며 실천적인 의미를 확장한다. 수목적 사유에 대해, 들뢰즈는 『천 개의 고원』 서문에서 두 가지로 분류하여 설명하

10 Gilles Deleuze, *Spinoza. philosophie pratique*, Les éditions de Minuit,1981 69-70쪽.

11 야콥 폰 윅스퀼, 『동물들의 세계와 인간의 세계—보이지 않는 세계의 그림책』, 정지은 옮김, 도서출판 비, 2012. 둘레 세계는 윅스퀼이 만든 개념으로, 이 개념은 들뢰즈 외에 하이데거, 카시러, 메를로-퐁티에게도 영향을 주었다. 둘레 세계의 형성에 관해 윅스퀼은 동물을 지각 행위와 작용 행위를 하는 행위자로 이해한다. 행위자가 지각하는 모든 것은 지각 세계가 되고 행위자가 작용한 모든 것은 작용 세계가 되며, 이 둘의 연결된 회로로 둘레 세계를 형성한다. 지각 세계와 작용 세계는 순환하며 이 순환과 이행에 정동이 있다. 이에 따르면, 생물체들은 제각기 다른 둘레 세계를 형성하며 산다. 동일한 환경에서도 다양한 종들만큼의 다른 둘레 세계가 있다. 또한 후천적 경험에 의해 개체군 내에 각기 다른 개체들의 차이에 따른 다른 둘레 세계가 있을 수 있다.

고 있다. 들뢰즈에 따르면, 첫 번째 유형은 고전적이고 전통적인 사유의 이미지를 대변하는 하나의 근간으로서 주축 뿌리 체계이다. 이 유형에서 세계는 객관적 세계의 본질을 반영하는 것이며, 이것이냐 저것이냐라는 이항 논리를 통해 구현된다. 세계는 하나로 환원되는 통일적 본질을 가진 것이고, 세계와 진리를 가장 투명하게 반영하는 재현(representation; 표상)의 임무를 지닌다. 이러한 세계를 책으로 비유할 경우, 책을 쓰는 저자는 세계의 본질을 정확히 재현하는 것을 목적으로 삼으며, 독자는 저자의 의도를 또한 정확히 재현해서 읽는다. 재현적 세계에서 근거가 되는 주축 뿌리는 세계의 실재로서 대상 안에서 작동한다. 세계의 진위는 이 뿌리를 근거 삼아 판별되는데, 주체는 이 판단의 역할을 수행하는 자로 규정된다. 두 번째 유형은 수염뿌리 체계이다. 수염뿌리 체계는 본 뿌리에 여러 가지 다른 다양한 뿌리들을 직접적으로 접목하여 자라난다. 이 체계에서 본 뿌리는 퇴화한 것처럼 보인다. 하지만 여전히 중심으로 수렴하는 뿌리의 통일성은 일종의 가능성으로 여전히 존속한다. 통일성은 주체를 유지하는 원리로 작용하며, 이는 중층 결정이라는 새로운 통일성으로 구현된다. 정리하자면, 두 가지 형태의 수목적 체계는 토대론을 기반으로 삼아 확실성을 보장하는 동일성과 이분법을 통해 작동된다.[12]

반면 리좀은 서로 다른 것들을 연결하고 접속하는 합성과 결합을 의미한다. 또한 리좀은 단 하나의 근거로서 일자를 제외하고 그에 수렴됨을 거부한다는 의미에서 n-1로 표현되고, 바닥, 뿌리, 토대로서 초월성을 거부하는 것으로 설명되기도 한다. 이러한 리좀의 특징은 다음과 같다. 1) 리좀은 하나의 점, 하나의 질서를 중심으로 고정시키지 않으며, 그 어떤 지점이건 다른 어떤 지점과 연결될 수 있고 또 접속된다. 리좀의 접속은 하나로 수렴하는 동일성에 근거하지 않은 이질적이고 다질적인 것들을 연결하여 확산

---

12 MP 11-13/14-18

88

하는 탈중심화의 방식을 택한다. 리좀의 세계에서 개체들은 일정한 중심이나 동일성으로 고착되지 않으면서, 연결과 접속을 통해 계속 생성하는 관계들을 확산시키고 그 관계 자체를 변화해 나간다. 2) 단일한 중심에서 벗어나려는 리좀적 연결은 각기 다른 것들을 연결시키면서 연결된 것들의 질적 성질을 변화시킨다. 3) 리좀적 연결에 의해 이질적인 것들의 결합이 증가할수록 조합의 법칙들도 달라지며, 합성의 방식 또한 계속적으로 끊임없이 변화한다. 리좀은 다양한 접속들을 통해서 연결되는 관계를 생성해 가는 과정 자체인 것이다. 4) 리좀 체계는 단일한 근거나 본질적인 정체성을 상정하는 통일적 주체와 무관하다. 5) 리좀은 연결로서 맺어진 관계자체를 생성하는 과정으로 세계를 이해한다. 즉, 리좀적 세계는 차이의 연결을 원인으로 삼아 다시 새로운 차이들을 생성해 가는 내재적인 장場이다. 그러하기에 리좀적인 방식으로서의 되기는 각각의 이질적인 것들을 결합하여 질적으로 변화를 일으키면서 그러한 변화의 확산을 도모하는 것을 의미한다.

들뢰즈는 가타리와 더불어, 정동 개념을 신체를 새롭게 조성하는 리좀적 되기로 발전시키면서, 신체와 정동을 윤리-정치적인 논제로 제기한다. 그들은 자유의지에 따른 이성적 행위자이자 자율적 주체인 근대적 인간 개념의 허구성을 비판하며, 이것이 오히려 파시즘과 같이 자기 복종의 체계를 양산한다는 점을 분석한다. 그들에 따르면, 현대의 복종은 개체의 역량을 통제 시스템에 적합하게 조절하는 정동의 조직과 통제의 결과물이다.[13] 행위를 이끄는 것이 관념이 아니라 이에 수반되는 정서에서 비롯된다는 스피노자의 논제에서 더 나아가, 들뢰즈와 가타리는 정동의 문제를 능

---

13 이와 같은 선상에서, 브라이언 마수미는 미국 부시 행정부의 테러에 대한 위협을 정동의 정치로 분석하며, 정동이 통제적 권력에 작용하는 방식을 분석하고 있다. Brian Massumi, "The Future Birth of the Affective Fact: The Political Ontology of Threat", *The Affect Theory Reader*, ed. Melissa Gregg, Greory J. Seigworth, Durham: Duke University Press, 2010.

동적 행위로 이끄는 신체 변이로 조명하고, 이러한 신체 관계를 새롭게 조직하는 정치적 과제로 제기하는 것이다. 정동과 신체의 역량을 통제에서 벗어나 새롭게 배열하고 창조하는 것, 그것이 스피노자의 정서 개념에서 더 나아간 들뢰즈와 가타리의 기여이다. 행동학은 바로 신체의 정동을 주요하게 연구하는 것이며, 신체의 행위 능력을 상승하게 하기 위해서는, 신체가 무엇을 할 수 있는지 보여 주는 정동과 되기의 실행에 관해 알아야 한다.

2. 되기의 특징과 되기의 블럭

리좀적 되기는 '이중 포획double capture'이라는 개념을 통해 보다 자세히 설명된다. 이중 포획의 과정은 한 신체와 또 다른 신체가 결합하는 방식이다. 그러나 이 결합의 방식은 어떤 신체가 다른 신체를 자신에게만 유리한 방식으로 병합하거나 약화시키지 않으면서, 행위 역량이 증대될 수 있도록 변형하는 방법이다. 이중 포획은 결합된 각 신체들 사이에 상호 변용을 일으키며, 이로 인해 각각의 신체 능력의 증가가 나타난다. 들뢰즈는 이중 포획을 『천 개의 고원』과 『디알로그』에서 난초와 장수말벌의 예를 들어 설명하고 있다.

말벌과 난초가 그 예입니다. 난초가 말벌의 이미지를 이루는 것 같지만, 사실 여기에는 난초의 말벌-되기와 말벌의 난초-되기라는 이중 포획이 있습니다. 왜냐하면 각각이 되는 '바ce que'[보어에 해당하는 것]는 되는 '것celui qui'[주어에 해당하는 것] 못지않게 변하기 때문입니다. 말벌은 난초를 재생산하는 도구의 일부가

되고, 동시에 난초는 말벌의 생식기관이 되는 것입니다.(D 8-9/9)

　들뢰즈는 말벌과 난초의 이중 포획을 말벌과 난초가 관계 맺는 것으로 설명한다. 이러한 관계의 결합은 말벌 속에 있는 것과 난초 속에 있는 것 가운데 공통적인 것을 추출하여 그 공통점을 공유하는 것이 아니다. 물론 이 둘은 영향을 주고받기에 서로 교환되어야 하고 뒤섞인다. 하지만, 그럼에도 말벌과 난초는 둘 사이에 동일한 것으로 수렴되지 않는다. 중요한 것은 되기의 방식이 각각의 신체가 지닌 상태에서 벗어나게 한다는 데 있다. 그 상태에서 벗어났을 때 변화가 생겨나면서 실재적으로 둘 사이의 관계 맺음이 발생하는 것이다.

　말벌과 난초 사이에 일어나는 이중 포획은 하나로 병합되지 않는다. 이중 포획에 따른 신체는 각기 달라지며 평행적으로 제시된다. 그러나 변화는 이 둘 사이의 관계 맺음에서 비롯된 것이며, 두 신체 모두에게 이득이 일어난 것이다. 이 점에서 이중 포획은 실재적인 상호작용이 일어나는 공생관계를 맺는 것이다. 예를 들어 난초와 말벌의 공생관계는 다음과 같다. 난초는 수정하기 위해 말벌-이미지를 형성하면서, 자신의 꿀을 얻으려는 말벌의 모습도 변화시킨다. 말벌은 일종의 난초의 성기관이 되며, 이와 동시에 난초는 장수말벌의 신체에 에너지를 공급하는 일종의 장치이자 신체의 일부가 되는 것이다.

　이중 포획을 통해 알 수 있듯이, 리좀적 되기는 상호 변용적인 생성을 일으키는 결합이다. 되기는 되기를 실행하는 실재가 변화하는 과정인 것이다. 그러나 변화를 이끄는 되기는 어떠한 대상을 모방하거나, 그와 동일하게 되거나 유사해지는 것과는 무관하다. 되기를 실행하는 실재가 계속해서 변화하는 과정이라는 점에서, 되기는 이를 실행하는 신체를 계속 변화하게 한다. 그리고 되기를 통해 각각의 신체는 다른 것으로 변화하는 것이 아니라, 오직 자신만을 새롭게 생산해 낸다. 이 점에서 되기는 '—인 양' 따라하는 것도, 어떤 이상적인 모델에 자신을 맞추는 것도 아니며, 미리 설정된 환상이나 꿈을 실현하는 것도 아니다. 오직 계속해서 달라지는 되기 그자체만을 계속적으로 발생시키는 것이 되기에서 중요하다.

되기의 특징은 다음과 같다. 첫째, 되기는 중심으로 환원되지 않는다. 둘째, 되기는 비재현적이다. 그러하기에 구조나 주체라는 미리 정해진 형식을 재현하지 않는다. 셋째, 되기는 재현의 논리를 지탱하는 이원론적인 구별과 이항대립적인 이분법을 반대하며 이를 넘어서는 방식을 택한다. 넷째, 되기는 출발점이나 기원, 그리고 끝이나 최종적인 목적이 없다. 다섯째, 되기는 되기를 실행하는 두 신체의 같은 점으로 결코 수렴되지 않는 중간, '사이^en-tre'에 머무는 것이다. '사이'는 결코 하나의 중심으로 수렴되지 않는 중간을 의미한다. 들뢰즈와 가타리의 용어를 따르자면, 사이는 "위치를 정할 수 없는 관계"이며, 관계를 맺은 개체로서의 신체들이 함께 공현존하는 "아무도 아닌 자의 땅^no-man's land"인 "식별 불가능한 지대"(MP 360/555)이다. 이는 되기가 계속적으로 차이를 생성해 내는 역동적인 운동임을 의미한다.

> 되기의 선은 단지 중간만을 갖는다. 중간은 평균이 아니라 가속화된 것이며, 운동의 절대적 속도이다. 되기는 언제나 중간에 있고, 우리는 그것을 중간에서만 취할수 있다. 되기는 하나도 둘도 아니고, 둘의 관계도 아니다. 그러나 둘의 사이이고, 경계이거나 탈주의 선이다. …… 만약 되기가 블록(블록-선)이라면, 그것은 되기가 떨어져 있거나 인접해 있는 두 점들을, 하나를 다른 하나의 인접 속에 유지하면서 이끌고 가면서 이웃 관계와 식별 불가능성의 지대, 소유주 없는 토지, 국지화될 수 없는 관계를 구축하기 때문이다.(MP 360/556)

되기에 있어서 사이는 특히 중요하다. 그것은 사이가 되기를 실행하는 각각의 신체가 맺는 관계를 설명하고 있기 때문이다. 사이는 되기의 관계를 맺고 있는 각 항을 서로 무한하게 근접하게 해서 영향을 미치게 한다. 그러나 결코 그 거리가 하나로 모아져 수렴되어 사이가 사라지는 일은 일어나지 않는다. 그러하기에 사이는 어떠한 특별한 목적이나 끝이라는 상태로 향하지 않는다. 또한 사이는 되기를 통해 새롭게 생산해 내어 각 신체가 함께 공현존하는 공간인 일종의 지대로 설명되기도 한다. 사이에서 각 신체는 변화를 일으키면서도 공존하는 것이다. 이 점에서, 사이는 언제나 변화를 일으키는 그러한 문턱, 경계를 의미하기도 한다.

되기는 신체와 신체가 결합하여 질적으로 강렬한 변화의 상태로 이끌어 새로운 신체를 조성하며, 조성의 한가운데이자 사이milieu을 생산한다. 이러한 되기의 가장 큰 특징은 결합하는 관계 자체로서만 의미를 지닌다는 것이다. "실제적인 것은 되기 그 자체, 되기의 블록"(MP 291/452)이다.

이러한 사이는 바로 되기의 블록bloc de devenir에 의해 형성된 것이다.[14] 들뢰즈가 강조하듯, 되기는 점point이 아니라 선ligne이다. 그러나 되기의 선은 우리가 익히 알고 있는 수학 그래프나 좌표와는 다른 방식으로 조직된다. 되기의 선은 되기가 운동이자 흐름이라는 점을 강조하며, 연결하고 접속할 뿐 아니라 선들을 교차시키고 서로를 가로지르게 하면서 분할하는 것임을 보여 준다. 이러한 되기의 선은 점들을 연결하는 것이 아니다. 점이 있다면, 선에 선행하지 않으며 오히려 선의 발생과 동시적이다. 즉, 선이 흐르고 교차할 때 일시적으로 급격하게 점이 조성되며, 그 점들 사이에서 선이 또 발생한다. 그러하기에 어떤 의미에서 연결한다는 것은 이차적인 문제이다. 점을 가로지르는 선이 발생했을 때 두 점은 비로소 연결될 수 있

---

14 『천 개의 고원』(MP)의 한국어판(김재인)에서는 생성의 블록으로 번역했지만, 여기서는 되기의 블록으로 번역하고자 한다.

기 때문이다. 되기의 선에서 중요한 것은 연결된 선을 분할하고 가로지르는 횡단이다. 횡단하는 되기의 선은 '사이'라는 연결된 하나의 블록을 형성하면서, 관계 맺은 각각의 항을 자신으로부터 벗어나게 한다.

이렇게 횡단적으로 가로지르는 선의 끊임없는 발생이 되기의 블록이다. 이 점에서 되기의 블록은 "둘-사이이며, 경계선 또는 탈주선이고, 둘을 수직적으로perpendiculaire 지나가는 내리막길(추락선)"(MP 359/555)으로 설명되기도 한다. 이는 되기의 블록이 언제나 동일성으로부터 벗어나는 방식으로 작동한다는 것을 강조하는 것이다. 만약 되기의 블록에 유사함이 있는 것처럼 보인다면, 그것은 차라리 두 개체(혹은 둘 이상)의 사이에서 실행되는 되기의 효과로 이해되어야 한다. 되기의 블록은 그 요소들 간의 유사성과는 관련이 없고, 오히려 정체성을 확정하는 주체의 경계가 사라지는 관계를 가리키는 것이다. 즉, 되기의 블록에서 결합한 개체들은 "주체들의 변용 능력이 아닌 하나의 변용 능력"(MP 315/489)을 야기하는 탈주체적인 강렬한 교류 속에서 되기를 이룬다. 되기의 블록은 주체들의 합성이 아니며, 중심에서의 이탈을 야기하며 계속적인 변용을 실행한다.

되기의 블록은 이질적인 두 항의 관계 맺음과 그에 따른 변용을 뜻하며, 되기가 실행될 때만 포착된다. 일반적으로 우리는 어떤 두 개체가 관계를 맺을 때 그것이 서로 유사한 점이 있기 때문이라고 생각한다. 그러나 되기가 실행하는 '관계'는 속성이 같거나 유사하기 때문에 발생하지 않는다. 되기가 구성하는 관계는 동일성이 전혀 없는 이질적인 것들의 만남과 결합이다. 결합은 하나의 개체가 다른 개체를 원본으로 삼아 모방하거나 재현하는 것이 아니다. 되기의 블록은 되기의 관계를 맺는 두 신체가 각각 상호적으로 되기를 꾀함으로써 만들어지는 관계이며, 각각의 신체가 변화하면서 이 변화가 공현존하는 장소인 사이를 생산한다. 되기의 블록의 특징을 간단히 설명하면 다음과 같다.

첫째, 되기의 블록은 각각 되기를 행하는 신체들이 하나로 합쳐지지 않고, 각 신체들의 변화를 계속적으로 일으키는 복수적인 되기의 과정들로 공존하는 것을 의미한다.

둘째, 되기의 블록에서 무언가가 되고자 하는 신체와 되기를 일으키는 신체 이 둘 모두에 있어서 변화가 각각 이중적으로 일어난다. 예를 들어, 되기의 블록을 이루는 a와 b 두 항이 있고, a의 b 되기라고 했을 때, a가 b가 된다는 것은 a가 b의 자리로 위치를 바꾸거나, a가 b와 같아진다는 것을 의미하지 않는다. a가 b가 됨으로써, b 역시 a 못지않게 변화한다. 그런 점에서 a의 b 되기는 a뿐 아니라 b 역시도 되기를 일으켜서 달라지는 것을 뜻한다.

셋째, 되기의 블록을 형성한다는 것은, 두 신체가 자리를 바꾸어 같아지는 대칭적인 것이 아니라 비대칭적인 운동을 의미한다. 각 신체들에서는 각각 그전의 상태로부터 달라지는 상호 이질적인 변화가 일어난다. 물론 이 변화는 각각의 신체들이 되기의 관계를 맺기 때문에 발생한 것이다. 따라서 되기의 블록을 형성한다는 것은 각기 달라지는 비대칭적인 두 개의 운동을 생산해 내는 것이다. 즉, 되기의 블록에서는 비대칭적인 두 개의 운동이 공존한다.

넷째, 되기의 블록을 형성하는 각 신체들이 각각 기존의 상태에서 벗어난다는 점에서, 되기의 블록의 형성은 같은 상태로 머무르는 재영토화reterriotoralisation와는 다른 탈영토화déterriorialisation라는 지리학적 용어로 설명된다.[15] 앞서 난초의 말벌-되기, 말벌의 난초-되기라는 관계를 예로 들어 보자면, 각각은 자신으로부터 탈영토화하면서 자신을 재영토화하지만 그 상태는 되기를 꾀했던 이전과는 다르다. 탈영토화로서 되기의 블록은 두 개

---

15 영토화terriotoralisation한다는 것은 내재적인 흐름들을 어떤 기능이나 역할에 할당하면서 구획 짓는 것이다. 탈영토화는 이러한 영토화된 기능과 역할에서 벗어나는 것이다. 재영토화는 다시 영토를 만드는 것이나, 탈영토화 이전의 상태로 돌아가는 것을 의미하지 않는다. 예를 들어, 영장류의 앞발은 서식지인 관목 사바나에서 초원으로 서식지를 이동하여 직립보행을 겪으면서 탈영토화되고 호모 사피엔스에 이르러서 손으로 재영토화되는 것으로 이해할 수 있다.

의 이질적 계열인 말벌과 난초를 연결시키면서, 각각 달라지는 되기를 계속적으로 이끈다. 되기로서 맺어진 장수말벌과 난초의 관계는 난초의 장수말벌-되기와 장수말벌의 난초-되기라는 이중적인 되기라는 변화를 이끌면서, 되기의 관계를 맺고 있는 각 신체에 상호적으로 계속적인 차이를 생산한다. 이렇게 각각의 신체에 있어서 계속 다르게 되는 탈영토화를 꾀하는 되기의 블록은 공동의 탈영토화를 생산해 낸다.

다섯째, 되기의 블록은 공동의 탈영토화를 일으키는 공간인 새로운 집합적 신체이며, 두 신체의 능력을 상호 강화시킬 수 있는 보다 큰 집합적 역량의 창출로 이해될 수 있다.

이러한 'A와 B 사이'라는 되기의 블록은 하나의 정체성을 규정하는 중심, 그것을 그것이게끔 하며 그것으로서 존재하게 하는 중심화의 장치로부터 벗어나게 만들며, 오직 다르게 되기만을 실행한다. 다르기 되기를 생성하는 되기로서의 존재 방식은 '—이다^{être}'에서 이탈하여 오직 그리고^{et}로 연결하는 것이다. 따라서 되기에서는 '이다'로 고정하는 동일성의 원리를 뒤흔드는 역량이 발생한다.

3. 동물-되기, 소수적인 것-되기

되기 개념은 『천 개의 고원』 9장에서 여러 가지 되기의 문제로서 제기된다. 이 가운데 이 책은 특히 동물-되기$^{devenir-animal}$와 소수적인 것-되기$^{devenir-minoritaire}$에 착목하여 논의를 진행한다. 그것은 동물-되기가 근대적 인간 개념을 비판하면서 차이를 역량으로 삼아 새로운 존재 방식을 구축하는 데 기여하며, 동시에 모든 되기는 소수자-되기이기 때문이다.

  우선 동물-되기는 생명 활동과 무관한 사유하는 이성을 선험적 본질로 삼아 보편적 정체성을 확증하는 근대적 인간 개념을 비판한다. 인간 개념은 인간을 중심으로 삼아 인간적인 것과 비인간적인 것을 이분법적으로 구분하고 자연을 비인간적인 것으로 규정한다. 그러나 동물-되기는 인간 중심주의에 의해 자연의 질서를 분류하고 정의하면서 체계화하여 자연과 문명을 나누는 논리에서 벗어나고자 한다.

  동물-되기에서 동물은 종과 속으로 구분되거나, 형태와 기능상에서 상동성이라는 유사성으로 분류하는 방식을 따르지 않는다. 이 분류 방식은 자연을 조직함으로써, 인간을 변치 않은 본질인 이성을 지닌 존재로 정의하기 위해 만들어진 방식이다. 들뢰즈와 가타리가 주목하는 동물-되기에 있어, 동물은 언제나 무리, 패거리, 개체군과 관련되어 있다. 즉, 동물은 거주하는 서식지 환경으로서 무리이자 다양하고 복합적인 군집을 뜻하며, 무엇보다도 인간 중심적인 분류 체계에 따라 규정되지 않는 생명의 역량을 의미한다. 그러한 점에서 동물-되기에 있어 되고자 하는 동물에 해당하는 항이 없는 것은 중요하지 않다. 인간적인 것으로 규정될 수 없는 이질적이며 집합적인 역량과 정동에 의해 새로운 것을 창출해 내면 동물-되기로 규정할 수 있으며 또 그렇게 규정된다. 즉, 인간의 동물-되기는 인간이 변해서 되고자 하는 동물이 실재하지 않더라도 실재적이다.

  동물-되기는 혈통이나 계통을 통한 생산이 아니다. 동물-되기는 계통과는 다른 질서에 속하는 것과 관계를 맺는 결연^{alliance}으로서 되기를 꾀하는 것이다. 결연으로서의 되기는 서로 이질적인 개체군들 사이를 가로지르는 소통을 통해 일어난다. 소통을 통해서 무리는 증식하지만, 이 증식은 동일한 계통을 생산하기보다 다양한 계통들로 분화되는 것이다. 이 점에서 동물-되기의 결연은 감염, 전염과 같은 것으로 설명된다. 감염은 이질적인 것들이 연결되면서 다양한 차이들로 분기되며, 삶의 에너지가 증대될 수 있는 것으로 증식하는 것을 의미한다.

동물-되기에서 중요한 것은 "동물과 인간을 나누는 경계선이 어디인지를 말할 수 없게 하는"(MP 335/518) 그러한 사이를 창출하는 것이다. 그리고 신체 안에서 직접적으로 소위 '비인간성' 자체를 체험하는 것이 동물-되기의 핵심인 것이다.

동물-되기를 통해서 찾을 수 있는 의의는 다음과 같다. 첫째, 다양한 개체들을 생산하고 분기하는 진화가 동일한 개체의 재생산으로부터 기인하는 것이 아니라, 이질적인 신체들의 연결과 공존을 통해서 비롯되고 있음을 알 수 있다. 나아가 동물-되기를 통해 주목할 수 있는 또 다른 사실은, 인간 중심주의의 근간을 이루고 있는 양성의 성적 결합을 생명을 유지하는 자연적이고 일반적인 생산으로 규정할 수 없다는 것이다. 서로 다른 계들 간의 교류와 공생이 다양하고 새로운 생명의 생산을 낳으며, 계속적인 생명의 힘을 지속하게 하는 것이다.

동물-되기가 인간 중심주의에서 벗어나 생명의 역량으로서 되기에 착목한다면, 소수적인 것-되기는 되기 그 자체가 소수적임을 보여 준다. 다시 말해 소수적인 것-되기가 동일성에 근거한 보편적 정체성 자체를 문제 삼아 지배적인 권력 관계를 뒤흔드는 다양한 차이들을 생산해 내는 것임을 제시한다.[16] 다수적인 것과 소수적인 것은 수적인 양으로 구분되지 않는다. 들뢰즈와 가타리에 따르면, 다수적인 것과 소수적인 것은 다음과 같이 정의된다.

다수성은 상대적으로 더 큰 양이 아니라 어떤 상태나 표준, 그와 관련해서 더 작은 양 뿐만 아니라 더 큰 양도 소수라고 말할 수 있는 표준의 규정, 가령 남성-어

---

16 다수적인 것majoritaire와 다수성majorité을 같은 의미로 이해하며, 소수적인 것minoritaires을 소수성minorité과 동일한 의미로 사용한다.

른-백인-인간 등을 의미한다.(MP 356/550)

　서구 백인 남성 집단은 다수적이지만, 실제로 세계의 인구에 있어 다수를 차지하지 않는다. 그러나 이 집단이 본질로 규정한 정체성이 보편적 기준이 됨으로써 그들은 지배적 다수로서 작용한다. 그러하기에 다수성은 언제나 지배 상태를 전제한다. 다수성은 언제나 다수적인 집단의 권리와 권력이 이미 주어져 있는 것으로 여기며, 세상 모든 사람에게 이 기준을 행사하는 것이다. 이로부터 알 수 있는 사실은 소수적이냐 다수적이냐라는 기준이 권력 관계의 지배적 상태를 따른다는 것이다. 즉, 다수적인 것은 상대적으로 더 큰 양을 의미하는 것이 아니라, 어떤 보편적 표준과 기준을 의미한다. 양적으로 더 적더라도 다수적일 수 있으며, 양적으로 크지만 표준에서 일탈해 생성을 이끈다면 소수적일 수 있다. 이런 점에서 들뢰즈와 가타리는 "소수적인 것을 여성, 아이, 그리고 동물, 식물, 분자적인 것"(MP 356/551)으로 규정한다. 그러나 소수적인 것은 집합이나 어떤 상태가 아니다. 들뢰즈와 가타리가 예로 들었듯이 유대인이나 집시 등은 특정한 조건 하에서 소수적일 수는 있다. 그렇지만 유대인이나 집시라고 해서 무조건 소수적인 것은 아니다.

　중요한 것은 소수적인 것이라고 제시된 흑인들조차도 흑인이 되어야 하며 여성들조차도 여성이 되어야만 한다는 것이다. 상태로만 소수성을 설명하기에 충분하지 않으며, 소수적인 것은 바로 다수성과 관련하여 정의되는 집합적 상태에서 벗어나는 것이며, 지배 권력에서 이탈하는 것을 의미한다.

　이탈은 바로 되기의 실행을 통해서 가능한 것이다. 이 점에서 소수적인 것은 되기를 실행할 수 있느냐에 의해서 설명된다. 되기는 하나로 환원된 보편적 기준을 획득하는 다수적인 것이 아니라 소수적인 것이다. 백인-되기와 같이 다수성 되기는 있을 수 없다. 다수적인 것은 운동을 정지시키고 변용하는 능력을 약화시키기 때문에, 연결을 도모하지 않고 오히려 다양한 차이들을 등질하게 하나로 수렴하고 중심으로 환원한다. 그러나 소수적인 것은 변형시키고 변이시키는 것이며, 각기 차이 나는 것들을 연결시키는 것이다. 소수성은 연결 접속할 수 있는 힘에 의해 규정된다. 소수적인 것은 계속해서 차이 나게 달라지며 변용의 역량을 강화한다. 따라서 정태적 상태를 고수하면서 통제를 실행하는 방식에 벗어나기를 실행하는 소수적인 것은 바로 되기 그 자체이다.

소수적인 것과 다수적인 것을 구분했지만, 둘을 대립적으로 설정하는 것은 소수적인 것-되기에서 무의미하다. 다수적인 것과 소수적인 것을 명료하게 구분하고 대항시키는 것은 중요하지 않다. 오히려 주목해야 할 점은 다수적인 것 역시 언제나 변이 가능한 복합적인 관계 안에 속해 있다는 것이다. 그리고 이로 인해 언제나 다수적인 것 안에는 소수적인 것이 출현할 수 있다는 사실이다.

따라서 소수적인 것-되기의 실행이 의미하는 바는 보다 분명해진다. 그것은 바로 소수적인 것-되기가 다수 안에서 계속적인 변주를 실행하기 위해 필요하다는 사실이다. 소수적인 것-되기는 단지 소수적인 것을 계속적으로 주창하는 소수적 집단성을 옹호하는 것이 아니다. 소수적인 것-되기는 다수적인 것이라고 제시되는 기준들을 의문시하고, 이를 다양한 차이들과 연결 접속하여 다수성을 구성하는 표준과 기준을 뒤흔드는 것이다. 그러기 위해서는, 앞서 언급했듯이 소수적인 상태로 규정된 것 또한 계속적으로 소수적인 것-되기를 실행해야 하는 것이다. 가장 소수적인 것은 계속적으로 소수적인 것을 변이하는 것이며, 보다 다양한 차이들과 연결하고 새로운 복합적인 차이들을 생산해 내는 것이다.

따라서 소수적인 것-되기는 등질적이며 동질적인 것으로 머무르게 하려는 통제에 저항하면서, 변용 능력을 상승시키는 관계를 계속적으로 조직하는 것이며, 다수적인 것의 입장으로 포획하거나 재구성하려는 시도에서 벗어나는 것이다. 또한 소수적인 것-되기는 보편적이며 본질적인 것으로 규정된 기준과 규칙을 문제 삼고 재가치화하는 것이다. 소수적인 것이 차이들의 연결을 확장하는 되기 그 자체라는 점에서 소수적인 것-되기는 하나의 신체에서가 아니라 다종적인 신체들 간의 결합을 통해서 각 신체의 역량의 강화를 실행하는 것이며, 이는 더 많은 변이를 이끌어 낼 수 있는 공존의 지대로서 집단적인 신체들을 창출해 내려는 시도라는 점에서 실천적인 의의를 지닌다.

4. 되기와 행동학의 실천적 의미

되기는 고정된 정체성, 주어진 보편성 그리고 기준으로 작용하는 다수성이라는 일원적 중심성을 비판한다. 되기가 비판하는 중심성은 보편적 인간으로서 개인, 사회를 구성하는 단위로 자리 잡은 혈통 중심의 가부장제로 구축된 근대적 가족 체계 그리고 사회 전반을 아우르는 거시적 국가라는 형식에 있다.

되기는 하나의 중심으로 수렴해 통일적으로 체계화하는 일원성에서 이탈하여 되기의 관계를 맺는 관계들 모두의 힘을 증가시키는 새로운 대안을 만들어 내는 실천적 시도이다. 이러한 되기의 실천적 의미는 무엇보다도 지배적 다수의 사회 체계와 제도를 계속적으로 소수적인 것들로 이끌어 내어 공동체를 변화시키는 것에 있다. 이에 관해, 들뢰즈와 가타리는 "소수자-되기는 정치적인 일"이며, "능동적인 미시정치학micro-politique에 호소"(MP 357/552)한다고 설명하며, 되기의 정치적 의미를 짚어 낸다.

되기가 주목하는 미시정치에 있어서, 미시성은 개인이 아니라 아직 개체화되지 않은 군중masse을 의미한다.

> 미시적인 것은 그 요소들의 작음에 의해 규정되는 것이 아니라 그것의 군중에 의해 정의된다.(MP 265/414)

군중은 미리 범주화된 방식으로 구획할 수 없으며, 유행에 휩쓸리면서 변이하며 다수적 정상성의 규준과 통제에 따르기도 하는 존재이다. 즉, 미시성을 정의하는 군중은 개인들의 합이나 하나의 목적을 통해 규정된 집단이 아니라, 강도적이며 정동적인 움직임을 지시하는 것이다. 미시성을 통해서 들뢰즈와 가타리는 정치가 정당 정치나 국가권력이라는 거시적 차원에서만 성립되는 것이 아니라 미시적인 차원에서도 작동하고 있음을 제시한다. 즉, 정치는 법이나 제도와 같은 거시적인 방식으로 집행되고 수행되지만, 이를 수립하는 권력은 집단적인 정동인 군중을 통해 발생하는 것이다.

미시정치는 집단적인 정동을 욕망désir의 문제와 관련시킨다. 들뢰즈는 스피노자를 인용하며, "어떤 것을 향해 노력하고 그것을 원하고 욕구하고 욕망하는 것은 우리가 그것을 좋은 것이라고 판단하기 때문이 아니다. 반대로 우리가 그것을 좋은 것이라고 판단하는 것은 우리가 그것을 위해 노력하고 그것을 원하고 욕구하고 욕망하기 때문"(SPP 32/36)이라고 설명한다. 즉, 욕망은 결여나 부정과 무관하며, 선호나 판단, 목적에 의해 발생하지 않는다. 또한 욕망은 어떤 인물이 어떤 대상에 대해 가지는 충동에서 생겨나지 않는다. 욕망에 있어 최초로 욕망된 것은 인간적으로 인칭화된 대상이 아니며, 인칭과 무관할 뿐 아니라 인칭 이전에 생겨난다. 욕망은 욕망

하는 어떤 주체가 존재하기도 전에 있으며, 인칭적인 '개인' 이전에 차이를
생산하려는 경향을 실재화하는 것이다.

이러한 욕망은 배치arrangement를 통해서 집단적인 정동으로 실재적으로
작동하며, 이는 다양한 연결에 따른 구성과 구축을 의미하는 아상블라주as-
semblage라는 개념을 통해 보다 구체적으로 설명된다.[17] 아상블라주는 많은
이질적인 요소들로 사이를 연결하고 새로운 관계를 창출하여 영향을 미치
는 작용을 뜻하며, 항상적 보편성을 담지하지 않고 언제나 변용될 수 있
다.[18] 들뢰즈와 가타리에 따르면, 아상블라주로서 배치된 욕망은 사적인 것
에서 사회적인 것에 이르는 모든 인간의 삶에 제시되며 선분성segmentarité[19]

17 아상블라주는 원래 프랑스 미술가 장 뒤뷔페에 의해 창시된 개념으로서, 다양한 재료나 헝
    겊 종이 등을 가져다 붙이는 콜라쥬보다 더 다양한 재료를 붙이는 개념이다. 모방하는 것에
    반대하며, 새롭게 구성하고 이어 붙여 조합하고 조립하는 기법이다. 들뢰즈는 바로 이러한
    아상블라주 기법에 있어서 다양한 연결에 따른 구성과 구축이라는 지점을 부각하여 새롭
    게 철학적 개념으로 들여오고 있는 것이다.

18 아상블라주는 푸코의 장치들dispositif과 연관된 개념이지만 다음과 같은 차이점을 지닌다.
    푸코는 장치에 대해 고유한 정의를 부여한 적이 없지만 1977년 인터뷰에서 장치에 대해 설
    명한 바 있다. 그에 따르면, 장치는 언어적이든 비언어적이든 간에, 예를 들어 담론, 제도, 건
    축상의 조치, 과학적 언표, 철학적 도덕적 박애적 명제를 포함하는 이질적인 집합이며, 장치
    자체는 이런 요소들 간의 네트워크이다. 그리고 장치는 언제나 구체적인 전략적 기능을 갖
    고 있으며, 늘 권력 관계 속에 기입된다. 또한 장치 그 자체는 권력 관계와 지식 관계의 교차
    로부터 생겨난다.(미셸 푸코, 「육체의 고백」, 『권력과 지식: 미셸 푸코와의 대담』, 홍성민 옮김, 나남, 1991,
    235-236쪽.) 이러한 장치는 복합적인 구성물이며, 권력 관계와 관련된다는 점에서 아상블랑
    주와 연관된다. 푸코가 장치를 통해 권력을 이해하고 이를 배치하려는 데 집중했다면, 들뢰
    즈와 가타리에게 있어서 아상블라주는 권력을 일종의 효과로서 발휘하는 욕망을 배치하는
    방식인 것이다. 이 욕망의 배치는 다양하고 복잡한 차이들의 연결인 아상블라주로 이루어
    진다. 아상블라주는 크게 두 축으로 구성되며 네 부분으로 이루어진 구조에 의해 정의된다.
    첫 번째 축에서 아상블라주들은 담론적 성분들과 비담론적 성분들로 구성된다. 그것들은
    물체와 물질들의 아상블라주들이면서 동시에 언표나 발화의 아상블라주들이다. 두 번째 축
    에서 아상블라주들은 배치의 작용을 지배하는 운동의 본성에 의해서 정의된다.

19 선분성은 원래 전문화된 정치제도가 없는 원시사회를 고려하기 위해 민속학자들이 만들어
    낸 개념이지만, 『천 개의 고원』에서 현대 국가를 분석하는 틀로 사용된다. 『천 개의 고원』
    한국어 번역본에서 선분성은 절편성으로 번역된다. 그러나 이 책에서는 논의의 전개에 있

으로 나타난다. 선분성은 선과는 달리 시작과 끝이 분명하게 절단된 선으로서 따라야만 하는 하나의 규율이자 명령어처럼 작동한다. 선분성은 우리의 모든 삶, 즉 거대한 사회적인 맥락에서부터 사회를 구성하는 개인들과 개인과 인간의 관계 그리고 개인의 판단과 느낌까지 모두 재단하고 분할한다. 선분성에 의해 우리는 어느 학교의 학생, 출생 순서, 국적과 젠더, 성적 취향, 취미, 건강 상태, 직업, 결혼 여부, 인종 등 다양한 분류 항목에 의해 요람에서 무덤까지 세부적으로 구별된다. 인간의 모든 삶은 선분으로 나뉘는 것이다. 따라서 선분화된다는 것은 지배적 다수의 논리에 따른 포섭의 과정에 놓여 있음을 의미하는 것이다.

선분성은 견고한 몰적 선분성의 선^{ligne de segmentarité dure ou molaire}, 유연한 분자적 선분성의 선^{ligne de segmentarité souple ou moléculaire}, 그리고 탈주선^{ligne de fuite}으로 크게 구분된다.[20] 우선 몰적^{molaire}인 것은 분자적인 것과 대비되는 것으로 개별적인 움직임이 아니라, 통계적 평균에 의해 표시되며 동일하게 움직인다고 가정되는 분자들의 거대한 집합체를 뜻한다. 또한 몰적인 것과 분자적인 것의 차이는 크기의 차이나 집합/개별의 차이에서 비롯하지 않는다. 둘의 차이에 있어서 중요한 점은 운동하고, 작동하는 양상의 차이에 있다.

1) 몰적 선분성의 선은 동일성과 관계 맺으며, 분자적인 고유한 움직임을 평균의 기준 안에서 생겨나는 편차에 불과한 것으로 여긴다. 몰적 선분성은 개개의 분자들로 하여금 평균치에 가깝게 다가오도록 유도하고 요구

어서 선분성이 더 적합하다고 보며, 절편성을 선분성으로 바꾸어 쓴다. 인용할 경우에도 절편성을 선분성으로 수정하여 제시한다. 선분성에 관한 논의는 『천 개의 고원』 8장 「1874년—세 개의 단편소설, 혹은 "무슨 일이 일어났는가?"」, 9장 「1933년—미시정치와 절편성」에서 다루어지고 있다.

20 『천 개의 고원』 한국어 번역본에서는 몰적인 것을 그램 분자적인 것으로 번역하나, 여기에서는 몰적인 것으로 번역한다.

한다. 이것은 특별한 강요의 과정 없이 사회적으로 규범이 되고 관습화된 통념과 상식의 선을 의미한다. 물적 선분성의 선을 따라 살아간다는 것은 어제와 오늘, 내일이 동일하거나 또는 예측 가능한 것으로 나타나는 삶은 경직된 것이자 평균적인 것이며, 일종의 규범적 전형으로 부과된다.

2) 분자적 선분성의 선은 몰-집합에 속해 있는 분자들의 운동으로서, 통계적 평균이 포착되지 않는 삶의 영역을 가리킨다. 그러나 그것은 정형화된 삶에서와 달리 불안정하고 위험하며, 한편으로 무기력하게 만드는 선과 연결될 가능성을 갖는다. 또한 분자적 선분성이 발생시키는 이탈은 언제든 몰적 선분성의 선에 포섭되거나 오히려 정교하게 보완하는 형태로 나타날 수도 있다.

3) 탈주선은 앞에서 다루었던 두 개의 선들과는 달리 선분적인 선에서 벗어나 새로운 선을 그리는 것이다. 탈주선은 선으로 만들어진 리좀에 있어서 각기 다른 선들이 만나서 연결 접속하고 변이하는 접속의 지점, 사이이며 되기에 의한 '되기의 블록'으로 이해되어야 한다.[21]

배치된 욕망으로서 위의 선분성들은 세 가지 형태와 두 가지 유형들로 나타나면서 미시적으로 작용한다. 세 가지 형태 중 첫 번째인 이항적binaire 선분성은 거대한 이원적 대립을 통해 선분으로 재단하는 것이다. 이원적인 항들 사이에는 가치 평가를 담지한 일종의 위계 관계가 존재하는데, 남성과 여성, 자본가와 노동자가 그 예이다. 두 번째, 원형적cercles 선분성은 확장되는 원환을 이루는 선분으로 구획되는 것이다. 여기서 원은 기하학의 형태가 아니라, 중심에서 점점 확장되면서 구별되는 집단을 의미한다. 이는 선분들 간의 포함 관계를 함축하는데, 반에서 학년, 학교로 더 큰 집합에 묶이는 방식이 그 예이다. 세 번째, 선형적lineaire인 선분성은 선분들이 말 그대로 직선적 배열을 이루는 경우를 의미한다. 선형적 선분성은 일종

21 MP 36/54, 아르노 빌라니 편, 『들뢰즈 개념어 사전』, 신지영 옮김, 갈무리, 2012, 99-105쪽.

의 절차나 순차적인 배열에 따라 선분성을 만든다. 전형적인 생의 주기나 각종 절차 등이 여기에 속한다. 즉, 학교를 졸업하면 직장을 갖고, 그 후에는 결혼을 해야 하고, 아이를 낳아야 하는 순서를 따르는 것을 정상적 인간의 삶의 주기로 제시하는 것이 그 예이다. 이와 같은 세 가지의 선분성의 형태는 대부분의 경우 중첩되어 있으면서 삶을 구획하고 나누는 것이다.

위의 세 형태의 선분성은 두 가지 구별되는 유형인 원시적이고 유연한 유형과 근대적이고 견고한 유형으로 존재한다. 첫 번째, 원시적이고 유연한 것은 미시적인 영역과 연관되며, 두 번째 선분성은 현대적이고 견고한 것으로 거시적인 영역에서 설명된다. 그러나 이 둘은 구분되나 분리될 수 없고 하나가 다른 하나와 함께, 하나가 다른 하나 안에 뒤얽혀 있다. 이 두 선은 서로 끊임없이 간섭하고 반응하며, 한 선을 다른 선에 도입하며 관계를 맺는다.

> 유연한 선분성은 우리 내부에 살아 있는 야만성의 잔존이 아니라, 전적으로 현행적인 어떤 기능이며 견고한 선분성과 분리될 수 없다. 유연한 선분화란 견고한 선분성과 분리할 수 없는 철저하게 현대적인 하나의 기능인 것이다. 따라서 모든 사회와 모든 개인은 두 선분성에 의해, 즉 몰적 선분성과 분자적인 선분성에 의해 가로질러진다. 이 두 가지가 구분되는 것은, 양자가 동일한 항, 동일한 관계, 동일한 본성, 동일한 유형의 다양체를 갖지 않기 때문이다. 그러나 이 두 선분성이 분리될 수 없는 것은 양자가 공존하고 서로 옮겨 가기 때문이며 또한 원시인이나 우리에게서처럼 상이한 형태를 취하고는 있지만 양자가 항상 서로를 전제하고 있기 때문이다. (MP 260/406)

대립되거나 분리될 수 없는 유연한 선분성과 경직된 선분성은 서로가 상호적으로 얽혀 있으며, 욕망을 배치한다. 이러한 선분성을 통해 알 수 있는 것은 첫째, 거시정치와 미시정치의 관계이다. 일차적으로 몰적이며 경직된 선분성의 선을 통해 작동하는 것을 '거시정치'로 구분하고, 분자적이며 유연한 선분성의 선을 통해 작동하는 것을 '미시정치'로 분류할 수 있다. 그러나 이 두 선분성은 뗄 수 없이 서로에게 영향을 미치며 작용하면서 삶에 동시적으로 작동한다는 점에서, 모든 정치는 곧 거시정치인 동시에 미시정치로 이해되어야 한다.

둘째, 유연한 선분성이 다른 선분성보다 나을 것이라는 기대는 명백히 오류라는 사실이다. 이러한 오류는 다음과 같다. 그것은 1) 경직된 선분성은 나쁘고 유연한 선분성은 좋다는 가치판단의 오류이다. 2) 분자적인 선분성을 개인들 간의 문제로 귀착시키는 오류이다. 3) 거시정치와 미시정치를 '규모'에 따른 구별로 분류하는 오류이다. 4) 두 선의 질적 차이에만 집중하여, 두 선이 맺고 있는 상호적 연관성을 무시하는 오류이다.

셋째, 선분적 통일성을 부여하는 미시적인 작동, 다시 말해 욕망을 배치하는 과정과 권력이 불가분의 관계를 맺고 있다는 사실이다. 선분성에 의한 지배적 다수의 권력은 "믿음과 욕망"인 미시적 흐름을 중심으로 수렴하면서 이를 점점 확장시켜 동심원화하는 과정이다.[22] 이 과정에서 유연한 분자적 흐름이 발생하기도 하며, 권력은 이 선들이 따라가고 변환되는 지점에서 형성된다. 하지만 권력은 분명 유연한 분자적 흐름인 군중을 완벽히 통제할 수 없기 때문에 상대적이며 변이 가능하다. 즉, 권력은 절대적으로 행사되는 것이 아니라, 미시적 흐름을 선분화시키고 변환시키는 과정으로 이해될 수 있는 것이다. 이러한 권력은 선분적인 부분과 중앙집중화된 전체가 공존하면서 단 하나의 중심으로 환원될 수 없는 다수적인 중심을 지닌다. 권력에 관한 이와 같은 분석은 푸코의 권력에 대한 분석과 연결된다.

22　MP 267/417

푸코에 따르면, 권력 개념이 지칭하는 것은 정치적 주권이나 사회적 지배와 같은 예속 방식이 아니다. 권력은 활동의 영역에서 내재적인 조직을 구성하는 힘의 관계들이며 관계들의 다양성이다. 그렇기 때문에 권력은 몇몇의 고유한 제도, 구조, 힘이 아니라 어디에나 있다. 권력은 꼭대기에서부터 아래로, 바닥에서부터 위로 작동하는 다방향적인 성격을 띤다. 억압은 권력을 이해하기 위한 적절한 개념이 아니다. 권력을 단순히 억압적인 것으로 볼 경우에 어떻게 권력이 우리를 작동시키는지 설명하는 것은 어렵다. 즉, 지배는 권력의 본질이 아닌 것이다. 오히려 권력은 단일한 중심을 갖지 않은 역동적인 관계 내적인 권력이며, 수많은 지점에서 행사된다. 따라서 이러한 권력은 다원적이고 파편적이고 분화되어 있으며, 역사적이며 공간적으로 특수하다. 그래서 권력이 있는 곳에는 저항이 있는 것이며, 정치제도들에 국한되지 않으면서 직접적으로 생산적인 역할을 행하는 것이다. 즉, 권력에 가장 효율적 기제는 바로 생산성에 있는 것이다.[23]

23 푸코의 입장은 권력의 중심만을 분석한 근대적 권력 분석과 다르다. 푸코에 따르면, 권력에 대한 물음은 무엇과 '왜'를 제거하고 '어떻게'로부터 출발해야 한다. '어떻게'라는 질문은 '권력이 어떠한 수단에 의해 행사되는가' 그리고 '개인이 타인에 대해 권력을 행사할 때에 무슨 일이 일어나는가'라는 의미를 지닌다. 권력은 상대방과의 관계를 지시하는 것이다. 이것은 제로섬게임이 아니라 다른 사람을 유도하고 서로에게 서로가 따르게 되는 것과 관련된 행위의 어울림에 대해 생각하는 것이다. '어떻게'의 방식으로 권력의 주체에 접근하는 것은 권력 자체가 아니라 권력 관계를 대상으로 삼는 것이다. 그러한 이유로, 모든 것을 총체화하여 체계적이고 통일적인 관점으로 권력을 분석하는 것을 푸코는 반대한다. 푸코는 환원주의를 거부하는데, 이는 일반론과 보편론으로부터 추론되는 것에 대한 거부이다. 그리고 권력의 형태를 구조나 제도에서 찾으려는 기능주의도 거부한다. 푸코는 인과적 설명이나 기능적 설명보다는 어떠한 형태의 지배를 가능하게 해주는 조건들을 역사적으로 기술하려고 한다. 권력에 대한 푸코의 관심은 권력의 본질이 아니라, 벤담의 원형 감옥의 예와 같은 권력의 작동 방식에 있다. 벤담의 원형 감옥은 감시자가 없어도 권력 장치를 가동하게 한다. 즉, 이러한 새로운 권력은 지속적이고 훈련에 속하며 자율적이다. 푸코에 따르면, 이 원형 감옥은 지식 권력, 신체 통제, 통합된 훈련, 기술, 공간 통제 등을 훈련의 통일된 테크놀로지 안으로 한데 가져온다. 이러한 권력에서 중요한 관계를 맺고 있는 것은 지식이다. 지식은 권력에 대해 초구조적인 관계에 놓여 있지 않으며, 상호 투쟁적인 관계를 맺고 있다. 미쉘 푸코,『감시와 처벌: 감옥의 역사』, 오생근 옮김, 나남, 2003, 267-347쪽.

이러한 푸코의 권력 개념에서 더 나아가 들뢰즈와 가타리는 선분성 개념을 통해서 권력을 사회의 미시적 욕망의 배치에 의해 작동되고 변용되면서 생산되는 과정을 거듭하는 '미시적 짜임micro-texture'(MP 275/428)으로 제시한다. 욕망을 배치하는 다양한 선분성들 자체는 결정권을 가진 하나의 권력에 의존하지 않는다. 선분성은 아직 구획되지 않은 미시적인 움직임에 의해 규정되면서 계속적으로 새로운 선분성들을 생산해 내며, 욕망을 새롭게 배치하면서 권력을 생산한다.

미시정치는 욕망의 배치를 통해 권력을 미시적 짜임으로 이해하면서, 생산되는 과정에 주목한다. 이는 정치를 단순히 국가나 법률, 계급이라는 거시정치적인 영역에서만이 아니라, 인간의 삶의 상이하고 다양한 영역에서 행사되고 있는 것으로 이해하는 것이다. 또한 미시정치는 욕망을 통치 시스템을 작동시키는 실재적인 원인으로 이해함으로써, "억압당하는 자가 억압의 체계 속에서 항상 능동적인 자리를 취할 수 있는 이유"(MP 263/409)인 자발적 복종을 설명한다. 즉, 통치의 논리를 조직하는 지배는 욕망을 포획함으로써만 구성될 수 있으며, 이렇게 통치에 포획된 욕망을 통해서 복종을 조직하면서 시스템은 기능하고 작용하는 것이다.

미시정치를 통해서 거시적인 측면에서 수직적인 억압을 행사하는 것으로 정치를 이해함으로써 파악할 수 없는 현실을 진단할 수 있게 할 뿐 아니라, 통제에서 벗어나는 탈주선을 그릴 수 있게 하는 대안적 실험을 생산하게 한다는 점에서 그 의의를 찾을 수 있다. 실험은 바로 미리 통제하거나 규정할 수 없는 욕망의 흐름들에 주목하고 새로운 선분성을 그려 내기 위해 미시적으로 확산될 수 있는 조직을 구축하는 것, 다시 말해 미시정치의 능동적인 실행인 되기를 행하는 것이다.

미시정치로 향하는 되기는 근대적 인간 개념이 전제하는 추상적 개인 이전의 다양한 차이에 주목하며, 확증된 정상성에서 벗어나 다르게 거주할 수 있는 새로운 삶의 방식을 발명하는 것이다. 새로운 존재 방식의 발명은 바로 더불어 거주하는 공간에서 '아무개'로서 존재하는 "군중들을 변용"(MP 265/418)시키는 것이다. 이는 군중들이 거주하는 공간으로서 사회와 습관 체계를 변화시키는 것이다. 그러하기에 되기는 인간 중심주의에 기반을 둔 이성을 지닌 근대적 주체이자 동일한 권리를 지닌 보편적 시민 개념이 지닌 한계와 허상을 지적하며, 욕망을 다양한 변이를 창출하는 방향으로 재배치하는 미시적 짜임을 구축하면서 통제에 대항하는 다양하고 복합적인 권력을 생산하는 것이다. 또한 되기는 신체의 훈육, 유행과 문화와 같은 미시적인 지점에서 발생하는 정치적인 문제에 착목한다. 따라서 욕망을 새롭게 배치하는 되기의 실행은 통치의 포획으로부터 벗어나, 기존의 지배적 층위에서 제시된 욕망이 아닌 새로운 욕망을 산출하려는 정치적인 행위로서 의미를 지닌다.

무엇보다도 되기는 욕망을 재배치하는 방식으로서 되기를 정치적 역량으로 삼아 새로운 가치와 공동체를 모색하고자 하는 것이다. 이로부터 알 수 있는 것은 되기의 실행을 제안하는 행동학에서, 신체의 능력 상승과 자발적 복종에서 벗어나 새로운 관계를 조직하려는 것이 분리될 수 없다는 사실이다. 이 점에서 행동학은 윤리-정치적 존재론ethico-political ontology으로 이해될 수 있다. 폴 패튼Paul Patten에 따르면, 정치적 존재론은 정치적 제도 및 과정을 비판하거나 정당화하기 위함에 있지 않다. 정치적 존재론으로서 행동학은 정치의 범위를 거시적인 차원만이 아닌 미시적인 영역에서 검토함으로써, 통제의 다양한 양식을 보여 주고 대안적인 모색을 추진한다는 점에 의의가 있다.[24] 정치적 존재론으로서 행동학은 존재 양식을 구성하는 방식의 능동성을 지금의 정치의 과제로 제시하면서 새로운 공동체를 모색해야 할 필요성을 제기하는 것이다.

정치적 존재론으로서의 행동학은 자유로운 인간들 간의 합의에 따른 계

24 폴 패튼, 『들뢰즈와 정치』, 백민정 옮김, 태학사, 2005, 35쪽.

약체로부터 논의를 전개하고 사회계약의 동기를 결핍에서 찾는 자유주의 정치의 이념에 도전하며 반대한다. 자유주의 정치가 가정하는 자유의지는 보편적 천부인권을 지닌 자유로운 시민 개념의 근간이 되며, 이를 통해 권리의 양도와 계약에 근거하여 자발적 복종을 이끌어 내는 매개로 사용되고 있다. 정치를 천부인권을 지닌 개인들 간의 계약 관계를 통해 성립된 의미에서의 권리의 문제로서만 설정할 수 없다. 오히려 이러한 계약 조건 자체를 문제 삼는 지점으로 나아가는 것이 중요한 것이다. 이 점에서 정치적 존재론으로서 행동학은 다음의 의미를 지닌다.

행동학으로서 윤리학은 자유로운 시민과 이에 의해 성립된 공동체가 통치권의 논리를 정당화하고 있음을 폭로한다. 즉, 정치적 존재론으로서 행동학은 주어진 제도 내에서의 시민으로서의 인권을 옹호하는 데서 그치지 않고 여기에서 더 나아가 정치적 논의를 확장해 가는 것이다. 그런 의미에서 행동학은 인간 중심주의라는 현대의 신화를 타파하는 작업이며, 공동체 안에서 벌어지는 다양한 논쟁들을 결합하면서 새로운 존재의 조건을 발명하는 것이다.

되기를 제시하는 행동학은 '나'의 사유와 가치를 모든 사람으로 환원하여 특권적 위계 구조를 성립시켜 인간인 것과 아닌 것을 구분하고 서열화하는 체계를 비판하고 이를 넘어서 새로운 실험을 도모하는 것이다. 따라서 행동학은 특권화된 가치를 내면화하는 인간-주체에서 이탈하여, 보다 능동적 변용 능력을 창출할 수 있는 관계들의 결합을 추구하고 이 결합의 무한한 진행을 모색한다. 이는 하나의 규준이나 원리를 제시하는 것이 아니라, 삶을 억압하는 것에 저항하고 삶의 역량을 최대치로 끌어올리려는 노력인 것이다. 그러나 행동학으로서 윤리학은 본질적 보편성을 비판하지만, 각각의 차이들을 연결시켜 줄 수 있는 의미에서의 보편성이라는 개념 자체를 부정하지는 않는다. 오히려 행동학은 보편성을 불변하는 본질적인 것으로 규정하지 않고, 욕망의 배치에 따른 미시적인 차원에서 생겨나는 일종의 준^準안정적인 것으로 제안한다.[25] 이 점에서 행동학은 보편성을 특수한 맥락과 상황에서 규제적인 차원에서 실재적으로 작동하는 것에 초점을 두어 실용적인 실천성을 담지하는 것으로 이해하는 것이다.

---

25 이는 준안정성에 대한 들뢰즈의 다음의 설명을 통해서 이해 가능하다. "최근에 질베르 시몽동이 언급했던 것처럼, 개체화는 무엇보다도 먼저 어떤 준안정적인 상태, 다시 말해서 어떤 '불균등화'의 현존을 가정한다."(DR 317/524) 준안정적인 상태는 변화하는 것이지만, 그 변화가 사라지지 않고 지속되면서 유지되는 상태인 것이다. 이러한 상태가 계속적으로 되었을 때, 원래 그래 왔고, 변하지 않고 변할 수 없는 동일한 것으로 이를 착각하는 오류가 발생하기도 한다.

2장

되기와 페미니즘

되기는 지속하는 힘을 상승시키고, 신체의 능력을 증대하는 결합 관계를 만들어 내는 방식이다. 이러한 되기는 한 신체에게만 유리한 관계를 모색하지 않고, 결합된 각 신체들의 역량 모두를 강화할 수 있는 연결을 만들어 내려는 노력을 의미한다. 되기의 실천적인 의의는 동질화시키려는 집합과 정체성을 복합적인 차이들의 연결과 접속을 통해 분산시켜 단일한 보편성을 기준으로 삼는 통제에서 벗어나 수많은 다양한 배치들을 끊임없이 고안해 나가는 것에 있다. 이 점에서 되기는 보편성을 근거로 하여 차이를 차별의 이유로 삼는 권력에 대항하면서 착취당하고 배제당하는 사람들의 관점을 옹호하는 방법으로서 의미를 지닌다.[1]

이 책은 특히 되기가 남성을 보편적 인간으로 삼아 남성과 여성을 구별하는 이분법과 남성을 기준으로 삼아 여성을 재현하고 비동일자로서의 타자로 규정하는 중심화의 논리에서 벗어난다는 점에 주목한다. 되기 개념을 통해 남성, 백인, 이성애자로 표상되는 보편적 인간 개념에 문제를 제기

1 로지 브라이도티, 「새로운 노마디즘을 위하여: 노마디즘의 들뢰즈적 궤적 혹은 형이상학과 신진대사」, 오수원 옮김, 『문화 과학』 제16호, 1998, 159쪽.

하고 오이디푸스적인 구조와 가부장제를 비판할 뿐 아니라, 새롭게 신체를 이해하여 차이를 역량으로 삼는 체현성에 기반을 둔 새로운 여성 주체의 형상화를 모색할 수 있다는 점에서 여성주의의 이론적 실천적 논의와 맞닿아 있다. 이 점에서 되기 개념은 여성주의에 실천적인 유용성을 제공할 수 있는 것이다.

찬드라 탈파드 모한티Chandra Talpade Mohanty가 『경계 없는 페미니즘』에서 제기한 인도 나사푸르의 레이스 노동자들에 관한 연구 사례는 차이들에 대한 복잡한 이해와 여성 주체의 발명에 기여하는 되기의 유용성을 보다 구체적으로 드러내 준다. 모한티에 따르면, 세계시장에서 소비되는 레이스 인형을 만드는 "주부"는 "인도의 여성"이나 "제3세계의 여성"라는 단순한 일반화로 이해될 수 없다. 레이스 노동자들을 저임금으로 착취하는 인도의 정치 경제적 구조 역시 문화적 설명으로 환원될 수 없으며, 이 상황에 처한 여성의 조건을 수동성이나 복종으로 특징화하는 것도 적절하지 않다.[2] 이 사례에서 알 수 있는 것처럼, '여성'이라는 범주는 이질적인 요소들이 동시다발적으로 연결되어 존재하며 다른 것들과 다양하게 중첩되어 있다. 나사푸르의 여성은 이질적인 요소들을 체현하면서 존재한다. 그러하기에 이 여성들은 추상적인 실재가 아니라, 주부, 자의식적인 레이스 노동자, 제3세계 여성이라는 다양한 요소들이 연결되고 접속되며 연계되는 망으

---

2 찬드라 탈파드 모한티, 『경계 없는 페미니즘: 이론의 탈식민화와 연대를 위한 실천』, 여이연, 2005, 56-57쪽. 이 연구는 인도 나사푸르의 레이스 노동자들에 대한 연구이다. 이 연구는 고착화된 여성 범주로는 현실에서 경험하고 있는 여성의 체험을 이해할 수 없을 뿐 아니라, 저항과 연대를 마련할 수 있는 방식을 도모하기 어렵다는 것을 보여 주고 있다. 모한티는 하나의 일관된 집단으로 여성을 구성할 경우에 여성의 종속의 원인은 하나의 동일한 것으로 환원되면서, 다양한 차이에서 비롯된 저항을 마련할 실제적인 통로를 찾지 못하게 만든다면서 다음과 같이 비판한다. "권력은 자동적으로 그것을 가진 사람들(남성)과 갖지 못한 사람들(여성)로서 이항대립적인 의미로 정의된다. 남성은 착취하고, 여성은 착취당한다. 이처럼 단순화된 공식은 역사적 환원론이며 억압과 맞서 싸우는 전략을 고안하는 데에도 무효하다. 이들이 할 수 있는 일이라고는 남성과 여성 간의 이항대립을 한 번 더 고착시킬 뿐이다."

로 작동하는 변화하는 신체이자 살아있는 과정 그 자체이다. 다양한 요소들은 동일한 여성이라는 일반성으로 수렴되지 않고, 복수적이며 다양한 차이의 접속으로 상호작용하면서 연결된다. 그뿐 아니라, 차이들의 상호관계는 다양한 국면에서 여성들 사이의 저항에 기여하고 있다. 모한티는 이에 관해 다음과 같이 설명한다.

> 레이스 노동자 여성들 대부분이 고샤 지역 여성에 대한 가부장적 규범에 종속되어 있다는 사실에도 불구하고, 이들의 의식에는 모순적 요소들이 존재한다. 비록 이곳 여성들이 집 밖에 일하는 여성들을 마치 불가촉 천민인 말라, 마디가, 혹은 다른 하층 카스트의 여성을 바라보듯 경멸의 눈초리로 바라보긴 하지만, 집 밖에서 일하는 여성들이 자신들보다 돈을 더 많이 번다는 사실, 정확히 그들이 존경받는 주부가 아니라 노동자이기 때문에 돈을 더 많이 번다는 사실마저 무시할 수는 없다. 한 토론에서 이들은 자신들도 나가서 저임금 노동을 하면 좋을 것 같다고 인정하기도 했다. 그리고 집 밖으로 나와서 일종의 공장 같은 공간에서 기꺼이 일을 할 수 있겠느냐는 질문을 받았을 때, 이들은 그렇게 하겠다고 대답했다.[3]

즉, 레이스 노동자에게 주부 이데올로기가 내재화되어 있지만 이미 그녀들이 체험하고 있는 노동자로서의 현실이 주부라는 요소와 연결되어 되기의 관계를 맺으면서 주부 이데올로기를 균열하게 하면서, 새로운 자각과 저항이 일어날 수 있는 지점을 생산한다. 여성을 단순히 착취당하는 피해자라는 수동적인 위치로 설정하지 않는다. 즉, '여성'이라는 범주는 복합적인 차이들의 연결을 통해 생산되는 열린 개념이다.

---

3   찬드라 탈파드 모한티, 같은 책, 57쪽.

여성주의 정치가 차이를 차별로 만드는 다양한 정치적 맥락을 드러내어 저항을 창출하는 운동이라고 한다면, 차이들이 연결되어 발현되는 체현성과 신체의 생산에 주목하는 것은 중요하다. 이 점에서 이 책에서는 저항하고 연대할 수 있는 집합적인 정치적 여성 주체가 규범화된 신체로부터 벗어나서, 변용 능력을 증대시키는 신체를 능동적으로 계속 조성하는 과정 속에서 발명될 수 있다고 본다. 이에 착목하여, 이번 장에서는 『천 개의 고원』에서 논의되고 있는 '되기'와 '여성-되기' 개념 그리고 여성 주체를 『유목적 주체』, *Metamorphoses: towards a materialist theory of becoming*, 『트랜스포지션』에서 점차 정교화해 가는 브라이도티의 논의를 중심으로 살펴본다.

1. 되기와 여성-되기

1–1. 여성–되기에 관하여

되기는 각각의 신체의 행위 능력을 증강시키는 관계를 창출하는 것이다. 신체는 다른 신체들과 결합하여 변화할 때, 한 신체에 귀속되는 힘들의 집합체이자, 이러한 힘을 감당하며 행위할 수 있는 능력의 정도, 물리적 실재를 의미한다. 이렇게 신체를 이해하는 방식은, 아리스토텔레스 이후로 신체를 유纇와 종種으로 분류하고 구별해 온 정의를 거부한다기보다는, 유와 종이라는 개념적 구별 체계가 변화하는 신체를 모두 설명할 수 있는 것은 아님을 보여 주려는 것에 있다. 유와 종으로 구별하여 신체를 정의하는 방식의 문제점은 신체보다 정신이 우월하다고 보며, 신체를 이성에 의해 통제되어야 할 것으로 규정한다는 데 있다. 그러나 들뢰즈와 가타리가 제안하는 신체는 정신보다 열등하거나 저열한 것이 아니며, 자연의 필연적 법칙에 따라 운동하는 것이자 그 자체의 역량을 가지고 다르게 변화할 수 있는 생산적인 것이다. 즉, 신체는 능동적인 존재론적 위상을 지닌 것으로, 계속적으로 변화하고 변용할 수 있는 능력이자 힘을 의미하는 것이다. 특히 신체를 신체들 간의 결합 관계를 의미하는 경도와, 이 결합에 따라 역량의 증가와 감소의 상태를 드러내는 위도라는 지리학적인 용어로 정의하는 것은 신체 개념을 개체를 규정하는 틀로만이 아니라, 집합적인 사회적 신체로서 확장하여 이해할 수 있는 지점을 마련해 준다. 그러하기에 모리아 게이턴스는 인간의 신체들을 항상 좀 더 복잡한 신체들인 가족, 학교, 다양한 종류의 제도의 일부이자, 궁극적으로 신체 정치의 일부로 설명한다.[4]

되기는 '우리'라고 규정하는 본질적 정체성을 부여하는 지점에서 입자를 추출해, 운동하게 하면서 무엇인가 다른 것으로 되게 하는 것이다. 되기는 본질적인 정체성으로부터 벗어나는 것이며, 각기 다른 것이 서로 결합하여 변용하여 존재하는 힘을 능동적으로 활성화하는 것이다. 따라서 되기는 보편타당한 원리에 근거해 두 가지 선택만을 강요하는 이항대립과 이분법의 기준과 표준에 문제를 제기한다. 이항대립은 이원화를 가치중립적으로가 아니라 서열화하면서 정신이 자연을, 의식이 신체를 특권적으로 지배하는 것으로 파악할 뿐 아니라 다른 가능성을 차단한다. 또한 이항대립과 분리 불가능한 이분법은 동일성에 근거해 변화무쌍한 신체를 통제하는 존재로서 이성적 인간Man을 근대적 주체이자 보편적 기준으로 삼고 재현하면서 세계를 하나의 중심으로 조직하며, 새롭게 생산해 낸 신체마저 미리 규정된 법칙에 따라 분류하면서 정체성을 부여해 버린다. 즉, 이분법

4   Moria Gatens, "Feminism as 'Password': Re-thinking the 'posssible' with Spinoza and Deleuze", *Hypatia vol.15*, 2000, p.66.

은 변용하면서 능동적인 신체의 역량을 활성화하는 관계를 추구하는 되기의 작동을 방해한다. 따라서 되기에 있어서 이분법을 넘어서고 동일성을 해체하는 것은 무엇보다도 중요한 것이다. 들뢰즈와 가타리는 되기에 있어서 여성-되기를 되기의 전 과정을 위한 핵심이자 전제조건, 필연적 출발점으로 삼고 있다.[5]

> 여성-되기를 포함하여 모든 되기들이 이미 분자적이라고 하더라도, 모든 되기들은 여성-되기와 함께 시작하고 여성-되기를 경유한다고 말해야만 한다. 여성-되기는 다른 되기들의 열쇠이다.(MP 340/526)

그것은 되기가 무엇보다도 본질적 정체성을 지닌 대문자 인간 개념에서 벗어나기를 실천적인 목표로 삼고 있기 때문이다. 선험적이며 본질적인 것으로 정의된 정체성은 들뢰즈식 용어를 따르자면, 몰적인 것이며 다수적인 것이다. 몰적인 다수성은 하나의 원리로 환원하고 중심으로 수렴하는 주체이자, 부분을 전체로 통일하는 유기체로 나타난다. 이 점에서, 몰적 다수성은 수적 다수를 의미한다기보다는 통치 체계가 제시하는 본질이자 지배적 기준을 의미한다. 이러한 몰적 다수성은 보편적이며 일반적인 대문자 인간을 '백인', '남성', '성인', '이성애자', 다시 말해 '이성'을 지닌 유럽인 남성으로 제시한다.

이미 젠더화되고 인종적으로 분류되며, 성 정체성이 확정된 인간 개념은 '이항대립binary opposition'과 '이분법dichotomy'에 근거해, 세계를 인간으로서의 남성men과 여성women으로 조직하고, 인간과 비인간으로 나누며, 다시 이

---

5   로지 브라이도티, 『유목적 주체』, 박미선 옮김, 여이연, 2004, 187쪽.

를 위계 서열화한다.[6] 인간은 자기 동일성을 이성의 사유의 능력으로 확증하고 본질적인 정체성을 지닌 존재로 상정되며, 사회공동체인 가족의 가부장이자 국가의 건전한 시민인 주체를 의미한다.

되기는 바로 몰적 다수성으로서의 정체성을 지닌 근대적 인간에서 벗어나는 것이다. 각각의 되기가 이성에 의해 통제되고 조직된 유기체와 자유의지를 지닌 이성적 주체의 통일성에서 벗어나는 시도이지만, 특히 여성-되기는 이분법과 이항대립에 의해 규정되고 통제되는 사회에서 소수적인 것이자 타자의 위치를 차지한다. 들뢰즈와 가타리가 보편적 인간의 기준인 남자에게서 소수적인 것-되기를 찾을 수 없다고 강조한 데서 알 수 있듯이, 여성-되기는 인간이라는 다수적 정체성에서 벗어나는 소수적인 것에 있어서 가장 특권적인 위치를 차지하는 입장으로 이해될 수 있다. 여성-되기는 소수자 되기와 더불어 대문자 '인간'을 규정하는 보편적 정체성과 일반적 역사를 토대로 삼는 논리를 비판하는 것이며, 행위 역량을 감소시키는 젠더 이분법에 저항하면서 동일성의 보편적 기준과 사회통제 체계로부터 이탈하는 것이다. 이 점에서, 들뢰즈와 가타리는 각각의 모든 되기가 여성-되기를 거친다고 이해하는 것이다. 여성-되기는 들뢰즈식 용어로는 분자적인 운동으로, 관계성과 차이성을 그 동력으로 삼아 계속 다른 차이를 생성하며 주어진 정체성에서 벗어나는 것이다. 탈정체화는 보편적 인간성을 재현하는 방식의 지각에서 벗어나는 것이자, 근거와 본질을 설

---

6   임옥희는 이러한 이분법과 남성이 여성을 타자화하는 방식에 관해 다음과 같이 설명한다. "이분법은 사실상 서로 대립적인 것으로 간주된 두 항을 강제로 양극화시킨다. 이분법에서 대립하는 두 항목을 자세히 들여다보면 두 항은 대등한 두 실체인 a/b의 관계가 아니라 a/-a의 관계로 설정되어 있다. 그러므로 오른편 항목에 속하는 모든 것은 이 대문자 a를 정의하기 위해 동원됨으로써 사실 -a 는 a와 별개의 것이 아니라 언제라도 a로 환원될 수 있다. a의 자기 복제에 다름 아닌 것이다. 따라서 이분법이 말하는 차이는 다름이 아니라 동일한 것의 확장으로서의 같음이다. 이분법적 사유에 의하면 남성이 아닌 모든 존재는 여성이 되고, 남성이 원하지 않는 속성은 여성적인 것으로 투사되게 된다." 엘리자베스 그로츠, 「옮긴이 서문」, 『뫼비우스 띠로서 몸』, 임옥희 옮김, 여이연, 2001, 9-10쪽.

정하는 재현의 논리 그 자체에 문제 제기를 하며, 비재현적인 새로운 방식의 지각을 생산해 내는 것이다. 무엇보다도 여성-되기는 동일성과 보편성으로 수렴될 수 없는 각기 다른 신체에서 비롯된 존재론적 차이를 동력 삼아 새로운 신체를 만들어 내는 것을 의미한다.

들뢰즈와 가타리는 여성-되기에서의 '여성'이 이원론에 의해 포착된 해부학적 기관과 기능을 지니고 가부장제에 의해 규정된 성적 생산의 역할을 하는 존재인 몰적 정체성을 지닌 여성이 아니라는 점을 강조한다.[7] 그들에 따르면, 이 '여성'은 기존의 주체의 위치를 차지하는 보편적 인간인 백인 남성에 의해 규정된 타자로서의 여성성feminity이나 해부학적으로 남근이 없는 존재인 생물학적 의미의 여성female이 아니다. 들뢰즈식 용어로 말하자면, 이 여성은 분자적 여성이다. 분자적 여성은 보편적 인간의 기준을 의미하는 다수성으로 재현될 수 없는 것이며, 다수성의 척도인 남성에 의해 정의된 여성이 아니다. 이 여성은 보편적 인간인 남성의 반대항인 타자나 남성적 욕망에서 규정된 부정이나 결핍이 아니라 능동적이며 생산적인 힘을 의미하는 것이다. 분자적 여성은 목표나 개념이 아니라 과정이나 흐름으로 표현되며, 행위 능력을 증강시킬 수 있는 잠재적 역량으로 설명되기도 한다.[8] 역량은 근대 인간 중심주의에서 이성과 무관한 감성적 존재로 여성을 규정하고 재생산의 영역으로 여성의 역할을 한정 지으면서, 또한 낭만화된 자연으로 환원하려는 논리와는 무관하다. 되기 개념의 실천적 목적이 아리스토텔레스가 동물적인 것을 의미하는 조에zoe와 인간적인 것

---

7 외과 규범과 문화 생물학 규범에 적합한 몸과 단일하고 균질한 개인을 남성으로 성립시킨 관계에 대한 설명은 다음의 논문을 참고했다. 루인, 「의료 기술 기획과 근대 남성성의 발명」, 『남성성과 젠더』, 권김현영 외, 자음과 모음, 2011, 63-93쪽.

8 Jerry Aline Flieger, "Becoming-Woman: Deleuze, Schreber and Molecular Identification", *Deleuze and Femnist Theory*(edited by Ian Buchanman and Clare Colebrook), Edinburgh University Press, 2000, p. 47.

을 뜻하는 비오스^{bios}를 정확하게 구분한 이후로, 이에 따라 인간적 본질을 신체와 무관한 정신적인 것으로 규정하는 이분법적 구별을 비판하는 것에 있다는 점에서, 분자적 여성은 자연과 문화를 엄격히 구별하고 인공적인 것과 완벽하게 분리된 원초적인 자연과 생물학적 본질이 있다는 틀을 문제 삼고 이 틀에서 벗어나 여성 개념을 새롭게 생산하려는 노력으로 이해될 수 있다.

분자적 여성이라는 개념을 제시하면서, 들뢰즈와 가타리는 여성-되기를 보편적 인간으로 정의된 남성만이 해야 하는 것은 아니라, 몰적인 여성 또한 여성-되기를 실행해야만 한다고 주장한다. 여성-되기는 기존의 인간 범주에서 규정된 여성을 모방하거나 동일시하는 것이 아닌 것이다. 즉, 여성-되기는 남성에 의해 재현되고 근대적 인간이라는 범주 내에서 정의되는 몰적 남성 정체성뿐 아니라 몰적 여성 정체성을 해체하는 것이다.

들뢰즈와 가타리가 제안하는 여성-되기는 여성과 남성을 대립항의 관계로 설정하고 구별하는 이항대립과 이분법의 논리에서 벗어나는 방식으로 여성을 이해하려는 점에서 그 의의를 찾을 수 있다. 그러나 그들이 제안하는 분자적 여성의 의미는 모호하다. 또한 들뢰즈와 가타리가 분자적 여성을 역동적인 차이 생성의 역량으로 강조했지만, 이 여성은 젠더와 성차의 특수성과 구체성이 탈각된 힘으로 규정됨으로써 오히려 현실에서 존재하는 다양하고 복수적인 여성들은 그저 모든 되기의 역량으로 환원되는 결과를 낳는다. 그러하기에 여성-되기가 되기에 있어서 가장 소수적인 것이고 차이를 생성하는 것이며 탈정체화는 가장 중요하고 급진적인 되기이지만, 여성이 지닌 역사적이고 인식론적인 특수성을 고려하지 않은 되기 일반 과정을 지시하는 것이 되어 버린다. 이러한 점에서 여성-되기가 과연 여성에게 유리한 것인지 페미니스트 사이에서 논쟁적이다. 페미니즘적 관점에서 여성-되기를 비판하자면 다음과 같다. 1) 들뢰즈와 가타리는 우선 여성-되기를 여러 가능한 되기들 중 하나이며, 신체의 역량을 강화하고 능동적 역량을 창출할 수 있는 하나의 돌파구로만 삼고 있다. 여성-되기가 되기 일반으로 흡수될 경우에, 되기는 여성이 경험하고 있는 구체적인 차별의 경험을 탈각하게 만들 뿐이다. 2) 들뢰즈와 가타리는 몰적 남성과 몰적 여성 모두 되기를 실행해야 한다고 말하지만, 실제로 남성과 여성은 그 조건이 다르다. 들뢰즈와 가타리는 몰적 남성과 몰적 여성이 역사적 사회적 정치적 태도가 같다고 미리 전제해 버린 것이다. 이는 성차로부터 비롯된 여성과 남성이 지닌 권력의 비대칭성을 무시하면서 여성과 남성의 목소리가 동일하다고 간주하는 오류를 범하는 것이다. 3) 페미니즘적 입장에서 보았을 때, 되기가 제시하는 남성과 여성의 성적 차이는 모호하며, 특히 몰적 여성성에서 벗어난 분자적 여성성은 분자적 역량과 어떤 차이가 있는지에 대해 전혀 설명하고 있지 않다.[9]

이러한 점에서, 여성-되기는 비판될 수 있는 여지가 많다. 그럼에도 불구하고, 여성주의적 입장을 견지하면서 이해해 보자면, 여성-되기를 이분법적 섹스sex와 젠더gender 구분이 남성의 욕망을 중심으로 해서 재현되고 여성의 욕망 역시 그러한 논리에 따라 조직되고 있다는 점을 비판하면서 이분법에서 벗어나 가부장제에서 승인될 수 없던 다양한 여성성과 여성의

---

9 로지 브라이도티, 『유목적 주체』, 192쪽. 그로츠 또한 들뢰즈의 논의를 비판하고 우려하는 페미니스트들의 입장을 다음과 같이 정리하고 있다. 페미니스트들은 들뢰즈가 급진적, 전복적일지라도 남성들에 의해 여성이 또 한 번 전유되는 것이 아닐까라는 의구심을 표명한다. 보다 구체적으로 말하자면, 들뢰즈의 여성-되기가 여성에 관한 남성들의 환상의 일종이 아닐까라는 것이다. 들뢰즈에 호의적인 페미니스트들도 이항대립에 대한 거부에 동의하나, 위의 의심을 공유한다. 무엇보다도 페미니스트들은 들뢰즈의 섹슈얼리티 개념이 남녀의 성적 차이를 제거하는 것이 아닐까라는 점에서 문제를 제기한다. 이러한 비판은 네 가지로 정리된다. 1) 여성-되기를 남성이 전유하면서 발생하는 페미니즘의 정치성으로부터 이탈하는 문제점이 있다. 2) 여성-되기가 여성의 성적 특수성을 중립화할 뿐 아니라 남성의 특수성과 이해관계의 관점 역시 중립화해 버리면서 되기 일반으로 치환된다. 3) 정신분열증을 낭만적으로 이해하여 이로 인해 실제적으로 고통받은 주체의 고통을 무시한다. 다시 말해, 여성과 광기를 연결시키는 남성 철학적 분석 자체를 인정하게 만드는 효과를 낳을 수도 있다. 4) 기계적 기능이라는 은유를 환기하여 기술을 남성 전통의 위치에 규정하게 하는 방식으로 이해될 수 있는 가능성이 있다. 엘리자베스 그로츠, 『뫼비우스 띠로서 몸』, 314쪽.

신체성과 물질성을 강하게 옹호하는 것으로 이해될 수 있다. 이러한 점에서, 여성-되기는 단일한 범주로 묶일 수 없는 소수적인 여성성을 긍정하는 것이며, 복수의 소수적인 여성성과 더불어 가부장제적 남성의 욕망에서 벗어난 새로운 신체를 창출하는 것이라는 긍정적인 의미를 찾을 수 있다.

이로부터, 여성-되기는 다음의 두 가지 지점에서 페미니즘적 의미를 찾아낼 수 있다. 여성-되기는 남성에 의해 재현된 지각으로 구성된 피상적이고 추상적인 신체 개념에서 벗어나, 다른 신체들과 결합함으로써 능력이 증감하는 신체들에서 일어나는 복수적인 흐름들이자 변화하는 힘이며 새로운 신체를 생산한다. 이러한 신체는 관념과 물질을 이분법적으로 구별하는 방식에서 벗어나 새로운 방식으로 물질을 전제한다. 이에 따르면 물질은 얼마나 물질성을 지속할 것인가, 물질로 유지될 것인가라는 에너지 장의 문제로 설명될 수 있다. 이러한 접근 방식을 통해 이해했을 때, 신체는 물질성에 체현된 기억이며 물질로서 지속하는 과정이다.[10] 즉, 개체로서 한 신체는 생물학적인 차원에서 내분비적인 호르몬의 작용, 외과적 시술뿐 아니라 사회, 문화, 언어적 구성물이 복합적으로 작용하면서 만들어지는 것이다. 이 점에서 신체는 인종, 젠더, 섹스, 계급, 연령 등의 다중적 코드가 각인되는 표면으로 이해될 수 있는 것이다. 즉, 신체는 어떤 고정불변한 신체성이라는 본질을 지닌 것이 아니라, 위와 같은 다양한 요소들의 연결을 통해 작동되며 다양한 신체와의 만남을 통해 계속 변화하는 과정 자체인 것이다.[11] 따라서 여성-되기는 새로운 신체를 생산해 내는 것이며, 남

10 Iris Van Der Tuin and Drick Dolphijn, "Transversality of New Meterialism", *Women: a cultural review Vol. 21. No. 2*, Routledge, 2010, p. 166.

11 이렇게 물질을 이해하면서 신체에 접근하는 작업은 페미니즘 내에서도 다각도로 진행 중이다.(Cristina Bello Di, "Twenty-first Century: Genesis, Enfleshed", *journal of gender studies vol 16, no 2*, 2007.) 젠더 연구와 퀴어 이론을 중심으로 체현성과 섹슈얼리티의 문제가 활발히 진행되고 있다.(Judith Halberstam, *Female masculinity*, Duke University Press, 1998; *In a queer time and space: Transgender bodies, subcultural lives*, New York University Press, 2005.) 샌디 스톤의 경우, 신체를 믿음과

성의 재현 체계에서 벗어난 방식으로 여성의 신체성을 이해한다. 이 점에서 여성-되기는 여성의 신체에서 생겨나는 다양한 욕망과 복합적인 차이들을 긍정할 수 있을 뿐 아니라, 주체성을 여성의 신체성에서 도출할 수 있는 가능성을 열어 준다. 물론 여기서 중요한 것은, 들뢰즈가 설명하지 않고 있는 각기 다른 권력을 지닌 성적 차이를 고려하는 방식으로 신체를 이해하고 강조하는 것이다. 이 점에서 신체를 성차화된 지점에서 강조하여 새로운 신체의 생산에 방점을 찍는 여성-되기는 각기 특수한 신체 경험에서 비롯된 체현embodiment을 통해서 여성의 주체성을 설명하는 페미니즘의 논의 선상과 맞닿아 이해될 수 있는 것이다.[12]

이에 관한 페미니즘 내의 논의는, 우선적으로 여성의 주체성을 안정된 정체성에 근거 지으려는 시도에서는 벗어나지만, 현실에서 발생하는 차별과 억압의 상황을 개선하기 위해서는 정치적 주체가 필요하다는 문제의식에서 등장한다. 이 논의는 각기 다양한 경험을 지닌 신체들과 남성과 여성

실천을 넘어서는 계속되는 투쟁들의 관계에서 솟아오르면서 순차적으로 정착되는 체험을 투사하는 스크린으로 설명하고 있다.(Sandy Stone, "The Empire Stirikes Back: A postsexual manifesto", *In The transgender studies reader*, Routledge, 2006, p. 229.)

12 여성을 체현적 주체로 접근하는 방식은 남성적 재현의 방식에 문제를 제기하는 시몬느 드 보부아르의 논의에서 본격적으로 촉발되었다. 이 논의는 제일 먼저 섹스sex와 젠더gender를 구별하려는 시도를 통해 나타난다. 여기서 섹스는 자연적으로 주어진 고정된 것으로, 젠더는 문화적인 것이자 사회적으로 구성된 것으로 규정된다. 이럴 경우 섹스는 문화나 인공적인 것이 개입될 수 없는 자연에 기반한 것으로, 그에 반해 젠더는 정치적, 문화적 투쟁과 교섭을 통해 그 의미를 바꿀 수 있는 가능성을 갖는다. 섹스와 젠더가 서로 구별되고 대립적인 것으로 규정되고 있지만, 이 두 개념 모두 자연을 무규정 상태인 질료이거나 운명적으로 주어진 소여된 것으로 전제하고 있다. 자연에 대한 위와 같은 전제는 이분법과 이항대립을 이끄는 근대적 인본주의의 산물이며, 섹스를 생물학적으로 결정된 것으로 젠더를 사회적으로 구성된 것으로 확정하며 이 둘 사이에 어떠한 연관도 가능하지 않고 본질화하는 결론에 이르게 된다. 그러나 실상 자연과 문화를 확실히 구별한다는 것은 불가능할 뿐만이 아니라 인간과 비인간은 삶의 형식에서 서로 얽혀 있는 것이다. Paola Marrati, "Time and Affects: Deleuze on Gender and Sexual Difference", *Australian Feminist Studies, Vol. 21, No. 51*, 2006, p. 314, p. 318.

이라는 이분법으로 구별될 수 없는 복수의 섹슈얼리티를 긍정하면서 여성
의 주체성을 모색하려는 것이며, 다음의 두 가지 입장으로 제시되고 있다.
첫째는 정치적 결속의 기반을 위해 남성과 다른 신체적 경험에 따른 여성
으로서 지닌 섹스를 강조하는 전략적 본질주의이며, 둘째는 여성을 생물
학적인 본질적 보편 범주로 규정하지 않고 사회적으로 구성된 젠더적 보
편성으로 이해하는 전략이다.[13] 이 두 입장 모두 이성을 인간의 본질로 삼
아 신체를 평가 절하하는 근대적 인간 중심주의로부터 도출된 주체 개념
과 가부장제의 재현 체계가 정의한 여성을 비판하고 이를 넘어서 여성 주
체성을 설명해 내고 이를 지칭하는 용어를 발명하려고 시도해 왔다.

  브라이도티에 따르면, 여성의 주체성은 모니끄 위티그Monique Wittig의 경
우, 남성과 여성의 이원론적인 섹슈얼리티가 아닌 복수적인 섹슈얼리티를
옹호하면서 이분법적인 재현적 체계 너머에서 제3의 성이자 몰적 정체성
으로서 여성에 속하지 않는 레즈비언이라는 용어로 제안된다. 이는 다시
주디스 버틀러Judith Butler의 경우에는 가면극masqurade의 패러디의 정치로, 드
로레티스de Lauretis는 비중심적eccentric 주체들로, 트린 티 민하Trinh T. Min-ha는
전유되지 않은 타자들inappripriated others로, 챤드라 모한티에게서는 탈식민지
postcilonical의 주체들로, 도나 해러웨이Donna Haraway의 사이보그cyborgs 개념으
로 제안되고 있다.[14]

---

13 이러한 페미니즘의 논의를 자세히 설명하고 있는 브라이도티에 따르면, 전략적 본질주의를
    택하는 입장이 엘렌 식수와 뤼스 이리가라이라면, 젠더를 넘어선 여성성을 거부하는 입장
    은 주디스 버틀러와 모니크 위티그이다.(로지 브라이도티, 「새로운 노마디즘을 위하여」, 오수원 옮
    김, 『문화과학』 제16호, 1998.)

14 브라이도티는 특히 해러웨이의 사이보그 개념이 분자적 여성과 많은 지점에서 조우하고
    있다고 평가하고 있다. 해러웨이는 신체를 탈형이상학적이며 급진적인 방식으로 이해하면
    서 신체에 대한 경험을 다양한 차이들에 대한 연결로 본다. 여기서 사이보그는 연결을 창출
    하는 실재이며, 이분법을 넘어 유기적인 것과 비유기적 것 그리고 인간과 기계, 자연과 문
    화, 여성과 남성, 오이디푸스인 것과 비오이디푸스 것을 상호 연결하여 새로운 재현성을 계
    속적으로 창출한다. 브라이도티의 앞의 글, 183쪽. 해러웨이의 사이보그 개념은 다음의 책

여성-되기가 생산하는 새로운 복수의 여성성은 위에서 지칭된 다양한 개념들과 교차하는 것이다. 그것은 분자적 여성이 '여성은 무엇이다'라는 정태적인 정체성을 지닌 단일한 여성이 아니라, '어떻게 여성이 되는가?'라고 질문하는, 남성적 재현 체계에서 벗어난 다양한 복수의 여성성들로 이해될 수 있기 때문이다. 특히, 이 여성은 시공간적으로 위치 지워진 구체적 경험의 지대와 물리적인 흐름 안에 있는 변용하는 각각의 신체들의 연결을 통해 창출된 신체 경험을 체현하는 여성성들이라는 점에서 또한 그러하다. 따라서 여성-되기는 보편성을 근거 삼아 억압을 만들어 내는 규율 권력에 저항하며, 각기 특수한 신체들의 정황과 사태에서 각각의 계기로 나타나는 신체 경험과 이를 체현한 것에서 저항의 지점을 찾아 새로운 여성성을 만들어 내는 페미니즘의 시도와 맞물려 있다.

1-2. 여성-되기와 복수적 섹슈얼리티

남성적 재현 체계에서 벗어난 새로운 여성성들을 창출하는 여성-되기의 또 다른 의의를 찾자면, 몰적 남성과 여성 그리고 가부장제적 가족 로맨스의 구조인 오이디푸스 체계에 근거해 욕망을 결핍으로 보는 입장과 무관하다는 점에 있다. 그것은 욕망을 부정과 결핍으로 보고, 신체의 다양한 욕망들을 하나의 원리로 수렴하면서 신체를 추상적으로 표준화된 것으로 정의한다는 점에서 문제가 있다. 즉, 구체적인 특수한 체험 속에서 계속 변화하는 다양한 신체들을 일반적인 보편적 신체성의 범주로 모아 규정하는 것이다. 이는 구체적이고 특수한 다양한 신체들을 하나의 대문자 신체로

에서 자세히 다루어지고 있다. 다나 해러웨이, 『유인원, 사이보그, 여자』, 민경숙 옮김, 동문선, 2002.

환원하는 것이며, 신체의 차이를 이원론적으로만 조직하는 것을 의미한다. 또한 신체에서의 섹슈얼리티는 부분적인 성감대와 관련되며, 최종적으로 남성의 성기를 기준으로 두 개의 섹스만을 전제하면서 성적 욕망의 정상성을 이해한다. 표준적 신체와 이에 따른 섹슈얼리티 규정은 남근을 욕망의 최종 목적이자 권력으로 삼는 가부장제의 성립에 근간이 되는 것이다.

그러나 여성-되기는 남근 중심주의와 통일적인 유기적 전체로 조직될 수 없는 신체가 지닌 역량으로 섹슈얼리티를 제시한다. 섹슈얼리티는 차이를 생성하는 역동적인 생명의 힘이며, 그 특징은 다음과 같다. 첫째 섹슈얼리티는 남녀 양성만을 설정하는 이원적인 것이 아니라 다원적이며 복수적인 것이라는 사실이다. 둘째, 섹슈얼리티는 결핍에 의해 작동되지 않을 뿐더러, 새로운 신체를 만들어 내는 생산적인 힘으로 이해되어야 한다는 것이다.

> 섹슈얼리티는 성들의 이항적 조직화나 각각의 성의 양성화된 조직에 의해서 설명되지 않는다. 섹슈얼리티는 n개의 성처럼 서로 결합되어 있는 너무나도 다양한 되기들을 작동시킨다...섹슈얼리티는 통제 불가능한 무수한 되기들인 수천의 성들의 생산이다.(MP 340/525)

섹슈얼리티는 되기를 일으키는 내재적이며 강렬한 힘들로서의 물질들을 의미한다. 들뢰즈와 가타리가 제안하는 섹슈얼리티는 자연계를 가로질러 인간, 동물, 분자와 같은 이질적인 것들을 연결하는 강렬한 강도적인 힘을 지닌 것이다. 들뢰즈와 가타리는 섹슈얼리티의 강렬한 힘을 고원plateau이라는 용어로 설명하기도 한다. 고원은 그레고리 베이트슨Gregory Bateson이 절정climax을 피하는 인도네시아 발리인의 섹슈얼리티 개념을 설명하기 위

128

해 도입한 개념이다. 고원은 평탄한 지대 전체가 그대로 융기한 지리학적 공간이라는 정의를 통해서 알 수 있듯이, 최대의 절정인 오르가즘으로 향하는 성적 욕망과는 다른 섹슈얼리티를 설명한다. 들뢰즈와 가타리는 이러한 고원을 '자기 자신 위에서 진동하고 정점이나 외부 목적을 향하지 않으면서 자기 자신을 전개하는 강렬함들의 연속되는 지역'(MP 32/48)로 설명하며, '강렬함이 연속되는 고원이 오르가즘을 대체한다'고 설명한다. 절정에 이를 때 소멸되는 오르가즘과 달리, 고원은 계속적인 연결 접속에 열려 있는 변용이 일어나는 장소이며, 수많은 되기들이 일어나고 신체들이 마주치는 강도적 공간이다. 고원 개념을 통해서 알 수 있듯이, 섹슈얼리티의 강도적 힘은 n개의 성^{sex}을 생산해 낸다.[15] 이러한 섹슈얼리티는 섹스를 이원론적으로 확정하고 이에 따라 젠더를 조직하는 규정에서 벗어나, 다양하고 복합적인 섹스와 젠더를 긍정할 뿐 아니라 생산해 낸다. 즉, 섹슈얼리티는 양성의 성적 재생산으로만 논의될 수 없으며, 다양한 차이를 끊임없이 생산하고 추동하는 복수적인 욕망들로 이해되어야 하는 것이다.

그로츠 역시 섹슈얼리티에 대해 들뢰즈와 비슷한 접근 방식을 취하면서, 섹슈얼리티를 모든 삶의 영역 전체에 걸쳐 있는 욕망의 생산으로 이해하고 있다. 그로츠에 따르면 섹슈얼리티는, 1) 주체가 대상을 지향하도록 만드는 충동^{drive}이며, 본능^{impulse}, 일종의 추진력 2) 우리 몸과 장기와 쾌락이 포함되지만 반드시 오르가즘에 도달하는 것까지 포함하지 않는 일련의 실천이나 행위 3) 정체성과 관련한 섹스와 젠더 4) 경향성, 입장의 다양성

15 보통 섹스는 생물학에서, 젠더는 사회적 구성이나 수행에 따른 것을 지시할 때, 그리고 섹슈얼리티는 한 사람의 성적 지향이나 성적 욕망을 지칭할 때 사용한다. 이 셋의 관계에 대한 많은 논쟁이 있음에도 불구하고, 알코프의 지적대로, 여성주의에서는 섹스, 젠더, 섹슈얼리티를 이원적으로 정식화하는 것—남성/여성, 남성적/여성적, 게이/스트레이트 같은 이분법들—을 원하지 않는다. 이렇게 양극을 유지하고 있는 방식에 대한 비판을 위해 이리가라이는 섹스 혹은 젠더 대신에 성차라는 말을 사용하며, 버틀러는 섹스를 압축하기 위해 젠더라는 말을 사용한다. 린다 마틴 알코프, 「젠더와 재생산」, 『글로벌 아시아의 이주와 젠더』, 이화여자대학교 아시아여성센터 엮음, 2011. 12쪽.

과 특수성을 담지하는 욕망의 방식이라는 네 가지로 분류된다. 이로부터 그로츠는 섹슈얼리티를 소위 생물학적인 성적 영역에 머물러 있는 것이 아니라 신체를 통해 구현되는 다양한 욕망의 생산이 확산되는 것으로 설명한다.

> 이러한 섹슈얼리티는 미리 지정된 영역 안에 남아 있기를 거부하는데, 왜냐하면 그것은 자기 고유의 영역이 아닌 것처럼 보이는 영역의 경계선 너머로 스며들어 가기 때문이다. 충동으로서 섹슈얼리티는 욕망의 구조 속에서 다른 모든 형태의 영역으로 퍼져 나간다. 섹슈얼리티는 잉여이자, 여분이며, 범람하는 것이다. 사람들의 모든 행동을 감염시키며 성적인 영역을 넘어서거나 아니면 성차를 구성하는 구체적인 관계를 벗어나 있는 세계를 이해하는 데 기초가 된다.[16]

성적인 삶을 갖는다는 것은 정태적이며 고정적인 성적 정체성을 의미하거나 양성에 기초한 성적 재생산과 그에 따른 쾌락만을 뜻하는 것이 아니며, 남근 로고스 중심주의에 의해 재현될 수 없는 '다양한 욕망들을 만들어 내는 것'이라는 확장된 의미로 이해될 수 있는 것이다.[17] 남근 로고스 중심주의에서 재현할 수 없는 욕망들을 계속적으로 생산하는 복수적인 섹슈얼리티는 오이디푸스적 구조와 가부장제의 정상성의 기준을 비판할 뿐 아니

---

16 엘리자베스 그로츠, 『뫼비우스 띠로서 몸』, 35쪽.

17 이에 관해 브라이도티는 버지니아 울프와 비타 색빌 웨스트의 관계를 조명하면서, 비재현적인 섹슈얼리티와 욕망을 서로의 삶의 에너지를 상승시키는 끌림과 조우로 해석한다. 둘 사이의 끌림이나 욕망은 결핍에 의해 작동되는 것이 아니며, 둘의 관계는 삶에 대한 중독에서 비롯된 비이윤적인 방식으로 맺어진 되기의 블록으로 이해될 수 있다. 로지 브라이도티, 『트랜스포지션: 유목적 윤리학』, 박미선 외 옮김, 문화과학사, 2011, 331-349쪽.

라, 가부장제에 전유되지 않는 새로운 신체와 그러한 신체의 능력을 향상시키는 욕망을 조성하는 것에서 그 의의를 찾을 수 있다.

이 책은 복수적인 섹슈얼리티를 조명하는 들뢰즈의 논의가 근대 국가의 근간을 이루는 이성애적 가족 제도에 문제를 제기한다는 점에서 그 정치적인 의미를 찾을 수 있다고 본다.[18] 통일적인 근대 국가를 주창하는 헤겔에 따르면, 사회공동체의 가장 기본적인 단위와 종적 보존과 유적 지속을 담지하는 생물학적 재생산의 단위는 가족과 가정이다. 이는 사회에서 시민의 결합의 기본 단위를 양성의 섹슈얼리티에 기반한 이성애적 가족 모델로 설정하는 것이다. 이러한 가족과 가정에 대한 이해 방식은 시민공동체와 국가 모델에 현재에까지도 일반적으로 적용되고 있다.

복수의 섹슈얼리티를 긍정한다는 것은, 국가 제도에 문제를 제기하며 법적, 정치적, 사회적 변화를 모색하는 것이기도 하다. 특히 현실적으로 이와 관련된 논의는 종교, 문화적 가치관을 둘러싼 충돌과 법률과 제도를 개정, 제정, 시행하는 문제로 현재진행 중인 상태이다. 이러한 논의는 양성의 성적 재생산에서 벗어난 다양한 가족 모델, 가구 구성에 대한 모색과 동성 간의 결합을 법률, 사회적으로 인정하는 동성혼 문제로 제기되면서 공동체 내에서 시민의 결합의 범위와 기준을 둘러싼 논쟁으로 드러나고 있다. 또한, 간성자의 법적 지위 규정에 필요한 법률 장치 마련과도 같은 운동으로 등장하면서, 다양한 섹슈얼리티의 정체성과 시민의 권리를 둘러싼 관계 설정의 문제는 다양하고 복합적인 층위에서 현실적으로 당면한 과제로 떠오르고 있는 실정이다.[19]

---

18 MP p. 444, pp. 460-461.

19 독일윤리위원회는 2012년 2월 13일 간성Intersexualität에 관해 다음과 같은 입장을 발표했다. 그중 간성자의 법적 지위에 관한 권장 사항은 다음과 같다. 간성 개념 적용 범위는 간성적인 변화가 있을 때, 즉 생물-의학적으로 성을 확실하게 규정할 수 없고 이에 따르는 윤리적, 사회적, 법적 문제를 다루는 경우에 적용된다. 법적 차원의 권장 사항은 신체 구조적으로 여

1-3. 되기의 페미니즘적 의미

복수적 섹슈얼리티를 주창하며 차이들의 결합을 통해 새로운 신체를 조성하는 여성-되기는 앞서 지적했듯이, 익명적인 분자적 흐름 사이로 보편적 단위로 묶일 수 있는 몰적인 여성이라는 범주가 사라지는 것으로 오해될 수 있는 소지가 많다.[20] 그럼에도 불구하고 되기는 페미니즘에 있어서 유용한 측면을 제시해 주고 있다. 들뢰즈와 가타리가 단순히 몰적인 다수성으로서 정체성에 반대하고 분자적인 소수성으로서의 탈정체화하는 시

성에도 남성에도 편입되지 않는 사람들에게 법적으로 호적에 둘 중 하나의 범주로 귀속되게 하는 것은 정당화될 수 없는 인격권과 평등 처우권을 침해하는 것이라고 명하고 다음과 같은 제도 개선을 권장한다.
① 성이 분명하게 규정되지 않는 경우 여성, 남성 외 다른 성을 기입할 수 있게 하고(당사자가 결정할 때까지 기입 유보),
② 독일 현행 인격법 47조 2항을 보충하여 당사자가 기록된 성의 오류가 확인될 경우 변경을 요구할 수 있게 하며,
③ 호적에 여성, 남성 외 다른 성을 기입할 수 있게 하면 필연적으로 국가가 인정하고 법 규정의 지배를 받는 관계를 가능하게 해야 하는 바, 현행법상 오로지 남성과 여성 간의 혼인과 남성 혹은 여성으로 편입되는 동성 간의 등록된 생활 동반자 관계만 성립시키는 법 규정을 개정하여 '다른 성'을 기입한 사람들에게도 등록된 생활 동반자 관계를 가능하게 해야 한다고 함(다수 의견). 일부는 더 나아가 혼인 가능성까지 열어 줘야 한다는 입장 견지.
④ 이와 관련하여 근본적으로 호적에 성을 기입하는 것이 꼭 필요한가를 검토하는 것도 권유함.
「독일윤리위원회의 간성에 대한 입장」, http://www.ethikrat.org/dateien/pdf/stellung-nahme-intersexualitaet.pdf, 검색일 2012. 5. 30.

20 플리거에 따르면, 여성-되기는 '거시정치학'적 담론이 부재하고 '몰적' 여성과 '분자적' 여성을 구분했다는 점에서, 페미니스트들에게 많은 비판을 받았다. 발사모(Balsamo 1996)와 같은 페미니즘 이론가는 들뢰즈와 가타리를 '광기 어린 포스트모더니즘'으로 분류하면서, 기술이 발달하는 시대에서 대두되는 여성의 재생산과 성형, 몸 이미지와 같은 영역을 설명하고 있지 않기에 여성이 발화할 수 있는 장소를 상정하지 않았다고 보며 비판한다. 또한, 들뢰즈와 페미니즘을 적대적 관계로 보는 입장에서 '여성-되기'는 남성의 입장에서 서술된 것이기에 실제로 여성이 무엇이 되기를 원하는가와 같은 질문에 답하지 않았기 때문에 문제가 있다고 평가한다. Jerry Aline Fligger, "Becoming-Woman: Deleuze, Schreber and Molecular Identification", *Deleuze and Femnist Theory*(edited by Ian Buchanman and Clare Colebrook), Edinburgh University Pressp. 2000, p. 41.

도만을 찬성한 것은 아니며, 몰적인 차원에서의 여성의 범주와 정체성을 강조하는 정치운동의 필요성을 인정하고 있다고 보기 때문이다.

> 물론 여성들이 자신들의 유기체와 역사, 주체성을 쟁취하기 위해서 몰적 정치를 수행하는 것은 필수 불가결한 것이다. 따라서 "여성으로 우리는……"은 언표 행위의 주체로서 나타난다. 그러나 원천을 고갈시키거나 흐름을 정지시키지 않고서는 기능하지 않는 이러한 주체 위로 스스로를 포개는 것은 위험하다. …… 이항 기계를 최소화하고 내재화하는 것은 그것을 악화시키는 것만큼이나 통탄할 만한 것이다. 이러한 방식으로는 이항 기계로부터 빠져나올 수 없다. 그러므로 몰적 대결들 속으로 미끄러져 들어가서 그것들의 아래를 지나가거나 그것들을 가로질러 나아가는 분자적 여성 정치를 사고하는 것이 필요하다.(MP 338/523)

들뢰즈와 가타리가 분명히 이야기한 바는 없지만, 이들의 논의는 정체성의 정치를 반대했다기보다는, 정체성을 하나의 범주로 확정하거나 단일한 것으로 상정해 버리는 몰적 방식의 위험성을 지적하고 있는 것으로 이해될 수 있는 것이다. 그 위험은 페미니즘적 입장에서도 비판되고 있는 이분법에 있다. 이분법은 정체성을 본질화할 뿐 아니라, 안정된 정체성들을 상정한 후 이로부터 각각의 차이를 규정하고, 사회관계와 정체성을 고정시킨다. 예를 들어, 여성 정치에서 여성과 남성 간의 차이를 여성들 간의 차이로 대체할 경우에, 차이를 중심점으로 삼아 묶인 집단 내에서의 여성들 간의 복잡한 이질성이나 역학 관계들은 고려에서 밀려나게 된다. 또한 제3세계 페미니즘에서와 같이 여성들 간의 차이를 강조할 경우에, 역사적 사회적 경험 속에서 형성된 차이의 고유성을 지나치게 강조하여 다시 고정된 정체성을 부각시키는 방식으로 회귀할 수도 있다. 그리고 젠더만을 강조하고 그에 초점을 둔 페미니즘 역시 다른 형태의 사회적 계층화와의 상호작용 속에서 여성의 젠더가 형성되고 있다는 사실을 놓치게 된다.

중요한 것은 '정체성이냐 차이이냐'라는 선택이 아니라, 동질성과 이질성이 끊임없이 교차하면서 생산되는 다양한 차이에 주목하는 것이며, 이러한 차이를 생산하는 현실적 메커니즘을 이해하는 것이다. 이것이냐 저것이냐, 다시 말해 '정체성을 가진 주체냐 분자적으로 다양한 차이를 생산해 내는 개체화냐'라는 둘 중 하나를 고르는 선택에 중심을 맞추기보다는, 페미니즘은 이 둘 중 하나가 다른 것보다 더 우월하다고 여기는 이분법적 선택 방식을 반대하면서 새로운 대안을 모색하는 것으로서 되기의 유용성에 주목하는 보다 실용적인 선택이 요구된다.

따라서 여성-되기와 연결된 되기의 주요한 목적은 몰적인 것으로 규정된 백인, 성인, 남성으로 표상되는 표준적 정체성을 정립하는 논리에 저항하는 것이며, 다양한 차이들을 생성해 내어 이를 실천과 연대의 틀로 삼는 차이의 정치를 주창하는 데에 있다. 차이의 정치는 정체성의 정치학이 지닌 정치성을 거부하는 것이 아니라 차이를 생산하는 현실과 이로부터 기인하는 억압을 부각시키면서, 이를 정치운동의 동력으로 삼는 것이다. 이는 여성이라는 범주를 지역, 지구, 인종, 젠더, 계급, 연령, 성적 선호, 사회 계층화 등과 같이 여러 요소들이 중층적으로 상호작용 속에서 형성되고 규정되는 것으로 이해하며, 이러한 요소들이 결합되는 정치적 연대와 제휴를 통해 생산되는 것으로 접근하는 것이기도 하다. 다양한 차이를 연대의 지점으로 삼는다는 점에서, 차이의 정치는 단일한 대오보다는 다소 느슨하지만 확산이 빠르며 사안에 따라 뭉치고 흩어짐을 거듭하는 결사체를 정치운동의 현실적인 동력으로 이해한다. 정리하자면, 되기는 정체성의 정치 자체를 거부한다기보다는 이분법적 위험성을 지적하는 차이의 정치를 주창하는 것이다. 이러한 되기를 통해 실행되는 여성 정치는, 그로츠가 지적한 대로, 페미니즘의 정치적인 투쟁이 궁극적인 목표를 상정하거나 안

정적인 정체성을 확보하는 방식으로 자족해서는 안 된다는 요구로 이해될 수 있는 것이다.[21]

특히 로지 브라이도티는 *Metamorphoses: towards a materialist theory of becoming*(2002)에서 되기 개념의 페미니즘적 함의를 부각시켜 논의하고 있다. 브라이도티에 따르면, 들뢰즈의 작업은 무엇보다도 신체의 변용 능력, 다시 말해 신체가 변용할 수 있는 힘을 탐구한다는 점에서 체현성을 둘러싼 페미니즘 논의에 유용한 시사점을 마련해 준다. 무엇보다도 신체를 과정과 흐름이자 차이를 생산하는 긍정성의 차원에서 이해하고 있기에, 되기는 저항을 창출하는 페미니즘에 정체성의 정치학보다는 다양한 차이들과 신체의 문제에 주목하는 차이의 정치학을 제안하고 있다는 점에서 그 의미를 찾을 수 있다. 따라서 브라이도티는 행동학과 페미니즘이 동일한 것으로 수렴하지 않으면서도 서로 연결되면서 실천적 지점을 확장시키는 것을 뜻하는 지그재그 형태의 되기의 관계를 맺고 있다고 평가한다.[22] 브라이도티는 되기 개념을 통해 섹슈얼리티 개념에 대한 이해가 확장될 뿐 아니라, 여성이라는 범주가 젠더나 성차뿐 아니라 다른 여러 요소들과 함께 작동되면서 동시대의 권력 관계를 체현하는 지도 그리기mapping의 장으로 제시될 수 있다고 이해하는 것이다.[23] 되기 개념의 페미니즘적 의미를 정리하면 다음과 같다.

첫째, 되기는 무엇보다도 서구 형이상학 담론의 근거인 남근 로고스 중심주의phallogocentrism를 공격한다.[24] 이러한 담론은 백인-중산층-기독교 유

21 엘리자베스 그로츠, 『뫼비우스 띠로서 몸』, 344쪽.

22 Rosi Braidotti, *Metamorphoses: Towards a Materialist Theory of Becoming*, Cambridge: Polity Press, 2002, p.110.

23 Rosi Braidotti, 같은 책, p. 111.

24 남근 로고스 중심주의는 성차의 근원을 버자이너보다 우월한 페니스와 파토스보다 우월한

신론자-이성애자-남성을 근대적 인간이자 보편적 주체로 삼아 권력을 행사하는 체계를 성립시킨다. 지배적인 주체로서의 인간은 동일성에 의해 성립된 이상적 기준에 적합하기에, 대문자 '인간Man'이라는 개념은 일종의 확증된 가치이다. 이러한 가치 규범과 맺는 관계의 정도에 있어서 그 일탈성이 제로에 가까울 때에만 주체이자 인간으로 인증받을 수 있다. 즉, 정상적 인간은 남성, 이성애자, 백인 혹은 이와 가능한 가까운 인종으로서 인간이자 의인화된anthropomorphic 존재라는 기준을 전부 통과한 개인을 의미한다.

이러한 체계에서 여성은 이원화된 남근-로고스 주체의 반대편에 있으며, 이 기준들의 구성 요소의 정상성에서 벗어날수록 인간적이지 못한 것으로 규정된다. 그러나 되기는 결핍과 부정으로 욕망이나 섹슈얼리티를 표상하고 있는 오이디푸스적 모델을 비판하며 남성의 반대항이자 부차적 위치로 설정된 여성의 지위로부터 거부한다. 그러하기에 되기는 백인-중산층-기독교 유신론자-이성애자-남성이라는 가부장적인 주체의 추상적 일반성과 충돌한다. 결여와 결핍으로 여성을 규정하고 이로부터 작동되는 법적 모델이나 인간이라는 절대적 가치 규정은 되기와 공존할 수 없는 것이다. 이 점에서 되기는 정상성의 담지자로 상정된 규범적이며 보편적인 인간 개념을 남성으로 설정하는 것을 비판하는 페미니즘과 문제의식을 공유하고 있는 것이다.

둘째, 되기는 정신과 신체를 나누어 여성의 신체를 규범화시키는 논리를 반대한다. 정신과 신체를 구별하는 이분법에서, 태어날 때부터 인간은 해부학적으로 절대적인 차이를 지닌 신체성을 본질로 갖는 여성과 남성으로 분명하게 분류되는 존재로 설명된다. 또한 분류의 근거가 남성의 성기에 맞추어져 있기에, 여성과 남성의 구별이라기보다는, 실제로는 여성을

136

비남성으로 설정하여 분류한 것에 다름 아니다. 이러한 구별에 따라 신체
는 규범적 모델로 제시되고, 여기서 벗어난 형태는 비정상적인 신체로 낙
인찍는다. 위의 논리에 맞지 않은 신체는 외과 기술을 통해 교정될 때 정상
적인 인간의 신체로 인정받는다. 예를 들면, 인터섹스^{intersex}의 경우 그 출
생 비율은 100명당 1.72명 정도인데, 인터섹스의 판별 기준은 외부 성기,
특히 남성의 성기 형태의 이상적 모델에 의해 판단된다.[25] 즉, 인터섹스를
결정하는 과정은 근대 의료적인 섹스와 젠더가 결정되는 방식과 뗄 수 없
는 관계를 맺고 있으며, 남성을 모델로 삼은 이상적 표준성에 의해 외부 성
기 형태와 개인의 관계를 결정하는 방식을 보여 준다. 그렇기 때문에, 실상
일반적인 주체의 신체로 가정된 것은 외과 의술이 일방적으로 정의한 형
태로 경험된 신체인 것이다. 즉, 정상적 신체, 젠더, 섹스는 언제나 근대 국
가의 사회제도와 결합된 의료 기술을 통과하여 보편적으로 인증받은 것을
의미한다.[26]

브라이도티는 되기 개념이 위에서 제시된 정상성을 담지한 근대적 인간
의 신체의 일반적인 폭력성에 반대하며, 이러한 재현 체계에서 벗어난 포
스트휴먼^{post-human}의 신체를 제시할 수 있다는 점에서 그 의의를 찾는다. 브
라이도티에 따르면, 신체는 감정과 정서가 유동적이며 계속적으로 달라지

---

25 "인터섹스는 여자의 몸이나 남자의 몸에 부합하지 않거나, '여자의 생물학적 특질'과 '남자
의 생물학적 특질'이 섞여 있는 이들의 범주를 통칭하는 명칭이다. 인터섹스의 두드러진 양
상은 ① 하나의 정소와 하나의 난소를 지닌 경우, ② 두 개의 정소에 '여성형' 외부 성기를
지니지만 난소가 없는 경우, ③ 두 개의 난소에 '남성형' 외부 성기를 지니지만 정소가 없는
경우 등이다. 인터섹스라고 해서 동질적 양상을 보이지는 않는 것이다." 연구자에 따르면,
인터섹스의 출생 비율에 대한 통계는 100명당 4명부터, 1,000명당 1명, 2,500명당 1명 등 편
차가 상당하다. 그 이유는 인터섹스를 정의하고 판단하고 진단하는 방식에 따른 차이에서
생겨난다. 이러한 인터섹스의 최종적 정의는 의료 규범적 여성과 남성을 판단하는 방식인
외부의 성기 형태, 특히 음경의 모습에 따른다. 루인, 「의료 기술 기획과 근대 남성성의 발
명」, 75-82쪽.

26 루인의 글, 82쪽.

는 살아 있는 물질이자, 변화와 변용을 일으키는 역량이며, 이원론에 의해 고정되지 않은 신체에서 약동하는 차이를 계속 생성하는 것이다. 즉, 신체는 이원론에 의해 조직되는 유기체가 아니라 변이하고 상호 연결성을 생산해 내는 힘들의 관계를 담지하는 실재를 의미한다. 이러한 신체는 의식을 함유하고 있거나, 의식에 의해 규정되는 것으로 정의되지 않으며, 유전적, 사회적, 기술적인 정보가 반복되고 축적되며 이로 인해 새롭게 생산되는 되기와 변신metamorphosis의 과정으로 이해될 수 있다.[27]

브라이도티는 신체들의 힘을 증대시켜 새로운 신체를 창출하는 이러한 되기를 통해서 규범적인 신체 모델에서 벗어날 뿐 아니라 되기를 실행하는 변용의 능력을 증대하는 새로운 신체를 생산할 수 있다는 점에 주목한다. 신체의 생산은 각 개체의 신체를 변화시키는 것인 동시에 개체의 신체의 능력을 증대시키는 사회적 신체를 동시적으로 창출해 내는 것이다. 이는 통제의 대상이었던 신체가 기존에 규정된 규범들로부터 벗어나 차이를 차별로 만드는 권력에 맞서고 끊임없이 몰적인 다수성의 정체성을 부여하려는 체계에 저항하는 역량이라는 것을 의미한다.

셋째, 되기에 있어서 차이는 동일성으로 환원될 수 없는 역량이자, 다양한 되기를 이끌어 차이를 생산해 내는 힘이다. 이러한 차이 개념은 차이로서의 타자성을 구조적 한계로 규정하지 않고, 대안적인 관계를 창조하는 생산의 조건으로 제시하는 것이다. 이러한 의미에서 타자성은 신체 능력을 향상시키는 변용이 발생하는 경계이자 각 신체들이 결합하는 문턱이며, 되기가 공존하는 사회적 신체로서 공동체가 창출되는 그러한 결합의 지대이다. 즉, 차이는 창조적 되기를 위한 잠재력을 지니는 것이다.

차이의 역량에 의한 되기의 과정은, 각기 다른 여성들의 신체에 일어난 것이자 일어나고 있는 그러한 체현된 것들 사이들에서 발생하는 차이들,

27 Rosi Braidotti, *Metamorphoses: Towards a Materialist Theory of Becoming*, p. 226.

그리고 그러한 차이들의 마주침에서 비롯된 연결 지점을 설명해 준다. 되기를 주창하는 입장에서, 여성 간의 그리고 여성 내의 이질적이며 복수적인 차이들은 페미니즘 운동을 분열하게 하기보다는, 정치운동의 동력이자 실천적인 정치적 연대를 이끌어 내는 새로운 여성 주체를 구성하는 원동력이 될 수 있는 것이다.

이러한 되기와 여성 주체의 발명의 문제에 관한 브라이도티의 논의는 다음 장에서 보다 자세히 논의하며 이에 앞서 브라이도티의 주체 개념에 영향을 준 행동학이 제기하는 주체 개념을 살펴보도록 하겠다.

2. 되기와 여성 주체

2-1. 주체와 주체화

되기를 제시하는 행동학에서는, 주체는 본질적인 정체성을 가진 이성적 사유자이며 탈관계적인 자율성을 획득하는 개인으로 규정되지 않는다. 행동학은 주체를 원자적 개인이 아니라 되기를 통해 모두의 역량을 강화하는 집합적 신체를 만드는 과정과 연동된 것으로 이해하고 있다.

행동학에서 주체의 문제는 자발적인 종속과 근대적 주체로서 설정된 인간이 어떠한 관계를 맺고 있는가라는 문제의식에서 비롯된다. 이는 바로 인간을 자유로운 주체로 설정하는 근대적 주체화의 양식에 문제를 제기하는 것이다. 비판의 핵심은 도덕적 행위를 자유의지에 따른 자발성으로부터 찾는 칸트의 도덕 주체에 맞추어져 있다. 칸트에게 있어 도덕적 주체의 성립은 주체를 자연 인과와 무관한 실천적 자유의지를 지닌 자로 설정하는 것과 맞물려 있다. 칸트적 주체는 자신에게 명령하는 바를 자유의지에 의해 완수하여 그 행위를 자신과 동일시함으로써, 자기 입법에 근거한 자발적 주체로 자신을 확증하는 주체이다. 사유하는 주체의 사유는 자연 내에서는 한계를 지니지만, 인과율 너머를 사유할 수 있는 사유 능력은 자유의 영역에서의 (알 수 있는 대상이 아닌) 자유의 이념을 형성한다. 그래서 이렇게 자유를 사유하는 자아는 그 자신의 행동하려는 의지 이외에는 어떠한 결정하는 원인이 없는 자유로운 존재이다. 이러한 주체에 있어서, 자신 외에 다른 원인이 없는 "나는 할 수 있다"라는 의지는 "나는 해야만 한다"라는 당위와 일치한다. 이 의지를 당위로 바꾸어 행위를 통해 완수함으로써, 사유하는 실체인 자아는 자유에 대한 사유를 거쳐 자발적으로 행위하는 실천적 주체로 자신을 정립하는 것이다. 이는 "너의 의지의 준칙이 항상 동시에 보편적 법칙 수립의 원리로서 타당할 수 있도록, 그렇게 행위하라"라는 실천이성의 원칙으로 도출된다.[28] 보편적 당위로 설정된 도덕 규칙은 법을 설정하는 자기 입법성에 기인한다는 점에서 오성의 특권으로 규정되며, 주체의 자기 입법성에 의해 규칙은 의무나 명령으로 주체에 내면화된다. 그런 점에서 주체의 입법성은 의무와 명령에 대한 복종을 신이나 국가, 부모 등의 외부의 압력에 따른 복종이 아니라, 의지의 자유에 의한 자기 복종으로 받아들이게 하는 기제로 작용하는 것이다. 이러한 주체의 입법성으로 말미암아 당위로서 도덕법칙은 주체의 자유의지에 내재적인 형식으로 규정된다.

　행동학은 주체 개념을 자기 자신에 대한 자기 복종인 자기 입법적 복종을 규정하는 새로운 예속의 형식으로 기능한다는 점에서 비판하는 것이다. 이 점에서 주체 개념은 근대적 국가의 가치법칙과 동시적으로 성립된

28　임마누엘 칸트, 『실천이성비판』, 백종현 옮김, 2002, 86쪽. 칸트는 "내 자신이 나 자신이 존재하는 대로 그대로 인식하지 못하고 나에게 나타나는 대로만 인식할 뿐이다(wie ich mich selbst erscheine)"라는 점에서 인식에 있어서 사유는 한계를 갖는다고 본다.

것이며, 이를 스스로 내면화함으로써 행위를 복속시키는 주체화라는 근대적인 형식으로 이해될 수 있다.[29] 또한 실체적 자아에 의한 주체의 자기 입법은 자율이라는 형식으로 종속을 내면화하는 주체화/종속화subjection인 것이다.[30] 즉, 자율적 주체라는 개념은 자발적 종속이라는 미명하에 등장하는 주체화의 한 형식일 뿐이다.[31]

주체에 대한 비판에도 불구하고, 주체화의 과정에서 비롯된 것으로 주체를 이해했을 때 새롭게 접근할 수 있는 지점 또한 생겨난다.[32] 즉, 주체화는 주체의 종속화라는 산물을 낳을 수도 있으나, 한편 종속적이지 않은 방식의 주체화의 양식을 모색할 수 있는 가능성을 타진하게 한다. 따라서 주체화는 종속화의 과정으로서 문제점을 비판할 수 있는 동시에, 규제와 통

29 subjecktum은 그리스어 hupokeimenin(지층, 지지대라는 의미)에서 번역된 중성 낱말로 이와 비슷한 낱말로는 다른 한편 중세어의 subditus라는 낱말과 같은 뜻을 가졌을 것으로 추정되는 남성형 subjectus가 있다. Subjectum은 논리 문법적이며 존재론적-초월적 의미를 낳았고, subjectus는 법적, 정치적, 신학적인 의미론의 전통을 낳았다. 이 두 낱말은 서로 구별되지 않고 주체성subjectivity과 종속화 subjectivation의 문제의 지형을 둘러싸고 증첩적으로 결정되어 왔다. Subjectus/Subjectum라는 두 단어가 주체의 이중적 어원 Subjectum이다. 즉 개별 속성들의 행위 주체를 가리키며 다른 한편으로는 Subjectus, 법이나 권력에 종속한다는 의미를 가리킨다. 다시 말해 우리는 가정과 종속의 문제들을 다루는 것이다. 즉 "누구"라는 질문이 향해 있는 용어와 무엇이라는 질문이 향해 있는 것 사이에 벌어진 틈새의 타협이다. 에띠엔느 발리바르 외, 「주체」, 『법은 아무것도 모른다』, 강수영 옮김, 인간사랑, 2008, 46쪽.

30 에띠엔느 발리바르 외, 위의 책, 46쪽. 이러한 자발적 종속으로 귀착되는 주체의 종속화 문제에 관해 들뢰즈뿐 아니라 푸코를 비롯한 철학자들이 비판했으며 발리바르 또한 이에 동의하며 다음과 같이 평가한다. "주체는 개인의 '주체성'에 객관적으로 작용하는 종속 혹은 주체화 장치들의 총합이다. 즉 그들은 이 주체성을 그 자체로 향하게 하기 위해서 주체의 '자유' 혹은 저항의 능력을 가정한다." 위의 책, 50쪽.

31 MP 162/251

32 클레어 콜브룩, 『이미지와 생명, 들뢰즈의 예술철학』, 259-260쪽. 주체화에 관한 들뢰즈의 논의는 푸코를 해석하고 이해하는 과정을 거쳐 발전하고 있다. 『푸코』와 「장치란 무엇인가」와 「주체의 질문에 대한 답변」(『들뢰즈가 만든 철학사』, 박정태 옮김, 이학사, 2007)이라는 소논문 그리고 『천 개의 고원』의 5장 「기원전 587년 및 서기 70년—몇 가지 기호체제에 대하여」에서 주체화의 문제가 주요하게 논의되고 있다.

제의 도구로 고안된 주체의 구성 과정을 이에 저항하며 새로운 주체를 생
산해 낼 수 있는 대안으로 접근할 수 있는 것이다.

주체화에 관한 이와 같은 이해는 근대적 주체의 성립을 법적 제도화와
문화를 통한 주체화의 산물로 분석한 푸코의 주장에 힘입고 있다.[33] 그렇지
만, 이로부터 더 나아가 들뢰즈는 주체화를 배치, 장치와 같은 개념을 통해
설명하면서, 변용을 거듭하는 강도적인 실재인 신체를 형성하고 만들어
가는 것으로 이해한다.[34] 주체화는 신체들을 결합하여 각 신체의 변용 능력
을 향상시켜 변화하면서 지속하게 하는 것이며, 각각의 복수의 신체들이
공현존할 수 있는 연결 지대를 생산하는 것을 의미한다. 이러한 주체화의

33 푸코는 휴머니즘이 해방의 기반이 아니라 지배와 억압의 기반으로 봉사해 온 점에 주목하
면서 어떻게 주체가 권력 관계에 의해 형성되는지를 설명해 왔다. 푸코에 따르면, 권력이 개
인을 주체로 만드는데, 개인을 주체로 만드는 것은 바로 권력의 형식인 것이다. 권력의 형태
는 개인을 범주화하는 즉자적 일상생활에 스스로를 적용하고, 개인을 자신의 개별성에 의
해 특징짓고, 자신의 고유의 자기 신분성에 밀착시킨다. 그리고 이를 통해, 개인에게 자기
자신이 인정해야 하고 다른 사람들에게 자신을 인정시켜야 하는 진리의 법칙을 스스로 부
과하게 하면서 주체로 성립시킨다. 이러한 주체라는 단어에는 다음의 두 가지 의미가 있다.
통제와 의존에 의해 누군가에게 종속되는 것, 그리고 양심 또는 자기 지식에 의해 자기 자
신의 자기 신분성에 묶이는 것이다. 이 두 가지 의미는 정복하고 종속시키는 권력의 한 형
식을 암시하는 것이다. 이러한 정치적 이중 구속은 근대의 권력 구조에 대한 개별화와 전체
화로 동시적으로 작용한다. 푸코는 권력에 대한 분석을 통해 어떠한 제도와 문화적 실천이
주체를 생산해 내는지를 설명한다. 이렇게 주체로서 개인을 만들어 내는 새롭게 출현한 권
력은 훈육하는 권력이다. 이 권력은 인간 종 전체와 개인의 몸을 훈육한다. 훈육하는 권력의
자리는 19세기를 통해 발전된 새로운 제도들이다. 근대의 훈육적 권력은 규율화하는 집단
적 제도의 산물이다. 훈육적 권력의 기술은 주체를 더 개별화시키는 지식과 권력을 사용한
다. 훈육적인 통치 가운데서 권력의 기술은 개별화하면서 전달되는데, 복종과 지속적인 관
찰, 모든 통제에 종속되어 있는 사람들은 이를 통해 개별화되는 것이다. 특히, 인문과학이 등
장하면서 지식과 합세하여 훈육하는 권력은 개인의 영혼과 육체에 행사된다. 훈육하는 권력
의 기본 목표는 길들여진 몸으로 취급될 수 있는 인간의 몸과 이러한 개인을 생산해 내는
것이다. 이를 통해 권력은 개인의 육체와 정신에 행사하면서 개인을 길들인다. 이러한 기술
은 병원, 수용소, 감옥과 같은 기관에서 행사되며, 이분법으로 사람들을 분류하면서 규범화
와 사회적 통제의 유용한 수단으로 작용한다. 미셸 푸코, 『감시와 처벌』, 오생근 옮김, 나남
신서, 2003, 267-302쪽, 『성의 역사 1: 앎의 의지』, 이규현 옮김, 나남출판, 2004, 102-111쪽.

34 MP 259, 「주체의 질문에 대한 답변」, 『들뢰즈가 만든 철학사』, 528쪽.

142

과정은 기존의 주체에서 벗어나는 탈주체화와 분리될 수 없으며 이 과정
은 거듭된다. 즉, 주체화는 탈주체화와 주체화의 과정 그 자체인 것이다.
들뢰즈는 이렇게 주체를 생산해 내는 주체화의 과정을 타자-되기, 다른
것-되기로 설명한다.

> 새로운 것, 그것은 바로 현실적인 것l'actuel이다. 현실적인 것은 우리가 지금 무엇
> 이라고 할 때의 그 무엇이 아니다. 그것은 차라리 우리가 무엇이 된다고 할 때의
> 그 무엇, 우리가 무엇이 되고 있는 중이라고 할 때의 그 무엇이다. 말하자면 현실
> 적인 것은 타자l'Autre요, 우리의 다른 것-되기notre devenir _autre인 것이다.[35]

들뢰즈는 주체가 장치를 통한 주체화의 과정을 거치면서 생산된다는 푸
코의 논의에 주목하면서, 특히 차이와 타자를 단순히 주변적이거나 결핍
된 차원으로 규정하지 않는다. 타자는 기존의 주체화의 과정에서 벗어나
욕망을 새롭게 배치하여 생산되는 새로운 것을 의미한다. 이러한 타자의
새로움은 계속적으로 변용을 이끌어 낸다는 점에서 비롯된다. 또한 타자
는 현실적인 것인데, 타자의 현실성은 '무엇이 되고 있는 중'인 그러한 가
능성을 의미한다. 새롭고도 현실적인 타자는 우리 자신과 분리할 수 없고
이미 '일치하고 있는 바로 그 타자'로서 인본주의에서 가정하는 비동일자
로서의 '너'를 의미하지 않는다.[36] 들뢰즈는『철학이란 무엇인가』에서 타자
를 '지각장 내의 가능한 세계'를 나타내는 '하나의 조건'으로 설명한다. 조
건으로서의 타자로 인해 '우리는 한 세계에서 다른 세계로 이행 (QP 24/32)

35　질 들뢰즈, 「장치란 무엇인가」, 『들뢰즈가 만든 철학사』, 481쪽.

36　질 들뢰즈, 같은 글, 481-482쪽.

하는 것이다.[37] 즉, 타자autrui는 마주침의 공간이며, 주체화를 일으키는 연결 지대인 '사이'를 가리키는 것이다.[38] 그러하기에 타자-되기로서 주체화는 언제나 같은 상태에 머물러 있는 것이 아니라 계속적으로 다르게 되는 변용을 일으키고, 변용의 역량을 증대하는 복합적인 신체를 생산하는 과정이다. 이 점에서 주체화는 동일한 것들로의 수렴이 아니라 차이 나는 것들의 접속을 통한 관계의 확산을 옹호하고 있는 것이다. 관계의 확산은 본질적 중심을 설정하고 다른 것들을 이 중심에 매개시키려는 방식 대신 서로 이질적인 것들 간의 횡단적이며 직접적인 투쟁을 통해 계속적으로 변화함으로써 만들어지는 것이다.

---

37 이러한 타자에 관해, 들뢰즈는 다음과 같이 설명한다. 조건으로서 하나의 지각 세계를 한정하는 타자는 어떤 무엇의 대향항으로 존재하는 그런 의미를 지니는 것이 아니라 그저 존재한다는 것을 지시하는 타자로서 '그것을 표현한 표정 속에서 존재하며 그것에 하나의 현실을 부여하는 언어 체계 속에서 실행되는 그대로의 어떤 가능한 세계이다.' 들뢰즈는 이러한 타자를 다음의 예를 통해 설명한다. 중국에 살고 있지 않은 사람에게 있어서 중국은 언제나 하나의 가능한 세계이다. 그렇지만 가능 세계로서 중국은 사람들이 중국어로 말하고 중국에 대해 말하는 경험 안에서 발화되는 것에서, 현실성을 지니게 되는 것이다. 이러한 타자는 자아에 대해 있는 것, 즉 주체에 대응하는 객체가 아니라 '그저 있다'라는 것이라는 점에서 가능한 세계이자 조건으로 설명되는 것이다.(QP 22-23/29-30)

38 이와 같은 타자에 대한 언급은 『의미의 논리Logique Du Sens』(1969)에서 다음과 같이 서술되어 있다. "타인이란 나의 지각장 속에 놓여 있는 하나의 대상도 아니고 나를 지각하는 하나의 주체도 아니다. 타인은 무엇보다도 지각장의 한 구조이다(Mais autrui n'est ni un objet dans le champ de ma perception, ni un sujet qui me perçoit-c'est d'abord une structure du champ perceptif) …… 그래서 절대적 구조로서의 아프리오리한 타인Autrui-a priori이 각 장에서의 구조를 현실화하는 항들로서의 타인들autruis의 상대성을 근거 짓는다. 그러나 이 구조란 대체 무엇인가? 그것은 가능의 구조이다. 겁먹은 얼굴은 내가 아직 보지 못한 공포스러운 가능 세계의, 또는 세계 속에서 공포스럽게 하는 어떤 것의 표현이다. 여기에서 가능이 실존하지 않는 어떤 것을 가리키는 하나의 추상적 범주가 아니라는 것을 이해하자. 표현된 가능 세계는 존재한다. 다만 그것을 표현하는 것 바깥에서는 (현실적으로) 실존하지 않는다. 공포에 질린 얼굴은 무섭게 하는 그것과 비슷하지 않다. 공포에 질린 얼굴은 공포스럽게 만드는 그것과 다르다. 그것은 표현하는 것 속에 표현된 것을 집어넣는 일종의 뒤틀림 속에서 그것(공포스럽게 만드는 존재)을 일종의 타자로서 함축하고(접어서 포함하고) 내포implique et enveloppe한다. 내가 타인이 표현하는 것의 실제를 포착할 때 역시, 나는 타인을 펼칠 뿐이며 상응하는 가능 세계를 현실화시킬 뿐이다."(LS 356-357/482)

주체화는 복합적이며 다층적인 존재 양태를 창출하고 변화하면서 존재 방식을 동일하게 고정시키려는 통치의 논리에 저항하는 것이기도 하다. 즉, 주체를 생산해 내는 주체화의 과정은 무엇보다도 통제적인 동일성의 논리에 의해 부정적으로 규정되거나 억눌린 욕망을 새로운 존재 방식을 창출하고자 하는 변화에 대한 열망으로 변화시키는 과정 그 자체인 것이다. 따라서 새로운 주체화의 과정은 기존의 주체로부터 변용하는 탈주체화를 동반한다. 탈주체화는 주어진 정체성을 통해서 보편적 동일함을 구가하는 권력과 그에 의한 제도화로부터 벗어나는 탈중심화이며, 변용의 능력을 제한하는 권력에 저항해서 계속적인 변용을 모색하는 것이다. 그런 점에서, 탈주체화는 변용의 한계를 규정하는 선을 넘어서 계속적으로 신체의 변용을 시도하는 삶의 잠재력을 표현하고 있다.[39]

탈주체화와 주체화를 거듭하면서 생산되는 주체는 동일성/차이, 자아/타자라는 이원론과, 특권적인 선험적 의식을 전제하고 자연을 목적론적으로 조직하는 인간 중심주의를 넘어서 있다. 들뢰즈는 주체를 주체 기능function-subject으로 이해하는 푸코의 해석을 구체화시켜, 주체의 탈인본주의적 성격을 강조한다. 이러한 주체에 관해서는 푸코의 말처럼, '어떻게 움직이고 어떻게 기능하는가?'라는 질문을 통해서 이해되어야 한다. 이 점에서 주체는 행위에 있어서의 "주체-기능fonction-sujet"이다. 이에 관해 들뢰즈는 「주체의 질문에 대한 답변」에서, 인본주의적 주체가 가정하는 선재하는 보편성과 달리 주체를 이제 '다른 요소와의 인접 관계에 이를 때 접속의 방식을 통해 연장될 수 있는 어떤 요소'를 의미하는 '특이성singularité'을 방출하는 기능의 수행으로 제안한다. 즉, 주체는 연결 접속해서 확장해 내는 열린 네트워크로서 이해될 수 있는 것이다. 이와 같은 주체에 관해, 들뢰즈는 보

---

39 데이비드 로먼 로드윅, 『질 들뢰즈의 시간 기계』, 김지훈 옮김, 그린비, 2005, 304쪽.

편적 주체가 등장하지 않는 판례를 예로 들고 있다.[40] 판례는 인간을 전제하는 연역적 법칙으로부터 도출되는 제정법으로 해결할 수 없어서 새로운 사건으로 등장하지만, 이후 법 집행을 요구하는 사건을 판단함에 있어서 영향을 미치고 새로운 판례를 도출해 낼 수 있는 연결 지점으로 작용한다. 판례의 예시에서 알 수 있듯이, 기능으로서 주체는 새로운 사건을 출현하게 만들고 다른 사건들과 연결될 수 있는 그런 '되기의 블록'의 기능을 수행하는 것이다. 특이성을 방출하여 변용을 일으키는 지대를 창출하는 주체 개념은 나와 너로 불리는 인격이나 자아와 무관한 개별화의 새로운 양식을 제기한다. 들뢰즈는 '개별화의 양식이 인격 또는 자아를 구성하는 것이 아니라', 개별화되는 개체가 어떤 힘들의 관계에서 변용이 일어나는가를 묻는 그러한 비인칭적인 것으로 이해되어야 한다고 설명한다.[41] 이러한 비인칭적인 개별화는 '바람이 분다(Il vente)'라는 문장에서의 'Il'이 수행하는 하나의 사건을 가리키는 것과 같다. 들뢰즈는 이러한 비인칭적인 주체가 '우리가 나^{Je}와 너^{Tu} 사이의 덧없는 교환 속에서 인식하였던 것보다 우리 자신과 우리 사회에 대하여 훨씬 더 잘 인식하게 된다'[42]고 설명한다. 그것은 일종의 "다양한 위치들"(F 19/14)로도 설명될 수 있는 비인칭적 주체가 힘들을 변이하는 잠정적인 좌표를 보여 줌으로써, 어떠한 힘들이 주체화를 이끌었는지를 이해할 수 있게 하기 때문이다. 들뢰즈는 클레르 파르네와의 『대담』에서 과정으로서 주체화를 "하나 혹은 다수를 향한 개인적 혹은 집단적 개체화"로 칭하며, 개체화의 유형은 다양하며, 주체형의 개체화도 있고 주체가 없는 사건형의 개체화도 있다고 시사한다. 즉, 들뢰즈는 본질적 정체성으로 주체를 이해하는 입장은 거부하지만, 주체화의 과정으

---

40 질 들뢰즈, 『들뢰즈가 만든 철학사』, 528쪽.

41 질 들뢰즈, 같은 책, 529쪽.

42 질 들뢰즈, 같은 책, 529쪽.

로서 주체를 "정체성 없는 주체^{un suject sans identité}"로 이해하는 것이다.(P 156/117)

이러한 주체는 본질주의나 생물학적, 심리적 결정론이나 행위 이전에 행위자가 있음을 전제하고 있는 논의와 무관할 뿐 아니라 이에 반대한다. 권력으로부터 탈중심화하면서 정체성을 탈안정화하며 저항하고 이로부터 이탈된 차이들을 서로 연결시키면서 계속적으로 생산되는 것, 다시 말해 탈주체화와 주체화를 거듭하는 행위의 산물로서의 행위자^{agency} 자체가 주체인 것이다. 이러한 행위자로서의 주체는 새로운 구성에 따라 다양한 관계를 맺어 구성되고 변화하는 과정이라는 점에서, 차이들이 공존하고 결합하는 공동체를 구성하는 문제를 동반한다.[43] 주체에 대한 들뢰즈의 입장은, 자율적인 인간으로서 원자적 개인들 간의 합의와 계약으로부터 공동체를 논의하고 사회계약의 동기를 결핍에서 찾는 자유주의 정치의 이념에 반대한다.

주체화의 과정에서 생산되는, 기능이자 행위자로 제시되는 주체는 보편적이고 통일적이며 비역사적인 동시에 모든 문화에 적용 가능한 항구적인 정체성 개념을 비판한다. 영속 불변하는 본질로서의 정체성은 계급, 종족, 인종, 섹스, 젠더, 성적 정체성, 문화적 입지 등의 맥락과 상황에 무관한 것이 되며, 정체성을 지닌 주체는 모두 동일한 이해관계와 욕망을 지닌 일관적인 몰역사적인 존재로 전제된다. 그러나 되기에 따른 주체화는 수용된 기존의 정체성을 합법화된 방식으로 재현하고 있는 '정상성', '객관성', '보

---

43 인간의 죽음과 주체화의 다양한 형식에 관해 들뢰즈는 그의 저서 『푸코』에서 다음과 같이 설명하고 있다. "19세기라는 새로운 역사적 형성에 있어 뽑혀진 구성적 힘들의 집합에 의해 구성되는 것이 다름 아닌 인간이다. …… 인간적 힘들은 또 한 번 이전과는 다른 방식으로 다른 힘들에 관계하게 될 것이며, 그 구성물은 더 이상 '신'도 인간도 아닌 무엇인가가 될 것이다. 우리는 이제 인간의 죽음이 새로운 구성물의 탄생을 위한 '신'의 죽음과 서로 연계되어 있다고 말할 것이다. 간단히 말해, 바깥과 구성적 힘들의 관계는 끊임없이 새로운 구성에 따라 다양한 관계를 맺으며 구성한 형식을 변화시킨다."(F 136/94)

편성'의 기준을 비판하면서 변화와 변혁을 추구하는 가치를 능동적으로 창출하는 과정이기도 하다.

따라서 과정으로서 주체는 본질적인 정체성을 갖지 않지만, 집단적인 행위들을 통해서 후험적으로a posteriori 구성된 그런 의미의 정체성으로서의 주체성을 지닌다. 후험적인 주체성은 되기를 통해 배치되고 재배치되며 생산되어 만들어진다. 그래서 정체성은 자기를 동일한 것으로 확증하는 것이 아니라, 행위를 통해 구성되는 집단적인 과정에서 사후적으로 동반되는 것으로 기능한다. 이러한 주체성은 더 이상 선험적인 것으로서a priori 규정된 개인의 본질이 아니라 통일적이지 않은 복수성이며 다원적인 관점들perspectives이 교차하고 구성되며 유지되는 후험적인 계보학적인 실재로 이해되어야 하는 것이다.

2-2. 차이와 여성 주체

들뢰즈가 제안하는 타자-되기를 도모하는 탈인본주의적 주체는 여성들이 겪는 억압의 다양성에 기초해 여성들 간의 차이를 고려하면서 연대를 수행할 수 있는, 새로운 여성 주체를 형상화하고 발명하려는 지금 페미니즘의 이론적 실천적 시도들과 그 맥락을 같이 한다.[44]

페미니즘은 남성들의 체험과 사유 구조를 중심으로 하는 보편적 주체 인식에 대항해 왔으며, 이론과 실천 양 진영에서 여성의 주체로서의 위치를 되찾는 다양한 운동들을 전개해 왔다. 페미니즘은 인간이라는 보편적 주체 속에서 어떻게 여성이 타자화되고 소외되었는가를 드러내 보임으로써, 현실적으로 존재하는 것은 동일하고 보편적인 주체로서의 인간이 아

---

44 이화여자대학교 한국여성연구원 엮음, 「서문」, 『지구화 시대의 현장 여성주의』, 15쪽.

니라 젠더화되어 실재하는 사회적 맥락 속에 놓인 인간이라는 것을 발견한다. 이러한 페미니즘은 초기에 남성의 지배와 여성의 예속을 정당화하는 성차별주의가 지닌 젠더 편견과 이데올로기를 검토하면서, 동일성에 근거한 보편주의가 남성 중심적이며 남성들의 체험만을 반영하고 있는 것에 불과하다고 비판한다. 그리고 이러한 보편적 주체에 대한 평가를 통해, 여성과 남성의 동일성을 강조하는 페미니즘의 전략이 지닌 문제점을 발견하면서 여성과 남성 간의 생물학적 차이점을 부각한다. 그러나 양성 평등에서 각 성의 차이를 부각하는 방식으로 정치운동을 추동했던 1세대 페미니즘의 시도는 여성의 정체성을 단순히 젠더 체계에 의해서 규정되는 고정된 그 무엇이라는 전제에서 출발하고 여성만의 본질적 정체성을 찾으려는 결과를 낳았다는 점에서 그 한계를 노정했다. 동일성을 강조하는 방식이 지닌 인식의 한계를 거치면서, 여성주의는 구체적인 현실의 장에서 제기되는 차이를 둘러싼 문제의 양상과 그 이해가 바뀌어 가는 과정과 더불어 다음과 같이 변화해 왔다.

여성과 남성의 차이만을 두드러지게 할 뿐 여성들 간의 차이를 무시하고 있다는 문제의식에서 출발한 2세대 여성주의는 이를 극복하고자 서구 중심주의, 이성애 중심주의, 백인 중심주의와 결별한다. 그리고 여성 경험의 동질성을 거부하면서 젠더 외에도 인종, 계급, 민족, 성적 선호 등 다양한 사회적 계층화 요소에 의해서 형성되고 규정되는 여성 정체성과 주체성에 대한 이해를 촉구하는 복수적인 페미니즘을 주장한다. 2세대 페미니즘은 한 공동체의 안정된 정체성들을 상정하고 이에 근거해 페미니즘적 실천을 제한하는 오류를 지적하고, 차이 개념을 세분화하고 현존하는 차이를 정교하게 포착해 왔다. 그러나 3세대 페미니즘은 차이에 대한 이와 같은 이해로부터 더 나아간다.

3세대 페미니즘은 차이의 보존이나 승인이 아니라 차이를 생산하는 현실과 그 방식에 관심을 기울이고 페미니즘적 관심에서 차이의 생산적 흐름을 전유하고 그 생산의 흐름을 페미니즘적 방향으로 활성화하려고 시도한다. 즉, 페미니즘은 차이 역시 끊임없이 변화하는 역사적 경험들 속에서 끊임없이 생성하고 생산되는 것으로 이해한다. 이는 다시 말해 여성들 간의 차이를 사상시키지 않고 여성들의 연대를 위한 가능성으로 이해하는 것이며, 분열이 아니라 결합의 지점으로 적극적으로 도입하는 것이다. 3세대 페미니즘은 특히 젠더를 이원론적 구분에 따르는 정태적인 것이 아니라, 계급, 인종, 나이, 성적 선호라는 다양한 차이들과의 상호작용 속에서 형성되고 있는 것으로 강조하고 있다.[45]

차이의 문제를 둘러싼 페미니즘의 주요한 관심은 이제 여성 경험의 다양성과 특수성을 고려하고 맥락화하면서, 이러한 다중성과 이질성으로부터 어떻게 새로운 여성 주체를 생산하고 발명할 것인가를 모색하는 것에 있다.

브라이도티에 따르면, 이를 위해서 가장 필요한 것은 상호 주체성의 감각을 복원하면서도 추상적인 전 지구적 유사성이라는 의미를 띠는 자매애 이미지를 폐기하고 여성들이 활동하고 있는 기호적이고 물적인 조건들의 복잡성에 대해 인식하는 것이다.[46] 이러한 인식은 여성 주체가 발명되는 지평을 젠더화된 체현성과 구체적인 정황성을 보여 주는 신체에서 찾을 수 있는 가능성을 열어 준다. 신체는 젠더와 섹스뿐만 아니라 인종과 계급, 그리고 다른 사회문화적 차이들이 결합되면서 구체적인 물질적인 양상으로 나타나며, 다양한 현실과 특수한 경험의 맥락 그리고 권력 관계의 작용하

---

45 이상화, 「지구화 시대의 현장 여성주의:차이의 존재론과 연대의 실천론」, 『지구화 시대의 현장 여성주의』, 52쪽; Clare Colebrook "Stratigraphic Time, Women"s Time", *Australian Feminist Studies*, *Vol. 24, No. 59*, 2009; Mary Spongberg; "Editorial: Feminist Generations", *Australian Feminist Studies*, *Vol. 24, No. 59*, 2009.

46 로지 브라이도티, 『유목적 주체: 우리 시대 페미니즘 이론에서 체현과 성차의 문제』, 79쪽, 409쪽.

에서 작동한다. 페미니즘은 이러한 신체의 물질성을 존재론적 기반으로 삼고 차이를 역량으로 삼아 변화하는 과정 중에 있는 여성 주체를 발견하고 연대의 틀을 제시할 수 있는 것이다.

이 점에서, 새로운 신체를 만들어 내는 되기 개념은 새로운 여성 주체의 발명을 모색하는 페미니즘과 교차한다. 이는 되기가 신체, 섹슈얼리티, 섹스, 젠더를 본질적인 것으로 규정하는 방식을 거부할 뿐 아니라, 다중적이며 불연속적인 각 신체들의 관계에서 창출되며 유동적으로 변화하는 과정으로 주체를 이해하고 있기 때문이다. 이러한 주체는 차이와 타자성을 긍정적인 역량으로 삼아 일상적인 저항을 일으키는 실천을 담지하는 정치적 행위자이기에, '페미니즘 내부에서 발생하는 다양한 차이들을 긍정하면서도 어떻게 집합적인 주체를 구성할 수 있는가?'라는 물음에 답할 수 있는 지점을 마련해 주는 것이다.[47] 되기 개념을 통해서, 여성 주체는 근대적 인간 개념으로 집약된 보편성과 객관성을 성찰하고, 새로운 관계를 확산시키는 힘으로서의 차이를 긍정적으로 평가하며, 선험적으로 가정된 사유자를 가정하지 않고도 다질성과 복합성이 교차하면서 생산되는 집합적인 행위자로서의 체현적 주체를 모색할 수 있는 것이다.[48]

2-3. 브라이도티의 체현된 실재로서의 여성 주체

브라이도티는 *Metamorphoses: towards a materialist theory of becoming* 와 『트랜스포지션: 유목적 윤리학』에서 들뢰즈의 되기와 주체 개념을 적극

47 로지 브라이도티, 「새로운 노마디즘을 위하여」, 오수원 옮김, 『문화 과학』 제16호, 1998, 157-159쪽.

48 이화여자대학교 한국여성연구원 엮음, 『지구화 시대의 현장 여성주의』, 14-15쪽.

적으로 수용하여 체현된 실재embodied entity로서 여성 주체를 제안한다. 브라이도티에 따르면, 여성 주체는 하나의 본질로 수렴되는 대문자 여성이 아니며, 보편적 자아를 전제하는 독립적인 개인과 무관하다. 브라이도티는 여성 주체를 섹스와 젠더뿐만 아니라 인종과 계급 그리고 다른 사회문화적 요소들에 직면해 있는 페미니즘 정치운동의 실천을 이끌어 낼 수 있는 연결망으로 이해한다. 여성 주체는 결코 단일한 중심으로 수렴되어 규정될 수 없으며, 다양하고 복잡한 차이를 역량으로 삼아 변화하는 맥락적 상황과 상호 연결된 관계성을 지닌 실재인 것이다.

> 여성 주체는 남성에 대립하는 대문자 여성Woman이 아니라 복잡하고 다양한 층위로 체현된 주체를 의미하는 것이다. 여성 주체는 보편주의적 태도를 견지하는 남성성을 지닌 지배 주체에 의해 힘을 빼앗긴 존재로서 반영된 그러한 그녀와 더 이상 일치하지 않는다. 그렇기에 여성 주체는 더 이상 하나의 개인으로서 여성이 아니며 과정 중의 주체a subject-in-process, 변이하는 존재, 동일성의 반대항인 대문자 타자로부터 벗어나 (대문자) 타자의 타자the other of the Other로 기술될 수 있는 완전히 다른 서사의 주체이다.[49]

브라이도티에 따르면, 여성 주체를 재정의하기 위해 가장 중요한 것은 '주체성이 지닌 육체성의 뿌리를 재평가'하는 것에 있다.[50] 이 점에서 브라이도티는 적극적으로 들뢰즈의 되기 개념을 들여와, 여성 주체를 다양한 차이들을 결합하여 변용 능력을 증가시키는 신체를 생산하는 과정 그 자

---

49 Rosi Braidotti, *Metamorphoses: towards a materialist theory of becoming*, pp. 11-12.

50 로지 브라이도티, 「새로운 노마디즘을 위하여」, 152쪽.

152

체인 체현적 실재로 제시한다.[51] 앞서 살펴보았듯이, 들뢰즈에게 있어서 신체는 변화할 수 있는 역량의 정도를 나타내는 정동을 뜻하는 위도와 각 신체들이 결합하는 변용인 경도로 표식이 되는 물리적인 힘이다. 이러한 신체는 정신과 구분되는 이분법적 규정과 무관할 뿐 아니라 본래적인 신체의 원형을 거부한다.

신체는 생물학적 실체가 아니라, 힘들의 활동이자 그러한 힘들을 강렬하게 표현하는 실재이다. 브라이도티는 이러한 힘을 물리적 힘들과 분리될 수 없는 고도로 구축된 사회적이고 상징적인 힘들로 이해하면서, 체현적 실재로서 여성 주체를 상호 영향을 주고받는 복합적인 힘들의 연계망으로 제시한다.[52] 즉, 체현적 실재로서 여성 주체는 이종적이고 불연속적인 신체의 역량이 교차하면서 변화하는 "유동성, 가변성, 일시성을 그 특징으로 하는 시공간적 변수들, 힘들(정동들)이 교차하는 과정"인 것이다.[53] 이러한 주체에 대해 브라이도티는 다음과 같이 설명한다.

주체는 추상적인 존재가 아니라 물질적이고 체현된 존재입니다. 몸은 자연적이아니라 반대로 문화적으로 코드화되고 사회화된 존재입니다. 몸은 본질적인 개념이기는커녕 생물학적, 사회적, 언어적인 것들의 교차 지점이며, 체현된 주체는본질도 아니고 생물학적인 것도 아니며, 세계 내에서 사람이 우선 점하는 위치이며 현실에서의 상황입니다. 체현, 즉 주체성의 정황적 성격에 대한 강조는 페미니

51 로지 브라이도티, 『유목적 주체: 우리 시대 페미니즘 이론에서 체현과 성차의 문제』, 306쪽, 358-359쪽.

52 로지 브라이도티, 「새로운 노마디즘을 위하여」, 157쪽.

53 로지 브라이도티, 『유목적 주체: 우리 시대 페미니즘 이론에서 체현과 성차의 문제』, 185쪽.

스트들이 문화적 코드를 전복할 수 있는 전략을 구체화할 수 있도록 해줍니다.[54]

브라이도티가 주체의 체현성을 강조하는 이유는 물질적 실재라는 존재
론적인 힘으로 여성의 성적 차이를 도입하여 새로운 여성 주체를 발명하기
위해서이다. 브라이도티가 강조하는 것은 성차sexual difference를 부정적이지
않은 방식의 차이로, 다시 말해 인간(남성)의 반대항인 비인간(남성)의 차이
로 사유하지 않으면서 '여성들 사이의 차이', '여성 내부의 차이'에 주목하
며 되기로서의 여성 주체화를 모색하는 것이다.[55] 테레사 데 로레티스Teresa
de Lauretis의 말처럼 페미니즘은 그 자신의 특정한 차이를 구현해야 한다.[56]

---

54 로지 브라이도티, 같은 책, 406쪽.

55 브라이도티의 성차 개념은 뤼스 이리가라이에게 영향을 받았다. 이리가라이의 '여성적인
것the feminine'은 일자의 타자로서 (대문자) 여성이 가진 주체의 위치를 넘어서는 (대문자) 타자
의 타자이며, 언제나 육체를 통해서 체현된 장소site에서 일어난다. 이리가라이는 지금까지
서구 형이상학을 지배해 온 남근 로고스 중심주의가 끊임없는 자기-정의를 통해 여성들을
의미화 경제 밖으로 추방시켰다고 비판한다. 주체는 언제나 '남성적인 것'에 의해 전유되었
고, 남근 중심주의하에서 모든 타자는 단일한 남성 주체 모델의 다양한 타자들로 정의되고
재현될 수 밖에 없다는 것이다. 이러한 남성적인 상징 체계 안에서 사실상 여성은 재현 불
가능성으로 환원된다. 이리가라이는 타자의 타자의 자리를 물질에서 찾는데, 특히 물질성
의 어원이 라틴어로 어머니를 뜻하는 'mater'에 주목하며 물질적material이면서 모성적maternal
인 '여성적인 것'을 재가치화한다. 여기서 이리가라이는 미메시스mimesis개념을 통해 '여성
적인 것'을 재소유하는 전략을 취한다. 반사경으로서 미메시스 전략은 인간(남성)의 (대문자)
타자가 아니라 (대문자) 타자에 대한 타자를 재현의 영역에 등장시키면서, 남근 중심주의적
재현의 양상들을 전복하고 재현 불가능성으로 환원되는 여성의 경험을 나타낸다. 브라이도
티는 이리가라이가 생물학적 결정론과 상관 없으며, 남근 중심주의 담론의 본질주의를 폭
로하고 비판해 왔다는 점을 강조한다. 이리가라이의 여성의 섹슈얼리티는 하나이지 않고,
성기 중심주의를 초과하는 복잡하고 다양한 것이다. 브라이도티는 이리가라이의 타자의 타
자로서 물질적 여성을 들뢰즈의 신체 개념과 존재론적 차이를 통해 정교화하면서 '잠재적
인 여성적인 것the virtual feminine'으로 제시하기도 한다. Rosi Braidotti, *Metamorphoses: to-
wards a materialist theory of becoming*, pp.20-26.

56 Teresa de Lauretie, "Upping the Anti(sic) in Feminist Theory", *Conflicts in Feminism*, Rout-
ledgein(Marianne Hirsh and Evelyn Fox Keller, eds.), 1990, p. 266.

그러나 이 차이를 여성만의 신체성, 섹슈얼리티, 젠더로 규정되는 본질적
인 정체성으로 확정해 버리면, 이는 남성 주체가 설정하는 여성이라는 선
험적 범주로 묶여 버리게 된다. 브라이도티의 성차는 신체성에서 출발하
며 차이를 생산하는 성차이다. 이러한 브라이도티의 성차 개념은 섹스를
해부학으로, 젠더를 의지적 사회 구성으로 이분화하여 인과관계를 상정하
는 것을 비판한다. 또한 신체를 폐제된 동성애를 전제하는 규제권력의 강
제적 물질화 과정의 효과로 이해하고, 섹스화된 육체를 폭력적 경계설정
이자 섹스의 규범적 환상과 동일시하는 것으로 설명하는 것과 거리를 둔
다. 브라이도티는 비체화된 신체의 영역을 상정하는 상징계의 법질서에서
가 아니라, 변이하는 신체의 힘과 생산하는 욕망을 통해 성차를 차이를 생
성하는 물질로 설명한다.[57] 브라이도티는 정치적, 이론적 실천과 작동하는
방식에 따라 성차를 세 가지 층위로 구별하는데, 이들은 직선적으로 진화
하는 것이 아니라 시간적으로 공존 가능하고 상황에 따라 변화하는 것이
다. 그 층위는 여남의 차이, 여성들 간의 차이, 각 여성의 내적 차이이다. 첫
번째 층위인 남성과 여성의 차이는 제2의 성(대문자 여성)으로 구성되어 온
가부장적 역사에 대한 비판이며, 두 번째 층위는 여성들 간의 차이로 모든
여성들을 대문자 여성으로 묶어 버리는 것을 거부하면서 인종, 계급, 나이,
섹슈얼리티 등의 다양한 변수에 의한 차이를 차이 생산의 긍정성으로 보
는 것이다. 브라이도티가 강조하는 것은 세 번째 성차의 층위이다.

"이러한 세 번째 층위는 체현된 주체 구조의 복잡성을 강조한다. 신체는 육체적
인 물질성corporeal materiality의 한 층, 즉 기억을 부여받은 살아 있는 질료의 하층을
지칭한다. …… 부여받은 실체를 의미하는 '자아'는 이 살아 있는 질료에 정박하

57 Judith Butler, *Bodies That Matter*, London & New York: Routledge, 2011.

며, 이 질료의 물질성은 언어로 코드화되고 만들어진다. ⋯⋯ 신체는 재현을 넘어
선다. 각 존재자 내부에 있는 하나의 차이는 이러한 상황을 표현하는 하나의 방식
이다. 내가 보기에 정체성이란 자아의 복수적이고 균열된 측면들의 유희이다."[58]

　브라이도티의 성차의 세 번째 층위는 여성 각자의 내적 차이로서 자신
의 경험을 체현하는 신체, "기억을 [가진] 살아 있는 질료의 하층^{substratum}"[59]
이다. 신체는 변이 가능한 에너지의 흐름으로 이 신체의 층위에서 자아의
"동일성"도 새롭게 이해된다. 즉, 브라이도티가 볼 때 자아는 다양하고 균
열된 측면들의 유희이고 타자와 연결되는 관계적인 것이며, 기억과 회상
을 통한 계보적 과정에 고착되는 회고적인 것이자, 연속적인 동일시들로
끊임없이 생성하는 것이다. 이 세 번째 층위에서 여성은 총체적으로 인식
되거나 재현되지 않는다. 여성 내부의 차이는 쪼개지고 틈새가 있는 자기
안의 복수성이자 경험의 층위들의 그물망으로서, 살아 있는 기억과 체현
된 계보로서 여성을 이해하는 것이다. 브라이도티가 그리는 성차들의 지
도는 모든 여성들이 어떤 방식으로 영향을 받고 있는 '대문자 여성'을 더이
상 재현과 규율의 모델로서 설정하지 않는 방식의 여성 주체화의 모색을
향한다. 이 점에서, 세 번째 성차의 층위는 정체성이 하나의 문법적 필연성
이자, 이론적 허구라는 것을 지적한다.[60] 브라이도티가 성차를 통해 유목적
주체를 제기하는 위치는 세 번째 층위의 성차이다. 그러나 성차의 세 층위
는 결코 분리 불가능한 것은 아니다. 이 층위들은 페미니즘 이론의 계보학
에 따르는 관점들과 쟁점들의 차이와 연관되는 동시에, 여성 개인의 주체

58　브라이도티, 『유목적 주체—우리 시대 페미니즘 이론에서 체현과 성차의 문제』, 258–259쪽.

59　브라이도티, 같은 책, 259쪽.

60　브라이도티, 같은 책, 214쪽.

156

화 과정의 세 영역과 연관되면서, 페미니즘 이론의 관점의 다양성과 다층
성을 드러내는 동시에, 여성 개인의 경험 속에 서로 비대칭적이고 불일치
하는 세 차원의 공존성을 제시한다. 결국 브라이도티의 성차는 신체와 주
체화 과정 사이의 관계 및 그 내적 복잡성과, 여성 간의 차이와 여성 내의
차이의 체현성을 강조하는 것이다. 이제 브라이도티가 제안하는 여성의
성차는 다양하고 복잡한 육체적 정황을 겪으면서 변화하는 실재로 규정될
수 있다. 즉, 체현된 실재로서 여성의 성차는 다른 다종한 차이들인 인종,
종교, 문화, 계급, 노동, 성적 지향과 복합적으로 얽혀 작동하는 변화하는
과정이기에, 여성의 성차라고 대문자로 규정할 수 있는 그러한 본질은 존
재하지 않는 것이다. 따라서 여성 주체가 체현적 실재라는 것은 섹스, 젠
더, 섹슈얼리티만이 아니라[61] 다중적이며 복합적인 사회적 차이들을 구현
하면서 존재한다는 것을 의미한다. 또한 여성 주체는 탈육화된 정신 활동
이 아니라 사회문화적 특수성이 긴밀하게 연결되어 있는 그러한 정황에서
실재적으로 발화할 수 있는 것이다.

---

61 브라이도티는 메타모르포시스에서 이리가라이의 타자의 타자에 들뢰즈의 차이 개념을 접
    목해 성차 개념을 제시한다. 여기서 브라이도티는 자신이 이리가라이, 그로츠, 게이튼스 등
    과 함께 주체 구성의 자리로서 섹슈얼리티/성차를 우선시하는 지적 전통에 자신의 위치를
    설정한다. 브라이도티에 따르면 섹슈얼리티는 사회적이면서 상징적이고, 물질적이면서 기
    호적인 제도이자 권력이 자리하는 일차적인 장소이다. 그리고 성차는 성화된sexualized 정체
    성의 정치 경제가 사회적으로 구현된 것이며, 섹스는 이 정체성이 주체들에게 사회적, 형태
    학적 할당이며, 마지막으로 젠더는 복합적 권력의 상호작용과 관련한 메커니즘을 묘사하기
    위해 고안된 포괄적인 용어이다. 브라이도티는 젠더를 어떤 실재적 본질이나 기술적descrip-
    tive이 아닌 규범적인normative 것이라고 규정하는 것만으로도 충분하지 않다고 주장한다. 젠
    더는 담론의 산물만이 아닌, 시간성과 물질성을 지닌 살아 있는 신체에서 작동하는 성차에
    대한 지식이자 권력 관계라는 것이다. 조안 스콧의 경우에도 젠더를 권력을 명확화하는 기
    초적 인장으로 설명하며, 젠더를 성차에 대한 지식으로 설명한다Joan Scott, "Gender: A
    Useful Category of Historical Analysis", *Gender and the Politics of History*, Columbia Universi-
    ty Press, 1988, pp. 28-36. ; 로지 브라이도티, 『유목적 주체 : 우리 시대 페미니즘 이론에서
    체현과 성차의 문제』, 30쪽. ; Rosi Braidotti, *Transpositions: on nomadic ethics*, Polity Press,
    2005, p. 130. ; Rosi Braidotti, *Metamorphoses:towards a materialist theory of becoming*, pp.33-
    34.

브라이도티는 체현적 실재로서 여성 주체를 생산하는 방식을 되기의 과정으로 이해한다. 되기는 다층적인 복잡성 내에 있는 특이성으로 차이를 역량으로 삼아 신체를 생산하는 것이다. 여기서 차이는 되기의 역량으로서, 개체적 신체의 다양성과 각기 다른 신체 경험에서 비롯된 복합성을 지시한다.[62] 각기 다른 신체들을 연결하는 되기는 여성 주체의 체현성과 긴밀한 관계를 맺는다. 되기를 통해 이해해 본다면, 체현성은 변용을 거듭하는 신체들의 연결로서의 열린 네트워크이며, 다양하고 복잡한 차이들의 연결과 확산을 의미하는 복수의 되기들의 상이한 양상들을 물리적으로 표현하는 존재론적인 것이다. 이는 바로 다종한 차이들이 정치적 실천을 이끌어내는 여성 주체의 역량이 된다는 것을 뜻한다. 다양한 차이들이 물질적, 담론적 권력 관계에 작동하는 차별에 저항하면서 정치적인 투쟁과 실천적인 연대를 만들어 가는 실재적 역량인 것이다.

다양한 차이들이 연결된 체현성에 관해 브라이도티는 정치적인 집합적 주체를 사회구조와 법, 정치, 문화적 장치들이 복합적으로 얽힌 다중적인 '현장'이라는 개념을 통해 보다 구체적으로 설명한다. 현장은 에이드리언 리치Adrienne Rich가 주창한 '현장의 정치학politics of location' 이라는 용어에서 착안한 것이다.[63] 리치는 보편적 용어인 대문자 여성Woman을 비판하기 위해 추상적인 단일한 여성의 신체를 의문시하면서 현장 개념을 제시한다.[64] 특

---

62 로지 브라이도티, 『유목적 주체: 우리 시대 페미니즘 이론에서 체현과 성차의 문제』, 67쪽.

63 한국에서 location은 로지 브라이도티의 같은 책에서는 '위치'로, 다른 페미니즘 책에서는 '현장'이라는 두 가지 방식으로 번역되었다. 이 책에서는 현장을 번역어로 채택한다. 현장 개념이 최초에 미국에 이주했지만 정착하지 못해 박탈당한 공간에 위치하는 제3세계 이주민 여성의 체험과 정치학을 이해할 필요성에서 시작되었다는 점을 부각하면서, 상이한 여성들의 다양하고 복잡한 체험과 차이들이 작동하는 현실로 현장을 이해하고자 한다. Adrienne Rich, "Note towards a Politics of Location", *Blood, bread and poetry:Selected Prose 1979-1985*, ed. Reina Lewis and Sara Mills, New york: W. W. Norton & Company, 2003.

64 현장은 단일하다기보다는 인종, 계급, 성적 선호 등의 복수적이고 복잡한 물질적 흐름이 교

히 현장은 다양한 흐름들이 체현되는 여성의 신체에서 구체화된다. 신체로서 현장은 얼굴 없고 인종 없고 계급 없는 모든 여성(즉 대문자 여성)이라는 범주에 맞설 뿐 아니라, 신체에서 체현되는 여성들의 구체적인 경험과 각각의 특수성을 보여 준다. 즉, 현장 개념은 민족, 인종, 계급, 섹슈얼리티, 종교, 출생 국가, 연력 등과 같은 문화적 범주에 토대를 둔 다른 형태의 권력 관계와 젠더가 신체에서 상호작용하면서 나타나고 있다는 점을 강조한다. 이러한 현장 개념에 관해 이상화는 "여성들이 같은 시간 속에 살면서도 상이한 공간 속에 존재한다는 이유로 인해 국지적으로 맥락화된 억압에 노출되며, 또한 그에 따른 상이한 문제의식을 지니고 대응하면서 존재한다"는 것을 제시한다고 설명한다.[65] 즉, 현장은 지리학적인 공간의 맥락 속에서 능동적으로 움직이는 '행위자'로서의 여성의 경험에 주목하는 것으로 이해될 수 있으며, 보다 확장된 의미에서는 복수적인 여성 경험이 체현되어 있는 신체들이 결합하는 연대체로 이해될 수 있는 것이다. 이 점에서 브라이도티는 현장 개념을 능동적인 역량을 지닌 주체의 체현성으로 설명하고 있는 것이다.[66] 체현성은 각각의 여성이 겪고 있는 구체적 상황과 맥락을 드러내며, 이러한 체현성을 제시하는 각각의 신체들의 결합은 다시 다종한 차이들을 발생시켜 상호작용을 일으킨다. '체현된embodied'이라는 의미에는 재현된 신체 경험의 양상을 벗어나 다양한 경험의 위치들을 공

차하는 장소이다. 여기서 현장은 지리적 차원만이 아니라 상징적 차원 모두를 포함하는 개념임을 유의할 필요가 있다. 요컨대 현장은 아르준 아파두라이Arjun Appadurai에 의하면, 선 위의 위치나 크기만을 갖는 스칼라scalar적 개념이 아니라 행위성agency, 사회성sociality, 재생산reproducibility 등과 같은 특정 유형의 것들로 자신을 표현하는 현상학적 질, 감정 구조, 사회생활의 특징, 공동체 이데올로기와 같은 관계적이고 맥락적인 것으로 이해되는 차원이며 가치다. 이화여자대학교 한국여성연구원 엮음, 『지구화 시대의 현장 여성주의』, 15쪽.

65 이상화, 「지구화 시대의 현장 여성주의: 차이의 존재론과 연대의 실천」, 『지구화 시대의 현장 여성주의』, 37쪽.

66 로지 브라이도티, 『유목적 주체: 우리 시대 페미니즘 이론에서 체현과 성차의 문제』, 306쪽.

유하며 결합하여 생산된 차이들의 긍정성이 반영되어 있다.

브라이도티는 체현성을 무의식적인 욕망에서가 아니라, 담론적, 물질적 제도들의 측면, 특히 진리, 권력, 욕망, 미시정치학의 복잡한 상호작용으로 이해하면서 여성 주체의 정치성을 설명한다. 이 점에서 브라이도티는 신체들을 다층적이며 복수적으로 연결하는 능동적인 되기의 행위들 속에서 "발화의, 발언들의 겹겹의 층들, 그것들의 퇴적 작용, 기입들 사이에서 일어나는 협상"[67]의 과정으로 해석하면서 여성 주체를 설명하는 것이다. 이 과정에서 생산된 것이 바로 여성 주체이며, 여성 주체의 정치성은 여성 주체의 생산과 분리될 수 없는 것이다. 즉, 여성 주체는 바로 차이들이 연결되는 체현성에서 비롯되는 것이며, 끊임없는 협상과 투쟁의 과정을 겪으면서 다종한 신체들을 생산하면서도 이들이 공존하는 집합적 신체로서 공동체를 만들어 내는 변화 그 자체로 이해되어야 하는 것이다. 이로부터 브라이도티는 여성 주체의 정체성은 성차별주의, 인종차별주의, 제국주의적 구조 등 권력의 억압에 저항하는 다양한 차이들을 연결하면서 새로운 집합적 관계를 창출할 수 있는 변용 능력이자 힘에 있다고 다음과 같이 설명한다.

여성 주체의 정체성은 복수적인 연결점들을 도출해 내는 능력과 관계된다. 정치적인 것이란 정확하게 파편화되고 본래적으로 권력에 기반한 주체 구성에 대한 각성이요 헤게모니 구성체에 대한 저항의 가능성들을 위한 적극적인 탐색인 것이다.[68]

---

67 로지 브라이도티, 『유목적 주체: 우리 시대 페미니즘 이론에서 체현과 성차의 문제』, 47쪽.

68 Rosi Braidotti, *Metamorphoses : towards a materialist theory of becoming*, p. 77.

160

즉, 정체성은 정태적인 상태가 아니라 다양한 차이들의 연결을 통한 정치적 동맹을 창출하는 능력이자 힘에 있는 것이다. 이러한 능력으로서의 정체성을 지닌 여성 주체는 본질적인 속성으로 규정된 환원론적인 의미에서의 인종, 젠더, 섹스를 결집하는 것도 아니며, 하나의 일관된 집단으로 성립되지 않는다. 여성 주체의 능력으로서의 정체성은 저항을 일으키는 힘에 있는 것이며, 저항은 '젠더', '계급', '인종', '섹스' 등과 같은 범주를 본질적이고 보편적이며 객관적으로 규정하는 조건을 문제 삼아 다양한 차이들을 확산하고 생산하는 것이다. 확산되고 생산된 각각의 차이들을 연결하여, 여성이라는 범주의 내용을 계속 바뀌게 하는 것, 그것이 바로 여성 주체의 정치성이자 정체성인 것이다. 이는 다시 말해, 여성 주체의 정체성은 다양한 차이들 간의 정치적 논쟁들로 발생하고 연결되면서 정치적인 투쟁으로 표출되는 것 그 자체에 있음을 의미한다.

브라이도티는 체현적 실재로서 여성 주체가 본질적인 정체성으로 환원되지 않으며 역사와 상황 그리고 다른 존재들과 복잡한 상호작용 속에서 만들어지는 분산적이며 파편적이고 비통일적인 것으로 존재한다는 점을 강조하는 것이다.[69] 다양한 차이들을 연결하지만 여성 주체는 이를 하나의 중심으로 환원하거나 수렴하지 않기에, 여성 주체는 통일적으로 조직되지 않는 '단일적이지 않은 주체non-unitary subject'이다. 이 점에서 브라이도티는 결코 하나의 상태로 머물러 있지 않으며, 능동적 변용을 실행할 수 있는 차이들의 횡단적인 연결을 강조한다는 점에서 여성 주체를 유목적 주체no-madic subject로 명명한다.[70]

69 Rosi Braidotti, *Tansposition*, Polity Press, 2006, pp. 151–155.

70 브라이도티의 유목적 주체는 들뢰즈가 『천 개의 고원』 12장 「1227년—유목론 또는 전쟁 기계」에서 보편적 사유 주체를 거부하고 유목적 사유를 주창하고 새로운 인종으로서 유목민을 제안한 데에서 착안한 것이다.

유목민은 집 없음이나 강제적인 장소 이동을 의미하지 않는다. 오히려 유목민은 고착성에 관한 모든 관념, 욕망 혹은 향수를 폐기해 버리는 종류의 주체를 형상화한다. 이러한 형상화는 본질적인 통일성 없이, 그리고 그러한 통일성에 반대하면서 이행, 연속적인 이동, 상호 협력적인 변화들로 이루어진 정체성에 대한 욕망을 표현한다.[71]

유목적이라는 것은 안정적인 정체성을 반대하고 해체한다. 즉, 유목적인 것은 '동일한 것이라고 보이는 것이 실은 굉장히 다종한 차이들이 얽혀서 작동하고 있다는 것을 보여 주는 것'이다.[72] 이는 규정된 본질성을 침해하고 위반하는 것이며, 무엇보다도 각기 다른 차이들을 연결해 내는 것이기에, 여성 주체의 유목성은 다양한 차이들을 접속시켜 상호 침투하게 하는 이행의 역량으로 이해되어야 한다. 따라서 유목적 주체로서 여성 주체는 계급, 인종, 종족, 젠더, 나이 기타 다양한 축들이 주체를 구성하며, 이들이 상호 교차하면서 작용하는 동시에 동시다발적으로 발생한다.

유목적 여성 주체가 변이와 이행을 추구하고 정체성을 해체하는 작업을 해나가지만 공동체에서 기능할 수 있는 안정성을 부인한다는 뜻은 아니다. 오히려 여성 주체의 유목성은 어떠한 정체성이든 영구적인 것으로 여기는 것에서 벗어나는 것이다. 즉, 유목적 여성 주체는 변이의 역량을 강화하는 정황적인 연결점을 지니지만 하나의 고정된 정체성은 부인하는 것이다. 여성 주체의 유목성은 정치적 행동으로서의 교섭 능력에 있다. 그리고 그러한 교섭성이 토대에 근거하다는 주장에 맞서 오히려 정치적인 것을 복수적인 연결점을 도출해 내는 것으로 이해해야 하며, 그러하기에 여성

---

71   로지 브라이도티, 『유목적 주체: 우리 시대 페미니즘 이론에서 체현과 성차의 문제』, 59-60쪽.

72   로지 브라이도티, 같은 책, 31쪽.

주체의 유목성은 지금의 시간과 공간 내에서 위치 지어지는 투쟁 속에서 생산되는 복수적인 연결 지점이며, 변용하면서 존재할 수 있는 힘을 강화하는 되기의 과정 그 자체인 것이다.

이 점에서 여성 주체는 차별에서 비롯된 저항에 그치지 않고, 연결에서 비롯된 다양한 차이들을 생산해 내어 연대를 확장해 나가는 능동적인 힘의 상승하는 과정인 것이다. 이러한 여성 주체는 체현성으로 인해 이질적인 요소들이 복합적으로 연결되어 연대를 맺을 수 있는 관계를 확장하는 새로운 차이를 생성해 내며, 차별과 억압을 작동시키는 통제의 원리를 발견하고 각기 다르게 구체적으로 발현되는 현실을 보여 주면서 상호 연결성에서 비롯된 책임감의 확대를 낳는다. 따라서 계속적으로 변용만을 거듭함에도 불구하고, 유목적 주체는 정치적 투쟁의 과정에서 획득된 정체성을 전략적으로 준안정적인 형태로 지니고 있다. 브라이도티는 이러한 여성 주체를 복수의 차이들이 연결되고 변용되는 집합적인 잡종체hybrid이자, 인격적 행위자와 무관한 힘들이 맺는 관계의 작용에 따른 "효과로서의 실재effective entity"로 제시한다.[73] 즉, 유목적 여성 주체는 변용을 거듭하면서 지속할 수 있는 관계를 맺는 집합적인 행위자인 것이다. 이 점에서 여성 주체는 집단적 행위자로서 책임감을 담지할 수 있으며, 이러한 유목적인 여

---

73 들뢰즈는 『스피노자의 철학』에서, 힘들의 관계인 "내재성의 평면, 즉 변용들을 배분하는 자연이라는 평면이 자연적이라고 일컬어지는 사물들 및 인위적이라고 일컬어지는 사물들과 결코 분리"되지 않으며, "인위적인 것이 완전히 자연의 일부를 형성"한다고 주장한다. 즉, 내재성의 면이 자연의 면이라고 불리지만, 이 자연은 이분법이 규정하는 인공이나 기술과 대립되는 의미의 자연이 아니며, 힘들의 장 전체로 이해되어야 한다. 즉, "자연이라는 내재성의 평면에서는, 모든 사물은 운동들과 변용들의 배치에 의해 정의되며, 이 배치가 인위적인 것이든 자연적인 것이든 모든 사물은 이 배치 아래 놓이게 되기 때문이다."(SPP 184/167) 따라서 소위 자연적인 것과 인공적인 것 사이의 대립은 존재하지 않는 것이다. 또한 내재성의 평면에서 주체화와 탈주체화의 과정을 거쳐 생산된 주체 역시 "인간과 다른 관계들을 구성하는 정보 기계-인간과 같은 분리 불가능한 체계, 제3의 종인 기계들과 같은 다른 힘들과의 관계 안에 진입"(F136-137/93-95)할 수 있게 되는 것이다. Rosi Braidotti, *Transposition*, Polity Press, 2006, p. 159.

성 주체는 각각의 차이들의 연결을 통해 공유하는 관심들을 상호적으로 체현하면서 만들어지는 네트워크로도 이해될 수 있다.[74]

2-4. 체현적 여성 주체의 의미

브라이도티가 유목적이라고 칭한 여성 주체는 본질주의나 절대적인 보편성에 호소하지 않으면서도 계급, 인종, 윤리, 종교, 나이, 생활양식, 성적 지향, 각각의 특이성들을 인정하고 차별에 저항하는 실천을 실행한다. 이러한 여성 주체는 하나의 뿌리로 수렴되고 귀속되는 것을 추구하지 않으며 일상에서 발생하는 다질성多質性들을 통해서 끊임없이 다시 만들어져 가는 것이며 구성된 주체의 내부에서도 차이를 내포하고 있는 것이다. 그래서 '여성'이라고 말할지라도 '여성' 자체 안에는 이질적이고 논쟁적인 여지가 늘 존재한다.

이렇게 이질적이고 논쟁적인 변화의 과정인 여성 주체성은 젠더에 관한 것만이 아니라 인종, 민족, 계급, 지역, 종교, 몸 상태, 세계관, 섹슈얼리티, 사회적 배치 등과 같은 다른 범주와 더불어 작동하는 것이다. 즉, 젠더의 측면에서 여성으로서의 주체성은 유동적이고 다양한 사회적 힘들이 교차하고 충돌하는 과정인 것이다. 또한 유목적 주체의 체현성은 정신과 생물학적 신체를 이항대립적으로 구분하는 이분법에서 벗어나 있기에 사회적 의의를 지닌 젠더와 생물학적 본질을 지닌 섹스라는 구별의 방식을 통해 젠더를 규정하는 논리에서 벗어난다. 여성으로서의 젠더를 다양한 차이들이 결합하는 다중적이고 복합적인 것으로 이해했을 때만, 젠더는 젠더 체제를 탈역사화하는 논리로부터 벗어날 수 있게 되며, 가부장제의 재현 체

---

74 Rosi Braidotti, *Metamorphoses : towards a materialist theory of becoming*, p. 83.

계가 규정하는 젠더에서 벗어날 수 있는 것이다.[75]

이렇게 젠더를 이해하려는 방식은, 버틀러가 제시한 수행적 젠더Gender Performance에서 젠더화되기Becoming Gendered로 이동하면서, 젠더를 계속적인 능동적 생산의 과정으로 접근하게 해준다. 버틀러의 수행성 개념은 젠더가 규범이며, 이 규범을 작동시키는 강제적 이성애 권력과 규범적 젠더의 불안정성을 드러낸다는 점에서 의미를 지닌다. 버틀러 자신이 강조하듯, 젠더 수행성은 행위자를 상정하거나 단일한 자의적 행위가 아니다. 젠더 규범을 작동시키는 폐제foreclosure된 섹슈얼리티에 문제를 제기하지 않고 다양한 젠더 정체성을 제시하는 것만으로는 충분하지 않으며, 기존의 규범적 젠더의 변형으로 수렴될 가능성이 높다.[76] 오히려 젠더는 복합적인 차이들이 교차하며 변화하는 신체와 분리될 수 없는 것이다. 젠더는 또한 보편적이고 본질적인 여성의 신체라는 개념을 거부하며, 각기 개별적 신체들이 지닌 구체적이고 특수한 물리적 실재성과 사회문화적 다수의 정황 등을 고려한다.

75 이에 관해 정희진은 다음과 같이 설명한다. 사회 현상에서 젠더를 가시화하는 작업은 다른 사회적 모순과의 관계성이 설명되어야 하며, 그렇지 않을 경우에는 불가피하게 동일한 본질을 지닌 젠더를 재생산하게 된다. "남성과 여성의 관계로만 젠더를 사고한다면, 즉 인종과 계급과 같은 남성과 남성의 차이, 여성과 여성의 차이를 젠더 분석에 교직하여 고려하지 않는다면, 특정한 역사적 맥락에서 젠더 범주의 유동성multiple gender difference을 드러낼 수 없다. 이때 젠더의 가시화는 오히려 이분법적 사고를 강화하게 된다. 젠더를 다른 사회적 모순과 상관없이 분리되어 작동하는 '여성 문제'로만 인식한다면, 남성과 남성의 차이를 다룰 수 없거나 남성과 남성의 차이는 젠더 문제가 아니게 되고 결과적으로 성차가 본질화된다. 젠더가 구성되는 과정임을 보여줄 때 젠더 질서의 변화도 가능하다." 정희진, 「편재偏在하는 남성성, 편재偏在하는 남성성」, 『남성성과 젠더』, 권김현영 외, 자음과 모음, 2011, 16-18쪽.

76 버틀러의 작업의 의미는 젠더에 관해 당연시된 사실과 지식은 실은 규범적 권력의 폭력적인 경계선에서 작동한다는 점을 밝힌 것이다. "젠더 규범(이상적 이분법 형태론, 몸의 이성애적 상보성, 적합하고 부적합한 남성성과 여성성이라는 이상과 규칙, 이종 잡혼에 반대하는 순수성과 금기의 인종적 코드로 강조되는 많은 것들)은 인식 가능한 인간이 무엇인지, 또 실제로 간주될 것과 간주되지 않을 것"은 무엇인지를 설정한다. 주디스 버틀러, 『젠더트러블』, 조현준 옮김, 문학동네, 2008, 66-67쪽.

카린 셀리버그^{Karin Selliberg}는 로지 브라이도티의 작업이 젠더 연구들과
트랜스젠더 연구에 있어서 1980-1990년대의 본질주의적 논의로부터 벗
어나 새로운 방식으로 접근할 수 있는 틀을 마련하고 있다고 평가한다. 셀
리버그에 따르면, 브라이도티는 젠더 수행성 개념에 반대하지 않으나 신
체와 물질을 피상적인 실재로 환원한 버틀러를 비판하면서, 욕망을 고정
된 것이나 미리 설정된 것으로 규정하는 것에 대해 반대하고, 신체가 살아
있는 되기의 과정이라는 것을 강조한다.⁷⁷ 즉, 신체는 일종의 흐름이자 시공
간적인 경계로 확정되는 지리학적 공간과 위치로서, 주체성은 사회적 물
리적 힘들의 결합에 의해 변화할 수 있는 유목적인 것이다. 브라이도티는
들뢰즈와 가타리와 같이 트랜스섹슈얼을 움직임이자 강도의 연속체로 파
악하며, 실제로 섹스를 초월하면서 섹스를 구성하는 경계를 넘는 것이며
더 결정적으로 주된 기호이고 기표의 분류학적 연쇄 작용으로서의 섹스를
해체하는 것으로 이해한다. 들뢰즈의 신체 개념을 적극적으로 도입하는
푸아의 경우에도 트랜스를 혼합물^{hybrid}이거나 제3의 성을 지칭하는 것이
아니라 움직임이자 강도의 연속체로 보며 존재론적 힘과 연관 짓는다.⁷⁸

---

77 물론 드랙^{drag} 개념을 제시하면서, 젠더와 섹스를 구분하는 논의를 넘어서 구성되는 젠더와,
  이러한 성을 수행하여 후험적인 체현의 산물로 신체를 간주하는 주디스 버틀러의 성과를
  인정하고 있다. 드랙은 다른 성의 옷을 입는 복장 전환자, 크로스드레서를 말한다. 버틀러의
  입장에서 젠더는 문화적이고 사회적인 양식의 수행을 통해 만들어지는 것이다. 이러한 수
  행성은 행위를 가능할 수 있는 미리 전제된 정체성이란 없으며, 진정한 젠더 정체성에 대한
  가정은 허구인 것이다. 버틀러는 드랙의 수행성을 재현적인 젠더 양식에서 벗어나는 저항
  의 방식이자 젠더를 수행하여 이를 구성해 낼 수 있는 가능성으로 제시하고 있다. 이러한
  젠더는 퍼포먼스처럼 언제나 행위로 나타나지만, 미리 상정된 젠더 수행자를 가정하지 않
  는다. 그러나 셀리버그는 버틀러 논의 자체가 추상적이라고 평가하고 있는 브라이도티의
  비판에 동의한다. 즉, 만약 젠더가 계속 수행되는 것이라면, 신체는 수행을 통해 젠더가 체
  현된 산물에 불과하다. 그럴 경우 트랜스젠더의 신체는 드랙을 체현한 신체로만 여겨지면
  서, 드랙과 무관한 구체적이고 특수한 체험에서 체현된 트랜스젠더의 신체는 사라지게 된
  다. 주디스 버틀러, 『젠더 트러블』 참조.

78 푸아는 자유주의 게이 정치학의 공모를 다루면서, 살게 되는 퀴어 주체와 죽게 되는 인종화
  된 퀴어 주체의 차이를 분석하며 동화주의적 권리 운동을 비판한다. 푸아는 트랜스-되기^{Be-}

오히려 트랜스 섹슈얼리티trans-sexuality는 미리 전제된 경험을 통해 재현되는 것이 아니며, 트랜스의 신체는 규범적 젠더와 교섭, 경합, 불화하는 과정을 겪어 내면서 근대 의학의 진단에 의해 승인 포섭 배제되는 신체에서 나아가 그 신체들 내에서 차이를 생산하는 신체로 이해할 수 있다. 규범으로서 젠더는 트랜스의 신체를 규범적 젠더를 통과한 신체로 재현하고 주조하거나, 트랜스 신체의 경험을 '젠더'로 읽힐 수 있는 것으로 만들어 버릴 수 있다. 그러나 되기를 통한 젠더화 과정은 퀴어한 신체에서 생산되는 차이들이 젠더화 과정과 연결되며 생산된다는 것을 이해하면서 퀴어 신체 경험과 실천에 의미를 부여한다. 트랜스 신체, 퀴어한 신체는 담론적인 젠더 너머 물질적인 신체의 차이의 생산을 드러내면서 젠더에 개입해 왔다는 점에서, 사실상 트랜스젠더의 역사는 곧 젠더가 생산된 과정의 역사이기도 한 것이다.[79] 이러한 신체에 대한 이해 방식은 트랜스 섹슈얼리티와 같이 다층적이고 구체적인 신체 경험을 설명할 수 있게 하며, 구체적이고 특수한 신체 경험이 젠더가 구성되는 과정에 참여할 수 있게 된다. 그리고 새로운 신체를 생산함으로써, 사회적으로 재현된 젠더가 아닌 젠더를 생산해 낼 수 있는 능동적인 것으로 접근할 수 있게 한다. 이에 따라 트랜스 섹슈얼리티의 경험을 미리 가정하지 않으면서 트랜스 섹슈얼리티의 신체의 성차를 제시하고 젠더를 생산하는 방식을 모색할 수 있게 되는 것이다.

따라서 젠더화되는 신체의 변이의 과정에서 젠더화되는 것으로서, 그러한 젠더는 소위 자연적 섹스와 젠더의 인과를 가정하거나 사회적 구성이

---

coming trans에서 선형성, 영속성, 종점의 불가능성을 강조하고 되기를 다양한 연속체들을 허용하고 읽어 내며, 고정적인 시작점, 종점, 클라이맥스의 지시하지 않는, 오직 강도와 지속성에 의해 나타나는 것으로 설명한다. Jasbir K. Puar, "Bodies with New Organs: Becoming Trans, Becoming Disabled", *The Right to Maim: Debility, Capacity, Disability*, Durham: Duke University Press, 2017. p.52.

79 Karin Selliberg, "Transtions and Tranformations From Gender Performance to Becoming Gendered", *Australian Femisit Studies, Vol.24, No.59*, 2009. p, 79.

라는 이분법에서 벗어날 뿐 아니라, 규범을 수행한다는 것에서 더 나아가 젠더를 다양한 스펙트럼을 지닌 애매한 것fuzzy으로 제시할 수 있다.[80] 애매한 젠더는 중간을 배제한 이분법적 구분 방식에서 벗어나, 이원적인 구조로 제시된 생물학적이며 해부학적 규정으로 환원될 수 없는 신체의 복합성과 체험성 그리고 유동성을 긍정한다. 그리고 이러한 신체의 다양한 역량을 양성 규정을 넘나드는 간성화intersexed와 젠더 횡단적인transgenderd인 연결을 통해 체현된 여성의 주체성으로 제시한다. 이 점에서, 에슐리 터처Ashley Tauchert는 브라이도티의 작업이 트랜스젠더들과 간성inter-sex의 섹슈얼리티를 이해하게 하며, 체현적인 다양한 경험을 통해 만들어지는 과정과 흐름 자체이기도 한 여성 주체의 존재론적 설립에 기여하고 있다고 평가하고 있다.[81]

---

80 섹슈얼리티는 반복적 복종과 다른 방식으로, 즉 타인의 욕망에 패러디적으로 응답하는 것을 넘어서 다양하게 변이하는 신체와 젠더를 생성한다. 이 점에서, 젠더를 변이가 존재하는 정도이자, 마치 기후대나 생태계로 생각해 보기를 권하는 핼러 스탬의 말은 시사하는 바가 많다. 잭 핼버스탬, 『가가 페미니즘: 섹스, 젠더, 그리고 정상성의 종말』, 이화여대 여성학과 퀴어·LGBT 번역 모임 옮김, 이매진, 2014. 75쪽.

81 Ashley Tauchert, "Fuzzy Gender: between female-embodiment and intersex", *General of Gender Studies*, Vol.11, No.1, 2002.

3장

페미니즘과 긍정의 윤리학

여성 주체를 체현적 실재이자 유목적 주체로 강조하는 브라이도티의 작업은 다음의 두 가지 목표를 지닌다.

여성 주체를 계급, 인종, 나이, 삶의 스타일, 성적 기호 등 복수적인 차이들을 대면하는 여성들에 의해 정의되고 긍정되는 인식론적, 정치적인 존재로 이해하는 것이다. 페미니즘을 체현되고 젠더화된 개인의 정체성의 문제들을 정치적 주체성의 쟁점들과 절합하고 이를 담론화하는 실천 활동으로 이해하는 바에 있다.[1]

브라이도티의 목적은 들뢰즈의 되기 개념을 통해서 여성 주체의 체현성과 유목성을 강조하면서, 변혁하고자 하는 의지와 새로움에 대한 욕망을 결합할 수 있는 방식을 찾는 데에 있다. 그것은 당면한 현실을 설명하지도 해결하지도 못하는 낡은 틀에서 벗어나 새로운 대안을 추구하려는 욕구가

---

1   로지 브라이도티, 『유목적 주체: 우리 시대 페미니즘 이론에서 체현과 성차의 문제』, 71쪽.

능동적 변용 능력을 상승시키는 변혁과 곧바로 연결되는 것은 아니기 때문이다.

나는 새로움을 변혁의 의지로 창출하려는 브라이도티의 목적이 행동학적 의미에서 윤리적 전회를 거쳐 페미니즘을 새롭게 규정해 보려는 시도라고 생각한다. 브라이도티는 인간 중심주의와 이분법을 넘어서 탈정체화와 탈중심화를 주장하는 미시정치의 실행이라는 점에서 들뢰즈의 행동학의 의미를 강조하며, 또한 여성 주체를 윤리적 주체로 제시한다. 여기서 윤리적 주체로서 여성 주체는 책임의 실행의 주체를 개인으로 한정 짓는 근대 주체의 개념을 넘어선다. 즉, 윤리적 주체로서 여성 주체는 관계와 연결성을 집단 행위자로서 작동하면서 인간 아닌 비인간의 영역으로 행위자를 확장할 수도 있다. 이러한 탈근대의 윤리적 주체는 개인의 동기에 따른 행위의 판단에 집중하기보다는, 동시대의 시간으로부터 지속하는 미래에 미칠 결과를 숙고하는 윤리를 지향한다. 이 점에서 브라이도티는 들뢰즈의 행동학을 페미니즘적 관점에서 재해석하여 긍정의 윤리학^{affirmative ethics}을 제시한다.

이 책은 브라이도티의 긍정의 윤리학을 페미니즘으로 적극적으로 해석해 보고자 한다. 긍정의 윤리학으로서 페미니즘은 여성이라는 범주를 넘어서 다른 차이에 개방적이며, 이를 실천의 역량으로 삼는다. 긍정의 윤리학은 페미니즘의 지평을 개방함으로써 차이들의 연결로부터 생산된 '우리'와 미래 세대를 위한 것으로 페미니즘을 확장할 뿐 아니라, 계속적으로 삶을 지속하기 위한 비판과 저항, 그리고 중재와 제휴의 정치라는 위상을 강화한다. 이 점에서 나는 긍정의 윤리학으로서 페미니즘이 기존의 지배적 규범과 상식에 도전하며, 사회의 다양한 범주를 변화시켜 새로운 삶의 양식을 생산해 내는 정치적 활동으로서의 의미를 지닌다고 생각한다. 이러한 페미니즘은 분노와 적대의 전략이 아니라, 다양한 차이들의 확산과 연결을 통해 다중적인 일상에서 벌어지는 행동주의를 일으키는 미시정치의 실천이다. 이번 장에서는 1) 긍정의 윤리학과 그 가치로 제시되는 타자성과 관계성을 살펴보고, 2) 긍정의 윤리학으로서 페미니즘이 차이를 역량으로 삼는 열린 연대로서의 미시 보편성을 증대하는 활동이자, 3) 지속가능성을 추구하는 공동체에 기여하는 능동적 정치 활동임을 보여 주는 것에 목적을 두고 설명할 것이다.

1. 긍정의 윤리학과 페미니즘

1-1. 긍정의 윤리학에서의 관계성과 타자성

브라이도티는 능동적인 변용과 변용 능력을 상승시키는 관계를 모색하는 들뢰즈의 행동학을 페미니즘적 관점에서 새롭게 해석하면서 긍정의 윤리학을 제시한다. 긍정의 윤리학은 차이와 변화를 역량으로 삼아 존재를 지속하는 데 강조점을 두며, 능동적 관계 맺기의 방식이자 기술인 되기를 윤리적인 것으로 삼는다.

> 윤리적 좋음은 되기becoming에 관해 힘을 부여하는 방법을 규정하는 것이다. 능동적 관계에 대한 강조는 윤리를 상호 관계에 대한 긍정적 태도로 이해하며, 생성적 힘과 가치를 배양하는 실천으로 정의하는 실용적 접근 방식이다.[2]

---

2   로지 브라이도티, 「긍정, 고통, 그리고 임파워먼트」, 『글로벌 아시아의 이주와 젠더』, 이화여자대학교 아시아여성학센터, 2011, 41쪽.[이 글은 2008년 이화여자대학교 아시아여성학센터에서 주최한 '2008 International Summer Lecture Sessions: Femnisit Ethical Issues in Globalization'에서

긍정의 윤리학에서 긍정은 다양하게 변이하는 차이들을 그 자체로 긍정affirmation하는 것이며, 저하된 역량을 의미하는 부정성을 능동적 변용 능력인 긍정성positivity으로 바꾸는 변이를 의미한다. 이 점에서 긍정의 윤리학의 목표는 부정적인 가치를 부여받았던 힘들을 다른 차이들과 접합하여 창조적 되기를 일으키는 긍정적인 것으로 변모시키는 것이다. 긍정의 윤리학은 윤리의 문제를 규칙 준수의 차원에서가 아니라, 계속적인 변용을 일으키는 역량을 강화하는 능동적 관계를 창출하는 방식으로 이해하는 것이다.

행동학은 신체 능력의 상승과 하강을 기준으로 삼아, 한 신체에 있어서 결합 관계의 좋음과 나쁨을 제시하기는 하지만, 분명한 윤리적 가치 기준을 제시하지는 않는다. 그러나 이와 달리 긍정의 윤리학은 관계성과 타자성을 사회공동체에 통용될 수 있는 윤리적 가치로서 제안한다.[3] 나는 이러한 브라이도티의 입장이 페미니즘에 윤리학을 도입할 필요성을 정치운동의 행위자로서의 여성 주체를 윤리적 관계망을 도모하면서 구축하기 위한 실용성에서 찾고 있기 때문이라고 생각한다.

윤리적 가치로서의 관계성은 개체가 홀로 독립하여 존재하는 것이 아니라 상호 연결되어 살아가는 존재임을 강조하는 것이다. 이는 개체들 각각의 능동적 변용 능력이 상승하면서 다른 개체와 더불어 공존하고 공생하는 공동체의 창출을 의미한다. 긍정의 윤리학에서 관계성은 또 다른 가치인 타자성과 분리될 수 없다. 브라이도티는 타자성을 변용을 일으키는 새로운 현실성이자 나와 너라는 인칭적 자아와 무관한 그저 있음에서 비롯된 하나의 지각 조건으로서 이해한다. 이러한 타자성은 동일성의 반대항으로 규정되는 비동일성이 아니라 창조적 되기의 잠재력이다. 브라이도티

"Affirmative Ethics and Bio-Politics"라는 주제로 발표된 글이며, 이후 *Asian Journal of Women's Studies, Vol. 14, No. 3*(2008)에 "Affirmation, Pain and Empowerment"라는 제목으로 수록 되었다(pp. 7-36).]

3 브라이도티는 『트랜스포지션』에서 이로부터 하나가 아닌 비동일자를 윤리 원칙으로 제안하며, 이후 이 책에서 논의할 지속가능성을 새로운 윤리적 기준으로 제시하기도 한다.

는 비동일적인 것, 결핍된 것, 부정적인 것으로 타자를 규정하는 입장이 인간 중심주의와 동일성과 비동일성의 이분법 논리를 따르고 있다는 점에서 비판한다. 인간 중심주의는 백인, 남성, 이성애자이면서, 동물적이지 않고, 육체성과 무관하며, 대지에 속하지 않은 존재로 주체를 규정하고, 주체의 기준을 만족시키지 않은 것들을 타자성에 속하는 것으로 분류한다. 타자는 언제나 정상적 주체를 기준으로 삼아 비주체적인 것으로 귀속되며 동일성이 결핍된 부정적인 것으로 평가되는 것이다. 차이와 타자는 동일성의 반대항인 비동일적인 것으로 정의되어 정상적이며 표준적인 것을 주체로 확정하게 하는 일종의 매개 변수의 역할을 담당할 때에만, 이러한 구조에서 부정성을 표상한 채 수용 가능한 것으로 받아들여진다. 구조적 타자성의 논리에서의 타자성을 벗어나지 않으면 차이는 배제된 요소나 차별적 차이로 이해되고, 여전히 타자는 동일성과 지배적 권력에 종속되며 비정상적인 것으로 묶일 뿐 아니라 정태적 정체성을 옹호하는 이분법 논리에 갇히게 된다. 이 점에서 브라이도티는 지배적 주체의 시각에 따라 타자를 '여성, 게이, 트랜스섹스 등 성애화된 타자들', '인종화된 타자들로 간주하며, 자연적이고 동물적이며 환경적인 타자들'인 구조적 타자성으로 규정하는 입장에 반대한다.[4] 그러기에 긍정의 윤리학은 타자성을 인간 중심주의에 의해 정의되는 의미에서의 '비인간'으로서의 타자와 차이가 아닌, 오히려 인간과 비인간을 나누는 이분법을 넘어서 변용을 일으키는 역량으로 이해하는 것이다. 그럼에도 불구하고, 브라이도티는 타자성을 구조적인 한계나 지배적 다수에 의해 배재된 요소인 차별의 위치로 자리매김한 정치적 시도들을 어느 정도 수용한다. 그것은 이들의 정치적 운동으로 인해 타자성이 부정성으로서가 아니라 긍정성을 지닌 측면으로 평가될 수 있었기 때문이다.

---

4   로지 브라이도티, "Affirmation, Pain and Empowerment", p. 44.

174

유럽의 근대에서의 해방을 향한 거대한 운동과 같은 역사적인 예에서 찾을 수 있다. 이에 따라 여성과 게이의 권리 운동, 반인종차별주의 운동, 탈식민주의 운동, 반핵, 장애인과 동물의 권리를 포함하는 환경-친화적 운동은 근대성이 규정한 구조적인 타자들의 목소리들에서 비롯된 것이다. 배제된 자로서의 타자들이 일으킨 운동은 인본주의적 주체의 견해나 다수적 '중심'이 드러내는 위기를 보여 준다.[5]

이렇듯 브라이도티의 타자에 대한 입장은 무엇보다 인본주의적 정체성에서 이탈하여 새롭게 여성 주체를 발명하는 운동을 강조한다는 점에서, 타자를 다수적 지배, 정체성으로부터 이탈하여 새로운 주체를 창조해 내는 비인칭적인 강도적 역량으로 이해한다. 이와 동시에 지배적 다수의 위기를 폭로하고 비판하는 운동의 필요성을 인정한다는 점에서, 타자를 억압과 주변화 그리고 배제의 측면에서 그 인칭성을 강조하는 것 또한 거부하지 않는다. 나는 타자를 두 측면에서 모두 받아들이고 있는 브라이도티의 입장이 주체의 죽음을 선언하기 위해서는 먼저 주체가 되어야 할 필요성이 있다는 전략적 요구와 사회적 차별과 억압에서 벗어나 새로운 대안적 세계를 창조하려는 페미니즘적 당파성을 견지하는 데서 비롯되었다고 보며, 행동학과는 어느 정도 차이점을 드러내고 있다고 생각한다.

행동학과 긍정의 윤리학의 차이점은 관계성과 타자성을 연결시키는 논의에서 드러난다. 브라이도티는 관계성을 타자들과 연결된 네트워크로 이해하면서, 타자에게 해를 가하게 되면 연결을 실행하려는 되기의 잠재력과 생산적 긍정성이 낮아지면서 능력과 역량의 저하가 따르기에 관계성과 타자성은 분리될 수 없는 것으로 설명한다. 이러한 관계성과 타자성을 연결하는 이해 방식은 능동적 변용 능력이 각각의 신체의 만남인 변용에서

5   로지 브라이도티, 같은 글, p. 45.

비롯된다는 점을 강조하는 것이기도 하지만, 브라이도티는 이에 그치지 않고 이를 인칭적 차원에서의 연결로 이해하여 일종의 준칙으로 도입하며 다음과 같이 설명한다.

> 자기 자신에게 하지 않았으면 하는 것을 타자에게도 하지 말아야 한다는 명령은 거부되는 것이 아니라 확장된다. 긍정의 윤리학에서 타자에게 내가 해를 가하면 힘, 긍정성의 손실, 관계의 능력 즉 자유의 손실이라는 점에서 즉시 나 자신에게 해를 미치는 것으로서 되돌아온다.[6]

타자성을 존중하는 것은 나를 존중하는 것과 같은 것이며, 이 존중의 준칙은 우리가 선험적 공통 감각으로서 인간이라는 본질을 지녔기 때문이 아니라, 상호의 능력에 영향을 미치는 관계를 맺고 있기 때문에 생겨나는 것이다. 이로부터 브라이도티는 행동학에서는 제기되지 않은 책임의 문제를 제출한다. 책임은 '타자와 맺는 상호 관계를 통해 능동적 행위를 창출하는 집합적 주체를 지속할 수 있게 하는 것은 무엇인가?'라는 질문에 답하는 것이다. 이 책임은 자유주의적 이념이 전제하는 자율적 개인이 아니라 공동체 전반으로 확대된다.

> 다른 인간과 비인간적인 행위자들과의 내적으로 연결된 존재라는 점에서 우리는 심지어 우리 자신으로는 할 수 없었던, 즉 우리가 하지 않았던 행위들에 대한 책임감을 공유하게 된다. 이를 이해하기 위해서는 한나 아렌트가 중요하다. 공동체

---

6   로지 브라이도티, 같은 글, p. 64.

의 일원이라는 것은 우리의 자발적인 행위가 아니라 그저 거기에서 탄생했다는 점에서 획득되었으며, 책임성의 이유는 바로 우리가 그 공동체의 일원이라는 점에서 기인한다.[7]

브라이도티는 책임의 문제를 보다 구체적으로 설명하기 위해 한나 아렌트의 탄생성natality개념을 도입한다. 탄생성은 아렌트의 박사논문이었던 「아우구스티누스에게 있어서의 사랑 개념Der Liebebegriff bei Augustin」에서 발전된 개념이다. 아렌트는 지상의 삶을 극복하고 천상의 삶을 사랑함으로써 현실과 세계에 대해 부정적인 태도를 보인 아우구스티누스를 비판하면서도 그의 탄생성 개념을 받아들인다. 아렌트는 대신 초월성, 예지계와 같은 개념을 기각하며, 인간을 오직 인간들 사이에서 존재하는 것으로 이해한다. 그리고 인간의 삶의 조건을 유한한 존재로 태어남이라는 탄생성으로 규정함으로써, 그로부터 기인한 현상성appearing과 복수성plurality을 긍정한다.[8] 브라이도티는 이러한 아렌트의 탄생성 개념을 우리의 선택과 무관하게 공동체에 태어나며, 더불어 살아가고 있음으로 설명한다. 그러한 우리의 조건으로 인해, 즉 우리가 공동체에 탄생했다는 이유로 공동체의 문제에 공동의 책임을 지는 것이다. 그것은, 책임은 내가 행위한 것만 지는 것이 아니

<hr>

7 로지 브라이도티, 같은 글, p. 42. 이러한 점에서 페미니즘은 생태적인 요구들과 결합되어 에코페미니즘으로 제시되며, 생태 위기와 삶의 지속성을 위협하는 위기들을 넘어서 새로운 패러다임을 제기하고 있다.

8 아렌트는 탄생성을 유한한 세계를 사랑하면서 새로운 시작을 가능하게 만드는 행위 양식으로 제안한다. 아렌트에 따르면, "인간사의 영역인 세계를 그것의 정상적이고 '자연적' 황폐화로부터 구원하는 기적은 궁극적으로는 다름 아닌 탄생성이다. 존재론적으로는 이 탄생성에 인간의 행위 능력이 뿌리박고 있다. 달리 말하면 기적은 새로운 인간의 탄생과 새로운 시작, 즉 인간이 탄생함으로써 할 수 있는 행위이다." 아렌트는 탄생성으로부터 믿음과 희망을 가질 수 있는 근거를 찾아내면서 유한한 인간의 활동성을 긍정하는 것이다. 한나 아렌트, 『인간의 조건』, 이진우 외 옮김, 한길사, 2001, 311-312쪽.

라, 내가 하지 않은 행위일지라도 공동체에서 생겨난 문제에 대해 공동체의 일원이기에 함께 해결해 나가야 한다는 것을 의미한다.

이 책임은 공동체와의 연결을 승인하는 것이다. 책임은 결코 개인의 자발적 행위에 대한 귀책만을 의미하지는 않는다. 하지만 이는 개인 책임을 부인하기 위해 구조적 원인 개선만을 주창하는 것은 아니다. 책임의 새로운 지평은 개인적 책임 담론이 야기하는 고립적이고 원자적인 사고 방식의 고착화에서 벗어나기를 요구하는 것이다. 이러한 브라이도티의 책임은 아이리스 영Iris M. Young의 논의를 통해서 보다 구체적으로 이해할 수 있다. 영은 일탈적 빈곤층의 사례로 개인적 책임 담론이 사회적 약자를 고립시킬 뿐 아니라, 조건 변화를 모색하기보다는 온정주의 정책과 징벌적 정책 적용을 정당화한다고 비판한다. 최소 수혜자의 최대 이익과 기회 평등이라는 롤스식의 분배 정의 담론 역시 개인의 운을 조정한 후 행위의 판단을 사회적 약자의 개인 자질로 검토한다는 점에서 여전히 귀책 이론에 빠진다.[9] 개인적 책임 담론에서 벗어나기 위해서라도, 영은 책임을 부여할 때 우선적으로 "비난, 과실 또는 법적 책임을 가정하지 않은 책임" 개념의 발전을 주장한다.[10] 윤리적 주체의 책임을 정치적 책임으로 이해할 경우, 책임은 사회적 연결을 긍정하면서 공적 영역의 참여 모색으로 이해할 수 있다. 다시 말해, 윤리적 주체의 책임은 도덕적 죄sin가 아니라, 공동체에 대한 책임이다. 하지만 공동체에 대한 책임은 단순히 집단이나 국가의 구성원 자격 때문이 아니라, 행위를 함으로써 부정의를 양산하는 구조에 참여하기에 떠맡는 "정치적 책임"에 가깝다.[11]

---

9   아이리스 영, 『정치적 책임에 관하여』, 허라금 외 옮김, 이후, 2013.

10   아이리스 영, 같은책, 86쪽.

11   아이리스 영, 같은 책, 213쪽. 아이리스 영의 죄와 책임에 대한 구분은 한나 아렌트의 책임에 대한 논의를 다룬 『예루살렘의 아이히만』의 독해에서 비롯한다.

브라이도티는 책임을 개인이 아니라 공동체에 귀속되는 것으로 보며, 이를 인칭적인 차원에서의 타자만이 아닌, 인칭을 넘어서 지구 환경에 더불어 거주한다는 점에서 생명의 흐름 전반으로 확장한다. 즉, 책임은 인간 중심주의의 논리에서 벗어나 타자의 영역과 더불어 공존하는 데로 확대되는 것이다. 또한 브라이도티는 지금 거주하는 공간을 현재에 영향을 미치고 있는 공유된 과거의 기억이 머무르면서도 미래로 이어지는 곳이라는 점에서 시간적 차원에서도 책임을 확대한다.

브라이도티가 주창하는 긍정의 윤리학은 내재적인 지평에서 차이를 활동적인 힘으로 제시하고 되기를 실행하는 들뢰즈의 행동학을 받아들이면서도 페미니즘적 당파성의 필요에 따라 인칭성을 강조한다. 하지만 나는 이러한 브라이도티의 작업이 호명하는 인칭성은 근대적 인본주의로의 회귀가 아니라 정치운동의 행위자 주체를 설명하기 위한 실용성으로부터 비롯된 것으로 이해한다. 따라서 브라이도티가 주창하는 긍정의 윤리학은 인칭적 타자성과 책임성에 대한 강조에도 불구하고, 공동의 능동적 변용 능력을 증대하는 윤리적인 관계성을 창출하는 전 개체적인 역량으로 타자를 확산하는 것이다. 이를 통해 브라이도티는 윤리적 관계를 비인간적 non-human이고 포스트 휴먼적post-human이며 초인간적인 힘과 맺는 상호 관계에 열려 있는 것으로 보면서, 인간 중심주의를 타파하는 생명 중심주의에 기반하는 윤리학으로 나아가고자 하는 것이다. 긍정의 윤리학에서 윤리성은 이질적, 비인간적 타자들과 상호작용하는 다양한 양상에서 서로 연결되어 있음을 자각하면서 세계 속에서 생산적 방법으로 행동할 수 있는 능력을 증대시키는 것이다.

브라이도티는 이러한 긍정의 윤리학을 "현재를 가치 있게 만듦으로써, 또한 부정성에 대항할 힘과 능력을 현재에 결합시킴으로써 현재에 적극적으로 참여할 수 있도록 해준다. 여기서 핵심적인 개념은 저항 의식의 적대적 양상으로서가 아니라 희망에 대한 사회 지평을 함께 건설하는, 소박하지만 힘을 주는 그러한 태도"를 갖는 것으로 정의한다.[12] 그러하기에 긍정의 윤리학은 희망에 대해 이야기하지 않았던 행동학과 달리 새로운 전망에 대한 희구, 그리고 변이하면서 유한하게 존재하기를 긍정하는 방향에서 용기와 희망을 제시하고자 하는 것이다.

1-2. 긍정의 윤리학으로서 페미니즘

브라이도티는 타자성과 관계성을 윤리적인 것으로 제시하는 긍정의 윤리학을 페미니즘과 조우하며 교차하는 것으로 설명한다.[13] 앞서 살펴보았듯이, 신체는 물질적인 것과 기호적인 것을 넘나들며 생성되고 변용하는 것이며 신체들 간의 결합을 통해 구축되는 것이다. 브라이도티에 따르면, 할 수 있는 힘을 의미하는 신체는 성차sexual difference에서 비롯된 권력의 비대칭성을 체현하고 있다. 브라이도티는 차이의 문제를 검토함에 있어서 들뢰즈가 성차를 고려하지 않았다는 점을 비판하면서, 신체가 탈성차적인 것이 아니라 각각의 신체의 경험의 특수성으로부터 성차화된sexed 것이라고 설명한다. 변용하는 신체의 변화는 권력의 비대칭성에 따른 성차화되고 젠더화된 코드들이 새겨지고 있는 과정이기 때문에, 성차의 물음은 관계성과 타자성을 주장하는 긍정의 윤리학에 있어서 무엇보다도 중요한 것이다. 그러한 이유로, 브라이도티는 신체의 변용 능력을 증대하는 되기를 좋음으로서 제시하는 긍정의 윤리학에서 결코 대칭적일 수 없는 성차sexual

---

12 로지 브라이도티, 「긍정, 고통, 그리고 임파워먼트」, 65-66쪽.

13 콜브룩 역시 같은 평가를 하고 있다. Clare Colebrook, "Postmodernism is a Humanism: Deleuze and Equivocity", *Women: a cultural review Vol. 15. No. 3.*, 2004.

difference의 물음이 동반될 수밖에 없다고 설명하는 것이다.[14]

　나는 브라이도티의 성차 개념이 남녀라는 이분법적인 구별에 따른 이항 대립적인 성적 차이를 의미한다고 간주하지 않는다. 나는 브라이도티가 제안하는 성차 개념의 기본적인 성격은 각각의 신체들의 변이하는 섹슈얼리티로부터 발생된 '특이한 것Anomal'이자,[15] 들뢰즈와 가타리를 따르자면 n개의 성을 뜻하며, 앞서 살펴본 브라이도티의 성차의 세 번째 층위의 차원에서 생성되는 것이다. 그렇지만 브라이도티는 가부장제에서 오직 타자로서만 재현되는 성차 구분 자체를 문제 삼으면서, 타자의 타자로 여성 성차의 물질적 실재와 생성을 설명하는 이리가라이의 논의와 이를 들뢰즈의 생성으로서의 물질과 되기 개념을 통해 여성의 독특성이라는 점에서 성차를 강조하는 것이다.

　나는 브라이도티가 다음의 이유로 성차를 강조하고 있다고 생각한다. 우선 가부장제적 사회에서 전제하는 양성의 성적 차이가 비대칭적인 권력을 지닌 신체를 생산한다는 것을 보여 주기 위해 성적 차이의 우선성을 제시하는 것이다. 둘째, 젠더로만 여성을 규정하는 입장이 물질로서의 여성의 신체와 체현성을 간과하고 있음을 비판하기 위해서이다. 젠더로서만 여성을 규정하는 입장은 생물학적인 것과 사회적인 것을 구분하고 젠더를 오직 사회적 구성물로만 규정한다는 점에서 문제가 있다. 셋째, 성차 개념을 통해서 생물학적인 섹스와 사회적 구성물로서 젠더를 구분하는 논리를 넘어서, 변화의 과정을 거듭하는 신체로부터 '여성'을 설명하기 위해서이다. 넷째, 성차를 남녀 양성 구도로만 규정함으로써 다양한 성차를 무시하는 가부장제의 논리를 비판하고 남성 중심주의의 재현 구도에서 벗어난

14　로지 브라이도티, 『유목적 주체: 우리 시대 페미니즘 이론에서 체현과 성차의 문제』, 187-217쪽, 233-269쪽.

15　들뢰즈와 가타리는 특이성을 갖는 존재를 규칙을 갖지 않은 비정상성이 아니라 변이가 일어나는 경계 위치로 설명하고 있다.(MP 299-300/463-465)

다양한 신체 개념에서 비롯된 복수적인 성차들을 제안하기 위해서이다. 따라서 좋은 관계를 추구하고 타자성과 관계성을 가치로 삼는 긍정의 윤리학에서 성차의 문제는 중요한 것이다.

그러나 브라이도티가 무엇보다도 긍정의 윤리학을 제창하는 이유는 체현적 실재로 여성 주체를 발명하려는 페미니즘에 있어서도 윤리학적 전회와 성찰이 필수적이라고 보기 때문이다. 브라이도티는 지금의 페미니즘이 벨 훅스가 제기한 '인본주의적 신념에 기대지 않으면서도 다종한 차이들의 연결을 통해 어떻게 상대주의적이지 않은 구체적인 공동체를 창출하고 다중성과 이질성을 허용하고 지속적으로 변화하는 상호 관계적이며 유동적인 여성 주체를 발명할 것인가?'라는 물음에 답하는 것이며, '이를 어떤 방식으로 구체적인 페미니즘 정치의 장에서 실천할 것인가?'라는 문제를 주요하게 도출하는 것이라고 본다.[16] 즉, 여성 주체의 발명은 다양한 가치를 주창하는 다종한 운동들과 마주하는 것이며, 이와 함께 더불어 공존하는 공동체를 구축할 필요성을 요구받는다. 이는 지금 우리 시대의 페미니즘이 새로운 대안적 가치와 존재 방식을 발명해 내는 윤리적 전회를 통과하고 있음을 의미한다.

또한 윤리적 관계를 고민하는 노력이 페미니즘에 필요한 까닭은 무엇보다도 여성 주체에 대한 다음의 정의에서 기인한다. 여성 주체는 고립된 개인이 아니라 관계를 맺은 각각의 신체의 능력을 향상시키는 신체들 간의 결합이자 집합적인 힘이며, 이러한 결합을 창출하는 능력으로서의 힘을 의미한다. 이 점에서 여성 주체는 타자성을 확산하고 연결하면서 관계성을 생산해 내는 물리적 실재인 것이다. 그러하기에 브라이도티는 타자성과 관계성을 강조하며 윤리적 관계의 구축이 지금의 페미니즘에 가장 요구된다고 보는 것이다. 이 점으로부터 이 책은 성차화된 차이의 물질성, 신

16 Bell Hooks, "Postmodern Blackness", *in Yearning*, Between the Lines, 1990, p. 23.

체성을 강조하면서 페미니즘을 긍정의 윤리학으로 이해한다.

나는 긍정의 윤리학으로서 페미니즘을 제시하려는 것이 페미니즘의 출발이나 변화의 과정과 분리될 수 없다고 생각한다. 페미니즘은 동일한 정체성을 지닌 서구, 남성, 백인이라는 주체의 관점으로 세계를 이분법으로 재단하는 논리에서 벗어나는 것으로부터 출발했다. 평균과 보편에 문제를 제기하며 타자성을 옹호해 왔으며, 동일성에 의해 타자화된 차이들의 관계와 연대를 주장해 오면서 변화해 왔다. 이러한 페미니즘은 젠더라는 단일한 범주만으로 여성 주체를 정의하는 것을 넘어서 복잡하고 이질적인 차이들의 유입을 통해 여성 주체가 생산된다는 점에 주목해 왔다. 즉, 페미니즘은 불변하는 보편성과 객관성을 담지하는 본질을 갖지 않으며, 그로부터 정치운동의 동력을 찾지 않는다. 오히려 페미니즘은 자신의 정의를 확장해 내는 그러한 경험을 통해 자기 정의를 업데이트하며 갱신해 나가는 구성 활동이자, 그 의미와 실천이 함께 작동하는 살아 있는 과정이다. 이러한 페미니즘 운동의 주체는 무수한 이질성인 차이로 구성된, 즉 내부의 차이를 지니면서 변화해 가는 개념이다. 앞서 살펴보았듯이 차이는 동일성을 담지하는 남성의 반대항인 비동일성으로 규정되는 차이로서가 아니라 이분법의 틀을 넘어서려는 역동적인 힘을 지닌 것이다. 힘으로서의 차이는 구체적인 여성의 신체에서 발생하는 복수적이며 각기 이질적인 존재론적인 것이다. 각기 특수한 체현적인 존재론적 차이는 다층적이고 복합적인 삶의 양상에서 발생하는 문제들이 단일하고 선험적인 원리에 기반하여 설명되고 해결될 수 없음을 더욱 더 분명하게 보여 준다. 그래서 여성은 젠더만이 아니라 나이, 계급, 종교, 인종, 장애 여부, 섹슈얼리티 등 복합적인 작용으로 구축되는 것이며, 한 가지 사회적 요인만으로 설명 불가능한 것이다. 이 요소들은 각기 다른 차원과 상황에서 차별과 억압으로 나타나며, 각각의 요소는 상호 의존적인 맥락과 상황에서 여성으로 하여금 억압을 경험하게 한다. 이 때문에 가장 중요하고 일차적인 모순이나 어떤 것이 다른 것보다 더 본질적이라는 분석을 통해 여성의 억압을 설명할 수 없으며, 이로부터 저항적인 움직임을 이끌어 내는 것 또한 한계가 있다. 중요한 것은 다양한 차이로 구성된 여성이 어떤 맥락과 상황에 위치 지어져 있느냐를 이해하는 것이다.

그러하기에 페미니즘은 젠더 관계뿐 아니라 다양한 타자들과의 소통, 그리고 다른 사회적 모순과 성차별 관계에 주목했으며, 어느 정치학보다 사회적 차별에 민감하며 다양한 피억압자들에 관심을 가져온 것이다. 이 점에서 타자성과 관계성의 문제를 중요한 의제로 삼아 온 페미니즘은 여성이라서 차이가 차별이 되는 현실에 저항하는 정치운동이자, 나아가 여성이라는 범주를 넘어 인본주의적 가정들에서 벗어나 새로운 존재 양식과 대안을 창출하는 연대와 제휴의 정치운동으로 이해될 수 있다.[17] 그것은 페미니즘이 정상성으로 정해진 기준에 대해 왜 이렇게 성립되었는가를 묻고 기존의 지배적 규범과 상식에 도전하면서 기존의 억압적인 삶의 양식을 재생산하지 않기 위해 사회의 다양한 범주를 새롭게 변화시키려 해왔기 때문이다. 페미니즘은 탈역사적이며 일반론적인 규범과 보편적 인간성에 호소하는 도덕성에 문제 제기를 하며, 규범을 계보학적으로 탐색하고 비판하면서 실정적인 방식으로 문제에 접근하는 윤리적이며 정치적인 노력을 해왔다.

따라서 나는 페미니즘을 여성을 위한 것만이 아니라 모든 이와 더불어 새로운 삶의 양식을 모색하고 대안적 가치를 생산해 내는 하나의 세계관으로 제안하고자 한다. 즉, 페미니즘은 여성으로서 여성의 이익을 추구하는 고립된 정치의 형식이 아니라, 다양한 요구들의 폭넓은 접합이라는 맥락 속에서 페미니즘적인 목적과 목표를 추구하면서도, '여성'이란 범주가 종속을 내포하는 방식으로 구성되고 있는 모든 담론과 관행 그리고 사회

---

17 브라이도티, 『유목적 주체: 우리 시대 페미니즘 이론에서 체현과 성차의 문제』, 349-350쪽.

적 관계를 변형시키는 것이다. 이 점에서 페미니즘은 타자성을 역량으로 삼아 공동체에 있어서 새로운 존재 방식과 관계를 창출하는 긍정의 윤리학으로 이해될 수 있는 것이다.[18]

나는 긍정의 윤리학으로서 페미니즘이 보살핌에 새로운 의미를 부여하면서 책임을 새롭게 규정하고 있다는 점에서 페미니즘 내의 윤리적 논의와 맞닿아 있다고 생각한다. 페미니즘 윤리에서 보살핌의 문제는 기존의 인본주의적 주체인 남성의 도덕이 '이것 아니면 저것'이라는 선언적 구조로 제시되는 도덕적 딜레마의 이분법에서 벗어나기 위해 제기되었다. 캐롤 길리건Carol Gilligan은 『다른 목소리In a Different Vocie』에서 권리의 도덕morality of rights이라 칭한 남성의 도덕을 비판하면서, 보편적 도덕이라는 미명하에 부각되지 못한 불평등한 권력과 도덕과의 관계와 특정한 역사와 상황에서 맥락화되는 구체적 목소리를 통해서 페미니즘적 입장에서 윤리의 문제를 검토하며 보살핌의 가치를 제안한다. 권리의 도덕은 연결보다 독립성을 강조하고, 관계보다는 개인을 우선시하면서 삶의 방식을 오직 하나로 규정하고, 차이를 우열의 차원에서 받아들인다. 그러나 보살핌의 윤리는 행위를 요구받는 선택에 있어서 우선적으로 상호 연결된 관계와 문제 상황의 사회적 맥락을 이해하려고 한다. 이러한 상호의존성을 인정하게 되면서 갈등은 관계에 위협적인 요소가 아니라 한 단면으로 이해되며, 갈등의 해결책을 단층적이고 명백한 것이 아니라 훨씬 더 복잡하고 다층적인 것으로 모색하게 된다. 또한 윤리의 근거를 보편적 도덕 원리를 스스로 채택하는 합리성에서 찾아내지 않는다. 보살핌의 윤리는 타자와의 정서적 감응을 가능하게 하는 생생하고 열정적인 삶에서 비롯된 통찰과 보살핌에 새로운 윤리적 의미를 부여한다. 이는 관계를 계속되는 의존 관계가 아니라 역동적인 상호 관계로 이해하는 것이며, 정의와 보살핌의 활동을 결합

18 미셸 푸코 외, 『미셸 푸코, 섹슈얼리티의 정치와 페미니즘』, 황정미 옮김, 새물결, 1995. 249쪽.

시키는 것이다. 이러한 보살핌의 윤리에서, 보살핌은 다른 사람에게 피해를 주지 말라는 그러한 권리의 명령을 넘어서 자신을 보살피는 것을 포함하여 사회적 관계에 대한 책임을 뜻하는 것이다. 즉, 책임은 한 개인만의 것이 아니며, 구별되기는 하지만 상호 연결된 자아와 타자라는 관계에 귀속되는 것이다. 이 점에서 브라이도티는 긍정의 윤리학이 보살핌의 윤리를 재요청하고 있다고 설명하는 것이다. 긍정의 윤리학에서 오히려 보살핌은 타자와 관계 맺으려는 시도라는 점에서, 타자와 연결되어 그 역량을 강화키는 능동성을 창출하려는 관계에 힘에 부여하는 되기이자, 힘 기르기empowerment로 적극적으로 이해될 수 있다. 즉, 보살핌은 타자성과 다양성을 존중하는 횡단적 연결이다. 브라이도티의 말로 하자면, 힘 기르기로서의 보살핌은 정황적이고 책임성 있는 실천이자 자아와 타자의 상호의존성을 강조하는 것으로 활동적인 시민권과 같은 입장으로 확대될 수 있는 것이다.[19] 이로 인해 보살핌은 이분법적 규정에서 남성의 반대항에서 설정된 여성적인 것이나 여성적 덕목으로 표상된 의미에의 감정노동으로만 오인될 수 있는 여지를 넘어서 새로운 의의를 획득하는 것이다.

힘 기르기는 되기를 추동하는 긍정의 윤리학에 중요하다. 그것은 특히 되기가 권력에 의해 차별받는 소수성의 위치에서 출발하지만, 차별에서 벗어나 저항하는 데 머무르지 않고 소수성을 조직하는 중심 규범을 합법적으로 만드는 논리를 전복하려는 시도이기 때문이다. 즉, 되기는 첫째, 성립된 규칙을 파괴하고 이 규칙을 대체하지 않는 새로운 개념과 가치를 창조하는 것이다. 둘째, 이질적이고 다양한 위치들과 전략들 가운데서 역동적이고 횡단적 교차점과 운동을 생산하는 것이다.[20] 이 점에서 되기는 새로운 것을 창출하는 행위 능력을 증강시키는 저항의 형식인 것이다. 그런데

---

19 브라이도티, 『트랜스포지션: 유목적 윤리학』, 217-220쪽.

20 브라이도티, 같은 책, 242쪽.

문제는 이러한 저항의 형식을 얼마나 지속할 수 있는 가에 있기 때문에, 힘 기르기는 이 점에서 가능성을 타진할 뿐 아니라, 힘들의 관계들의 지형을 그려내어 그 힘들을 지속할 수 있는 방향을 창출하는 것이다. 즉, 힘 기르기는 오래 지속할 수 있는 관계들을 형성하고 타자들에 역량을 투여하고 그 역량을 길러내는 작업이며, 바로 이 점에서 윤리학에서 가장 중요하게 우선시될 방식 중 하나인 것이다.

힘 기르기는 역동적인 의미에서 긍정적인 차이를 실재적이며 물질적인 관계들로 구체적으로 만들며, 다른 다양하고 복합적인 차이들을 내적으로 연결하는 네트워크를 형성하는 것이다. 이렇게 생성된 관계는 이질적인 것들을 연결하면서 새로운 차이를 일으키는 리좀rhizome적인 것이다. 이러한 리좀적 관계는 집합성collectivity, 관계성relationality을 특징으로 삼는, 차이를 통해 다질적이지만 상호 의존적으로 함께 존재하는 방식을 구축하는 것이다. 따라서 이러한 힘 기르기는 새로운 관계이자 사회적 신체인 공동체를 창출하려는 노력이기도 하다. 그러하기에 긍정의 윤리학으로서 페미니즘에서 중요한 것은 상호 연결된 신체들의 힘을 강화시키는 긍정적인 양상과 발생적인 역량 그리고 이를 상승시키는 집합적인 역량으로서 공동체를 생산하는 실험과 수행practice에 있다.[21]

긍정의 윤리학으로서 페미니즘은 주체를 형성하는 과정을 가치를 재가치화하는 창조적인 과정으로 이해한다. 그것은 차별에서 비롯된 고통과 사회적 제약과 억압에서 벗어나 새로운 가능성에 열린 세계를 창조하고 지속하는 것이다. 타자성으로 연결된 관계를 확산하고 창출하는 그러한 힘 기르기는 고통과 부정적인 열정을 변모시키는 과정이다. 이것은 고통

---

21 Marilyn Friedman, "Feminist Virtue Ethics, Happiness, and Moral Luck", *Hypatia vol. 24, no. 1*, 2009.

에 의미를 부여하고 그 원인을 추구하는 방식으로 접근하지 않고, 고통스러운 사건과 공존하지만 이를 그 다음 단계로의 이동을 도모하는 힘을 창출하는 노력을 의미한다. 즉, 고통의 부정성을 존재하는 힘을 창출하는 긍정적인 역량으로 변신시키는 것이다. 브라이도티는 변신, 변용, 되기라는 개념을 통해서 과거에 일어났던 부정적인 사건을 다양한 다른 차이들과 상호작용하는 관계 안에 연결시켜서 역량을 강화할 수 있는 자질로 재가공하고자 하는 것이다. 그것은 타자성을 관계성과 연결시켜 보다 능동적인 힘을 활력적으로 만들어 내는 윤리적 주체를 생산해 내는 운동으로 나아가는 것이다. 이 점에서 브라이도티는 이러한 긍정의 윤리학으로 페미니즘을 다음과 같이 규정한다. 즉, "페미니즘은 본질적인 부정적 열정을 긍정적 열정으로 변화시키고, 이에 따라 인내의 조건과 지속 가능한 변신을 창조함으로써 힘 기르기를 생성하는 관계의 윤리학"이다.[22] 이는 다시 말해, 오랫동안 부정적인 타자성으로 규정되어 온 복수적인 여성성들을 세계를 계속적으로 존재하게 만드는 긍정적인 역량으로 재가치화하는 것을 의미한다.

　나는 관계 맺음을 강조하는 긍정의 윤리학으로서의 페미니즘이 관계를 맺는 존재가 서로 취약하며 한계 지워져 있음을 인정한다는 점에서 정치적 운동에서 의의를 지닐 수 있다고 생각한다. 긍정의 윤리학으로서 페미니즘은 취약한 존재들이 상호 의존하고 공존하면서 관계를 맺음으로써 서로를 신뢰한다는 점을 긍정하는 것이다. 물론 신뢰는 깨질 수 있는 것이기 때문에, 이로부터 창출된 주체와 관계의 안정성은 영속적으로 보장될 수는 없다. 그럼에도 불구하고, 긍정의 윤리학으로서 페미니즘은 한계와 상호의존성을 인지하고 관계를 개방적인 것으로 보며 주체를 계속적으로 변화하는 것으로 이해하기에, 정치적 연대에 있어 의문시되어 왔던 복잡성

22　로지 브라이도티, 『트랜스포지션: 유목적 윤리학』, 64쪽.

과 다중성을 적극적으로 가져와 활력 있는 운동의 역량을 창출해 낼 수 있다. 즉, 차이에 열린 그러한 관계 맺음에서 일어나는 자기 균열과 탈정체화를 긍정하며 이를 도모하는 주체가 윤리적 주체인 것이다.[23]

2. 긍정의 윤리학으로서 페미니즘, 그리고 차이와 공동체

2-1. 차이와 미시적 보편성

긍정의 윤리학으로서 페미니즘은 차이들의 연결을 통해 연대를 창출하는 정치운동이다. 이러한 페미니즘은 다양하고 복수적인 차이를 인정할 뿐 아니라, 차이들의 상호 관계성을 강조하여 정치적 연대의 역량으로 삼아 다중적으로 소속되어 있음을 공유한다. 다양한 차이들을 인정하는 입장을 페미니즘이 취할 경우에, 이 모두를 아우르는 보편적인 명백한 규칙이 없어 여성들을 계급, 인종, 신체, 성적 지향, 나이 등 각기 다른 사회적 차이에 따라 정치적으로 파편화시켜 상대주의를 야기하게 한다는 비판이 따르기도 한다. 따라서 이번 장에서 나는 차이를 역량으로 삼는 페미니즘이 어떻게 '여성'이라는 입장을 견지하면서 사회운동을 이끌어 갈 수 있는지를 논의하도록 하겠다.

앞서 살펴보았듯이, 여성들 자체는 이미 지배와 억압의 여러 형태에 연루되어 있다. 또한 지금처럼 한편으로 지역화되면서 다른 한편으로 세계화되어 국가와 모든 경계 바뀌면서 사람들 간의 차이가 급격히 해체되는

---

23 허라금, 『원칙의 윤리에서 여성주의 윤리로』, 철학과 현실사, 2004, 275쪽.

동시에 일순 재구성되어 복합적인 차이의 문제가 다양하게 야기되는 시대에서 여성의 지위는 일국 내 남성과의 관계만으로 설명될 수 없는 것이다. 즉, 여성 내부의 차이는 당면한 현실이며, 이러한 상황은 다음의 설명을 통해 보다 구체적으로 이해될 수 있다.

> 한국을 비롯한 아시아 각국의 기지촌에서 '남성'과 '여성'의 범주 역시, 세계정세와 국가별 권력에 따라 변화한다. 아시아 미군 주둔 기지 지역에서 남성은 미군을 의미한다. 현지 남성은 주둔 미군과의 관계에서 현지 여성에 대한 소유권, 주도권을 상실하거나 현지 여성의 성매매로 생계를 유지하면서 탈남성화한다. 지구화 이전 시기 한국의 기지촌에서 여성, 혹은 성 판매 여성은 한국 여성을 의미했지만, 현재는 그렇지 않다. 주한 미군은 거리에서 성희롱 대상을 찾다가도 "한국 여자야"하면서 발길을 돌린다. 한국 여성, 한국 남성, 미군 남성, 필리핀 여성 등 다양한 인종과 젠더가 공존하는 한국의 기지촌에서 누가 여성이고, 남성인가라는 젠더 정체성은 국적, 인종, 계급 등의 권력 작용에 의해 경합하게 된다. 여성은 '약자'일수록 여성으로 인식되며, 남성은 '강자'일수록 남성으로 간주된다.[24]

이러한 상황에서, 특수하고 복수적 차이들과 이와 대립하는 모든 차이들을 포괄하는 단일한 보편성은 더 이상 유용하지 않다. 현존하는 차이들로부터 발생하는 현실은 조화로운 방식으로 작동하지도 않으며, 저항은 그러한 전제를 통해서 생겨나지도 않는다. 오히려 이러한 충돌 상황에 대해 통일성을 담지한 단일성과 균질하고 보편성을 주장할 경우에, 다양한 위치에서 발생하는 미시적인 차이의 요구를 억압하고 묵살하게 되면서 페

---

24 정희진, 『페미니즘의 도전』, 교양인, 2005, 19쪽.

미니즘 정치운동은 그 힘이 약화될 수 있다. 그러하기에 본질적인 보편과 탈역사적인 객관이 있다는 전제로부터 출발하여, 차이가 페미니즘을 탈정치화한다고 지적하는 논리는 더 이상 의미가 없다.

중요한 문제는 단일한 정체성을 가정하고 유일한 보편성을 주장하는 논지가 누구의 관점이냐고 묻는 것이며, 다양하고 복잡하게 얽혀 있는 차이들을 어떻게 이해하고 이로부터 어떤 방식으로 연대할 수 있는지를 모색하는 것에 있다. 절대적 보편성을 주장하는 입장은 주체를 합리성을 지닌 인간으로 설정하며 동일성을 담지하지 못한 다수의 타자들은 혼란을 야기하는 부정적인 표상으로 나타난다. 앞서 언급했듯이, 이러한 구조에서 복수의 타자들은 보편적 주체가 야기한 억압, 차별, 배제, 주변화를 비판하면서 여성 및 동성애자 인권운동, 반인종주의 및 탈식민 운동, 반핵 운동, 장애인 운동, 환경운동, 동물의 권리를 옹호하는 운동 등으로 나타났다. 즉, 타자성은 다양한 저항을 창출하면서 근대적 인간을 중심으로 상정하는 지배적 관점의 위기를 드러내고 있는 것이다.

나는 차별받는 타자라는 방식으로 차이를 이해하는 것, 차이를 동일성에 의해 배제되고 차별받는다는 점에서 강조하면서 동일성보다 상대적으로 우월한 것으로 간주하는 논리가 오히려 차이를 각각 더 이상 나누어질 수 없는 원자적 본질로 이해하게 만든다고 생각한다. 이러한 차이들의 존중을 복수의 원자들의 동일성으로 환원하는 오류에 빠지게 하는 것이다. 또한 모든 다양한 것들의 존중이라는 미명하에 상대주의에 빠지게 해서 절대적 보편성의 필요성을 역설해 오히려 차별을 강화시키는 방향으로 나아갈 수 있다. 즉, 각각의 의견은 그 자체로 존중받을 만하다는 식의 논리로 흘러가게 되어, 결국 모든 의견은 옳다는 결과를 낳는다. 이는 공통점이 없다는 점에서 차이들로 보이지만 실질적으로 본질을 지닌 각각의 구별된 범주로서 차이를 인정하는 것이며, 이러한 차이의 인정은 더 권력을 지닌 범주가 그보다 약한 범주를 차별하는 것을 강화하는 것이다. 예를 들어, 신

나치주의, 인종차별주의, 남성 우월주의와 같은 의견을 다양한 차이로 인
정할 경우에 힘센 자의 논리를 정당화하는 것이다.

내가 페미니즘을 긍정의 윤리학으로 이해하고자 하는 이유는 긍정의 윤
리학이 차이와 타자를 차별과 배제의 지점에서만 접근하지 않고, 대안적
역량을 창출하는 힘으로 삼고 있기 때문이다. 차이를 지녔다는 것은 배제
와 차별을 더 많이 인지한다는 것을 의미하는 것만이 아니라, 불변적 보편
성에 근거한 가치를 재가치화하고 새로운 가치를 생성하는 긍정적인 존재
론적 역량을 가졌다는 것을 의미한다. 이러한 차이에 대한 이해는 다양한
차이들을 인식하고 인정한다는 것에 머무르는 것이 아니라, 상호 연결되
어 의존하면서 존재한다는 관계성을 받아들이는 것이다. 이는 다양한 관
계로 연결되어 있기 때문에 생산될 수 있는 다질 생성heterogenesis과 복합적
이고 복수적인 차이들의 공생성symbiotic, 그리고 이로부터 만들어지는 복합
체complex로서 공존하는 공동체의 필요성을 도출하는 것으로 나아간다. 즉,
차이를 긍정한다는 것은 끊임없이 변용하는 되기를 시행하는 것, 즉 다른
차이들과 관계를 맺어 정태적인 정체성에서 벗어나 새롭고 다양한 신체를
계속적으로 생산해 내는 것이며, 이를 고무하는 관계를 조직하는 것을 의
미한다. 따라서 차이를 관계 생산의 역량으로 삼는 긍정의 윤리학으로서
페미니즘은 연대solidarity를 이질적인 차이들을 허용하고 구체적인 실천의
장에서 여성들 간의 정치적 계약을 창출하는 것으로 새롭게 규정한다.

또한 나는 연대를 만들어 내는 독특하고 특수한 각각의 차이를 변이에
열린 개방성을 지닌다는 점에서 임시적인 보편성을 모색할 수 있는 역량
으로 이해하고자 한다. 그것들은 차이의 독특성이 체험하고 체현된 그러
한 위치와 시공간적인 것이 교차하는 지역, 구체적인 현장에서 비롯된 미
시적이며 복수적인 요구들에서 비롯되었기 때문이다. 이 점에서, 앞서 살
펴보았듯이 차이는 거시적인 권력이 구체적인 맥락과 일상에서 작동되면
서 만들어 내는 우연적이고 특수하고 다양한, 복수적이며 복합적인 위치

에 근거한 미시정치로 나아가게 하는 힘이다.

이 점에서 긍정의 윤리학으로서 페미니즘은 각기 다른 차이들을 연결하면서 여러 가지 다른 위치에서 발생하는 다종한 미시적 요구들을 확산시키고 관계성을 창출하면서 보편성을 생산해 낸다. 이러한 보편성은 새로운 규칙의 성립을 가능하게 한다. 규칙은 차이를 특수화하고 각기 상대화하려는 것도 차이를 보편으로 환원하는 것도 아니다. 존재하는 다양한 차이를 바라보며 이로부터 이끌어 내는 규범은 불변하는 절대성을 지닌 것이 아니라, 실재적인 물질적 기반과 착취와 차이가 발생하는 권력으로부터 탈중심화를 도모하는 연결에서 비롯된 산물이다.

차이의 다원성은 여러 가지 측면에서 이해될 수 있지만, 나는 우선 이를 구체적으로 삶을 살아가는 삶의 양식으로부터 비롯되는 문화적인 것으로 이해하고자 한다.[25] 이로부터 차이의 다원성을 인정하면서 통용될 수 있는 규칙을 시공간을 초월한 보편성과 객관성 그리고 통일성을 지닌 것이 아니라, 억압을 재생산해 내지 않는 새로운 삶의 방식으로서의 문화를 창안하는 것이자 정체성을 구성하는 문제로 이해하고자 하는 것이다. 따라서

---

25 나는 다양한 문화로부터 기인한 차이들의 인정을 상대주의로 오인하면서 차이의 인정을 무규범 상태로 비판하는 논리에서 벗어나고자 한다. 이에 관한 논의는 윤혜린, 「문화 횡단의 맥락에서 본 문화 상대화와 문화 상대주의 사이의 개념적 공간에 대한 여성철학적 성찰」, 『철학』 제95집(2008)을 참조했다. 여기서 윤혜린은 "지구화를 시대적 부호로 하여 정체성과 문화를 횡단하는 의미의 '사이 공간'이 중층적으로 생성되고 있음을 출발 지점으로 삼아 우리의 문화 의식면에서 '상대화'가 새로운 방법론적 자원이 될 수 있음을 논변"(305쪽)하며 관점으로 상대화와 상대주의를 구별한다. 윤혜린은 여기서 "문화적으로 다양하고 차이 나는 현상과 규범 지향성의 관계는 사실과 당위의 논리적 관계 문제" 즉 사실 판단에서 당위 판단들을 연역할 수는 없다는 사실로 비판할 수 있기 때문에 문화 상대주의가 곧장 윤리적 상대주의를 의미하지 않는다는 것이다. 여기서 윤혜린의 논의에서 주목할 점은 개인이 단 하나의 문화에 소속되어야 한다고 주장하는 배타적 다문화주의자와 그로부터 기인한 문화 상대주의가 문화에 대해 본질주의적이고 근본주의적 개념을 채택하고 있음을 비판하는 데 있다. 윤혜린은 유동하는 문화적 현실이 있으며 오히려 상대화의 관점이 상대주의를 극복하는 방법으로서 의미 있음을 역설한다. 나는 이러한 의견에 동의하며 윤혜린의 상대화의 관점을 구성의 과정에서 교섭으로서 이해하고자 한다.

집단적 연대성을 위한 규칙은 미리 주어지는 것이 아니라, 차이를 존재의 조건으로 받아들이며 더불어 공존하기 위한 갈등과 협상이라는 과정을 통해 구체적인 실천의 과정을 거치면서 획득되는 것이다.

브라이도티에 따르면, 지금의 지구화는 인간들 간의 상호 영향적인 관계망이 아닌 지구상에 살아 있는 모든 유기체의 상호의존성을 드러낸다. 이는 다시 말해 지구상에 모든 존재하는 것들이 공통적 위협에 노출되어 있으며, 근대적 의미의 인간적인 것과 비인간적인 타자들 사이의 상호 연결을 자각하게 한다는 것을 의미한다. 브라이도티는 이러한 상황에서 차이들의 연결에 의한 미시 보편성의 필요성을 도출한다.

> '우리'가 이곳에 함께 존재한다는 사실은 공동체에 대한 새로운 요구와, 개인주의와 비판적으로 거리를 둔 의미에서 주체로 귀속감을 생산한다. 이는 도덕적 상대주의에 빠지게 하기보다는 지역적인 현장성에 기반한 미시 보편주의적 요구들을 급증하게 한다.[26]

나는 이러한 노력이 정치적 목적과 이를 달성하고자 하는 열망을 조율하면서 일치점을 그려 내는 것이지만, 하나의 중심으로 환원하려는 것이 아니라 다양한 차이들을 확산시키는 변이점으로서의 연대를 구축하는 확대 생산성에 기여하는 보편성을 제출하려는 것이라 생각한다. 즉, 긍정의 윤리학으로서 페미니즘은 절대적 보편주의를 비판하기는 하지만, 전반적인 영역에서의 정치적인 연결을 도모하면서 준안정적인 보편성을 추구하

---

26 브라이도티, 『트랜스포지션: 유목적 윤리학』, 46쪽.

는 것이다.

이러한 보편성은 차이들의 요구를 집합성과 관계성의 동력으로 삼는 미시 보편성이다. 미시 보편성은 전 지구적으로 인식하면서 현장에 기반하는 지역적 실천을 능동적으로 행하는 것으로 다중의 위치성과 소속감을 획득하는 과정에서 생겨낸다. 이러한 점에서 나는 긍정의 윤리학으로서 페미니즘이 추구하는 미시 보편성이 능동적인 행위 능력을 증대하는 조건들을 만들어 내는 집합적인 힘들을 강화하는 공동체의 구축을 수반한다고 생각한다. 공동체는 공동의 관심사를 상호적으로 체현하고 있는 개방적인 위치이자 리좀적 연결망으로 이해될 수 있다. 이는 타자를 관계 창출의 역량으로 삼으면서 미시적인 차이들의 확산을 도모하는 관계의 생산을 추구하는 것을 의미한다.

타자에게 개방적인 윤리학으로서 페미니즘은 상호 의존적인 관계성과 다르면서 더불어 존재하는 공현존성을 역설하며, 각각의 신체와 이러한 신체들의 연결로 생산되는 외연적으로 더 넓으며 내포적으로 역량이 복합적인 신체인 공동체의 생산을 주요한 과제로 제시한다. 이는 타자성을 촉구하고 결집하고 인정하는 방법으로 되기를 추구하면서 '협력적collaborative 윤리성'에 기반하여 구축되는 것이다.[27] 이러한 윤리성은 변용을 추구하는 노력을 통해서 자기를 구축해 내는 시도와 새로운 공동체를 생산하는 행위를 연결시키려는 것이다. 이는 타자와 자아의 상호 연결성을 강조하면서 변화에 개방적 태도와 관계성에서 공존의 책임성을 도출하는 태도를 담지하는 것이기도 하다. 이 점에서 나는 긍정의 윤리학으로서 페미니즘이 절대적 보편주의를 거부하고, 전 지구적으로 연결되어 있는 세계에서 우리의 존재를 근본적으로 재구성할 것을 제안하는 작업이라고 생각한다.

긍정의 윤리학으로서 페미니즘은 '여성'만을 위한 당파성을 견지하려는

---

27 브라이도티, 같은 책, 65쪽.

것이 아니라 오히려 다중적으로 소속되어 있음을 인지하면서 다양한 타자들과의 연대와 공존의 필요성을 보편주의적인 범위로 확산시키는 실용적 방식을 택한다. 이러한 작업은 절대적인 보편성이 성립된 방식을 계보학적 되밟기를 거쳐 비판하고, 맥락과 상황에서 발생하는 다종한 문제들을 연결하여 구체적으로 갈등하고 협상하는 과정을 생산함으로써 통용되는 보편성을 구축하는 시도를 의미한다. 이 점에서 긍정의 윤리학에서 갈등과 분쟁, 불일치는 부정적인 것이 아니며, 문제는 이를 어떻게 생산적인 흐름으로 바꿀 것인가에 있다.

차이를 인정하고 이를 협력의 역량으로 삼고자 하는 윤리학에서 통용되는 미시 보편성을 지닌 규칙은 공포나 당위에 기반하는 금지를 의미하지 않는다. 나는 이러한 규칙을 각각의 신체의 능력을 증대시키는 관계의 창출을 통해 각각의 신체가 지속할 수 있는 힘이 더 커지는 그러한 새로운 욕망을 생산하는 방식이자 협약으로 이해해 보려 한다.

2-2. 지속가능성과 공동체

긍정의 윤리학으로서 페미니즘은 타자성과 관계성을 가치로 삼아 새로운 삶의 양식을 생산해 내며 다른 사회운동과 결합하고 연대하고 제휴하는 정치 활동이다. 이 점에서 나는 긍정의 윤리학으로서의 페미니즘이 존재의 역능을 활력적으로 만들어 더불어 공존하는 공동체를 창출하려는 노력으로 구체화되며, 지속가능성이라는 통합된 관점으로 설명된다는 점에 착목하고자 한다. 브라이도티에 따르면, 지속가능성은 자연과 자원, 질적인 삶 그리고 미래 세대에 대한 의무를 정치적 담론으로 삼는다. 이러한 입장은 이분법과 인간 중심주의를 넘어 모든 생명의 입장에서 생태학적, 경

196

제적, 사회적, 문화적 지속가능성을 타개하는 것이다.[28] 즉, 지속가능성은
변화함으로써 존재하는 역량이 증가하는 지속을 미래에까지 유지하고자
하는 윤리적이며 정치적인 실험을 뜻한다. 이 점에서 나는 지속가능성의
과제를 제기함으로써 긍정의 윤리학으로서 페미니즘이 인간 중심주의를
넘어서는 새로운 대안적 공동체의 구축에 기여하고 있다고 생각한다.

지속가능성의 개념에 따르면, 미래는 현재 다음에 도래하는 직선적 시
간이거나 대책 없는 낙관적 전망과 무관하다. 미래는 오히려 현재의 형태
를 새롭게 하려는 욕망이자 완전히 새로워지는 질적 도약으로 이해될 수
있다. 이 점에서 미래로 지속하려는 지속가능성은 살아갈 만한 좋은 현재
라는 의미에서 이미 와 있는 미래를 확산시켜 지속하게 하고자 행위하는,
미래 세대를 향한 책임감을 뜻한다 하겠다.

> 지속가능성은 연속체 개념을 강조하며 미래에 대한 믿음을 전제로 한다. 또한 이
> 것은 미래 세대에게 살아갈 만하며 살아갈 가치가 있는 그런 세계를 '넘겨줄' 책
> 임감을 나타낸다. 지속하는 현재는 미래의 지속 가능한 모델이다.[29]

지속가능성이 담보하는 책임은 지속을 유지시키는 에너지를 보다 더 지
속 가능하게 사용할 수 있는 방식으로 만들어 냄으로써 가능하다. 브라이
도티는 이 방식을 "에너지를 저장하거나 구속하는 것이 아니라, 더 많은 가
능성 하에 두는 것, 더 넓은 범위의 강도의 변종"을 일으키는 차이들을 연

---

28 지속 가능의 윤리에 대한 자세한 논의는 Rosi Braidotti, *Transposition*, Polity Press, 2006, pp. 206-209를 참조했다.

29 Rosi Braidotti, 같은 책, p. 246.

결하여 상호 영향을 주는 관계망을 형성하는 것으로 규정한다.[30] 이로부터, 브라이도티는 차이의 연결이 인간 중심주의에서 벗어나 종들 간의 차이를 가로질러 일어난다는 점을 강조하는 것이다. 즉, 지속가능성은 자아와 타자, 인간과 비인간이라는 이분법적 구별을 넘어서 변이의 역량으로서 의미를 지니는 타자성과 연결된 관계성의 확산을 통해 확보되는 것이다. 이를 통해서 알 수 있는 것은 지속가능성의 의미이다. 지속가능성은 모든 살아 있는 생명을 지속 가능하게 만드는 관계망을 창출하는 것이며, 인간을 중심으로 삼아 생명을 위계적으로 재단하는 것과 무관한, 살아 있는 생명의 무위계적 평등주의에 기반하는 되기를 실행하는 것이다. 이 점에서 윤리적 가치로서의 지속가능성은 우리가 거주하는 환경에 대한 책임을 지는 것을 포함하는 것이다.

지속가능성에 중요한 것은 다양하게 변이를 거듭하는 것만큼이나 그 변이의 과정을 유지하는 것이다. 지속가능성을 보장하기 위해 선행되어야 할 조건은 바로 지속을 담아내는 한계에 있는 것이다. 보통 한계는 지양되어야 할 막다른 끝이나 닫혀 있음으로 이해된다. 그러나 브라이도티는 한계를 지속을 일으키는 힘의 강도와 그 힘을 지속할 수 있는 정도를 연결하는 지대로 규정한다.

> 윤리 기획은 지배적 도덕 기준을 실행하는 것과 똑같은 것이 아니다. 오히려 윤리 기획은 지속 가능한 한계를 찾는 데 관심을 둔다. 즉 그것은 한계를 새롭게 교섭해 내는 데 적용될 수 있는 규범과 가치, 표준과 기준에 관심을 두는 것이다. 우리는 한계를 되기의 윤리 측면에서 다시 생각해야 한다. '한계'를 입구로, 즉 끝장이 아니라 만남의 지점들로, 고착된 벽이 아니라 살아있는 경계들로 보는 비헤겔적

---

30 Rosi Braidotti, 같은 책, p. 247.

198

관점을 통해서 다시 볼 필요가 있다.[31]

    한계는 능동적 역량을 최고조로 발휘하여 질적 변이를 일으키는 힘들과 결합하는 지점이자, 서로 다른 것들이 모이고 만나 완전히 새로운 차이를 생산하는 변이의 역량이 발생하는 지대로 이해하는 것이 적절하다. 이로부터 긍정의 윤리학은 한계에서 계속적인 변화를 지속하게 만드는 방식의 교섭을 윤리적 기획으로 삼는다. 교섭은 복잡하고 복합적인 차이들을 연결하면서, 이로부터 비롯되는 변화의 수준과 속도의 정도를 맞추면서 끊임없이 새로운 한계들을 포함시키는 과정이다. 브라이도티에 따르자면, 이는 지속가능성을 만들어 내는 다양한 입구의 지도를 그려 내는 것이며 더 많은 접속과 변이를 창출하는 것이다.

    나는 브라이도티에게 있어서 이러한 한계가 변이를 생산하는 집단적인 유대체이며 지속가능성을 가치로 삼는 공동체를 의미한다고 생각한다. 공동체는 지속가능성을 보장하는 틀이다. 공동체는 다양한 변이를 생산해 내는 관계망으로서의 차이들의 결합체이며, 변화와 변신을 실재적으로 만드는 시공간적인 집합체이다. 공동체는 차이들을 연결하고 생성할 수 있는 변화의 적정량을 담지할 때 성립되며, 공동체의 지속은 새로운 차이들을 연결해 냄으로써 비롯된다. 즉, 공동체는 변화와 변신을 거듭하고 실행할 수 있는 지속가능성을 담보하는 것 그 자체인 것이다.

    이러한 공동체는 의미를 만들 줄 알고 행동을 할 줄 아는 상호 연결되고 영향을 주고받는 집합이자 살아서 약동하면서 지속을 형성하는 것이다. 그러하기에 공동체를 만들어 내는 것 자체가 지속가능성을 담지할 수 있는 가장 큰 방식인 것이다. 이 점에서 브라이도티는, "지속 가능한 변신을

31 Rosi Braidotti, 같은 책, pp. 267-268.

도모하는 공동체를 만들어 내는 작업은 윤리적 가치와 집단적인 유대를 담보하는 책임을 수반하는 것이며, 동시에 내적인 복잡성을 유지하고 표현하는 것이다"라고 말한다.[32]

지속가능성을 추구하는 공동체는 동일성에 근거한 단일하고 영속적인 보편적 정체성과 이로부터 도출된 개인주의를 비판하며, 보편적이고 필연적이며 절대적인 대문자 인간을 가정하는 논리와 제도에서 벗어나는 것이다. 이는 보편적 선의나 천부 인권에 근거한 개인의 집합체로 보는 자유주의적 견해나, 공동체의 성립을 폭력으로부터 피하기 위해 개인의 권리를 양도한 것으로 보는 홉스적 시각과는 다른 방식으로 공동체를 이해하는 것이다. 개인주의의 근거가 되는 단일한 정체성이란 사회적 관습에 의해 존재하는 실재적인 복잡성을 사장하고 점점 좁혀 들어가 단 하나의 중심으로 환원한 결과에 비롯된 것이다. 이런 방식으로 규정할 경우에, 정체성은 본질적인 것이 되거나 모든 이를 포섭하는 보편성으로 규정되면서 다양한 차이들을 차별하며 차이 생성을 배척한다. 그러나 지속가능성을 담지하는 공동체는 단일한 동일성에서 비롯된 정체성에서 벗어나 복합성과 다양성을 연결하며, 이를 원동력으로 삼아 만들어진다. 공동체는 보다 다양한 차이들을 공동체를 창출하는 힘으로 삼아 접속하고자 하는 것이다.

브라이도티는 차이들을 연결 접속하고 관계망을 창출하는 방식을 공감sympathie으로 이해하며, 이를 공동체를 건설하는 방법으로서 제시한다. 공감은 들뢰즈에 따르자면, 신체의 역량을 상승시키는 기쁨의 정동을 일으키는 관계에 결합하고 이러한 관계를 조직하려는 것으로, 이를 배치agencements로 설명하고 있다. 공감은 정신적 공유를 뜻하지 않는다. 또한 공감은 단순히 연민감을 갖거나, 동일시에 따른 지성적 이해가 아니다. 오히려 공감은 신체들 사이에서 작용하는 정동적 연결이다. 이는 정동들이 뒤섞이

---

32   Rosi Braidotti, 같은 책, p.95.

면서 만들어지는 '물리적 생물학적 심리적 사회적 언어적일 수 있는'(D 65/103) 힘들의 결합을 지시한다. 공감은 정동의 교류와 연결이며, 각기 다른 힘들의 조우에 의해 변이하는 신체 역량으로 드러난다.[33] 배치로서의 공감은 공동 작동co-fonctionnement이며, 집단적 정동으로 실재적으로 작동하는 공생symbiose이고, 군중의 변용과 관련된다.[34]

이로부터, 브라이도티는 공감을 자아 중심적인 본질적 정체성으로부터 벗어나 다른 것과 결합하여 변이하려는 것으로 적극적으로 해석한다. 브라이도티가 제시하는 공감은 들뢰즈가 흄에 대한 비평서『경험주의와 주체성Empirisme et subjectivite』에서 밝힌 바와 상통한다. 한마디로 공감은 편향적이며, 자연적 경향이라는 것이다. 즉, 공감을 정동적 연결로 이해하는 것은 주어진 공감이 아니라, 새로운 공감을 발명해야 한다는 필요성을 역설하는 것이다. 그것은 우리의 경향성을 이해하고, 이를 넘어서는 인위적 공감을 조직하여 발명하기 위해서이다. 인위적 공감은 감각을 새롭게 배치하여 예전에 느낄 수 없었던 상황을 자각할 수 있는 능력의 배양, 그리고 편파적 공감에서 벗어날 수 있는 제도와 법의 생성을 통해 실현된다. 이러한 공감은 자연적 경향을 실현하기 위해 경향성 자체에 몰두하기를 넘어서려는 운동이며, 편파성에서 벗어나 공감을 확대하고 통합하려는 시도이다. 자연적 경향을 넘어서 변모하는 공감은 관계와 결합하는 실재적으로 작동

---

33 들뢰즈의 공감에 관한 언급은 다음과 같다. "공감은 존경이나 정신적 공유라는 막연한 감정이 아닙니다. 정반대로 공감은 신체들의 노력이나 침투, 사랑 혹은 증오입니다. 증오라는 것은 역시 혼합물, 신체이고, 자신이 증오하는 것과 뒤섞일 때에만 좋은 것이니까요. 공감은 서로 사랑하고 증오하는 신체들이고, 매번 이 신체들 안에서 혹은 신체들 위에서 작용하는 군群들입니다."Gilles Deleuze, *Dialogues*, Flammarion, 1996(질 들뢰즈, 『디알로그』, 허희정·전승화 옮김, 동문선, 2005, 66쪽, 102~103쪽.)

34 이에 관해 들뢰즈는 로렌스의 말을 인용하면서 다음과 같이 설명한다. "가장 지독한 미움에서부터 가장 열정적인 사랑에 이르기까지, 헤아릴 수 없이 많은 영혼의 미묘한 공감들, 이것이 바로 배치입니다."(D 65/103) "배치의 유일한 통일성은 공동-작동co-fonctionnement에서 오는 것이죠. 그것은 공생symbiose이고 '공감sympathie'입니다." (D 84/132)

하는 집단적 정동이다. 자연적 경향성을 넘어 인위적으로 조직하는 공감은 자아 중심적인 본질적 정체성으로부터 벗어나 상호 연결된 관계에 힘을 실어주는 결합으로 이해할 수 있다. 따라서 공감은 강렬한 변이를 겪어 내는 것에서 비롯되는 힘의 상승을 일으키며, 이에 의해 신체의 역량이 하강하는 부정성을 띤 열정passion을 변이를 일으키는 긍정성 열정으로 변모하는 윤리적 변화가 일어난다.[35] 브라이도티에 따르면, 변형을 일으키는 공감은 타인의 고통에 열려 있는 것이다. 나는 이 점에서 이러한 공감을 연민으로 이해할 수 있다고 생각한다. 이렇게 고통에 열린 공감은 소통 가능한 것으로 미리 전제된 공통감에서 발휘되는 것이 아니다. 연민으로서 공감은 차이와 연결됨으로써, 감각을 새롭게 배치하여 예전에 느낄 수 없었던 상황을 자각할 수 있는 능력을 창조하는 것이다. 즉, 연민으로서 공감은 슬픔에 머무르지 않고 정서들을 새롭게 창조하는 행위인 것이다. 따라서 공감은 변용 능력을 가진 다른 신체를 돌보며 더불어 살아가는 방향을 모색하기 위해 새로운 감각과 정서를 고안하고 포착하는 힘인 것이다.

이러한 공감은 영속적인 정체성을 지닌 자아로 소급하지 않고, 상호 연결된 관계에 힘을 실어 주는 결합의 영역으로 이행하여 복수적이며 복합적인 생성으로 향한다는 점에서 의미를 갖는다. 또한 공감에서 비롯되는 변환은 지속가능성을 창출하는 상호 영향적인 관계를 생산해 내는 동시에 개체화를 일으킨다.

개체화된다는 것은 타자를 통한 타자에 의한 영향의 개방성, 능동성, 수동성, 변

---

35 들뢰즈는 열정을 강렬함에 의한 것으로 이해한다. 즉, 정열은 변이가 일어나는 강렬도의 지대인 것이다. "정열은 하나의 저인격적subpersonnel의 사건으로서, 하나의 삶처럼 오래 지속될 수 있는 것입니다. 정열은 주체 없이 개체화하는 강렬함의 한 영역입니다. …… 정열이라는 것, 정열적 상태라는 것은 아마도 외부의 선을 굴곡 짓는다는 것, 그 선을 살아낼 수 있는 것으로 만들어 숨 쉴 수 있게 된다는 것, 그것을 가리킬 것입니다."(P 157-158/118-119)

용 능력 그리고 상호 연관성과 관련을 맺는다.[36]

공감에서 개체화는 타자와의 관계에 개방적으로 열려 있는 것이다. 즉, 개체화는 관계의 개방성을 통해서 능동적인 힘을 증강시키는 집단적인 되기를 추진하는 것과 분리될 수 없는 것이다. 이 점에서 개체화는 윤리적 관계를 발생시키는 타자와의 상호작용으로 향하는 노력으로 이해될 수 있다. 개체화는 자아와 타자의 확고한 경계를 지우고, 환경과 타자와 상호 의존적인 관계를 맺으면서 능동적으로 자신을 여는 변용을 생산해 내는 기획인 것이다. 타인에게 열린 개체화를 만들어 내는 공감으로 말미암아 각각 다른 변용 능력을 지닌 신체들 사이의 절대적 차이를 인정하면서, 이로부터 출현하는 윤리적 질문에 답하고 실천을 만들어 나가는 것이 가능한 것이다. 공감을 통해서 사회적 연결망에 재접속되며, 변신과 변화를 지속적으로 도모하는 변용이 일어나는 것이다.

브라이도티는 이러한 공감을 "윤리적 정치적 변용 능력"[37]으로 제안한다. 공감을 더불어 존재하는 환경milieu 속에 함께 공생하는 지대를 만들어 내는 되기의 집합적인 형식으로 강조하는 것이다.[38] 그리고 공감의 의미를 의도나 동일시 없이 행위를 실행하는 집단적 행위자를 창출해 내며, 관계에 연결된 모두에 유리한 방식으로 공생하기 위해 되기를 실행하는 공동 작

---

36 Rosi Braidotti, *Transposition*, Polity Press, 2006, p. 162.

37 Rosi Braidotti, 같은 책, p. 163.

38 milieu는 다음의 세 가지 뜻을 지닌다. 환경이라는 의미를 지니는 surroundings, 서로 다른 이질적인 것들을 연결시키는 매개나 화학적인 촉매제를 뜻하는 medium, 그리고 중간이라는 의미의 middle이 그것이다. 들뢰즈와 가타리에게서 milieu는 이 세 가지 의미를 결합한 개념으로 이해하는 것이 좋다. Gilles Deleuze, *A Thounsand Plateaus—Capitalism and Schizophrenia*, trans. Brain Massumi, Univ. of Minnesota Press. 1987, p. 17.

동 방식 co-fonctionnement이라는 점에서 강조한다.

나는 공감을 더불어 존재하는 공생할 수 있는 공동체를 구축하는 방식
으로 이해면서, 좀 더 확장해서 기존의 규칙을 변형하면서 새로운 규칙을
구축할 수 있는 방법으로 설명하려고 한다. 공감은 더 좋은 개별적인 삶과
공동체적 삶에 대한 형식을 발명하면서 규칙을 발명해 내는 것으로 나아
가는 것이다. 이런 점에서 규칙은 불변하는 보편성이나 주어진 절대적 존
엄성을 공리로 삼아 도출되는 것이 아니라, 더불어 공생할 수 있는 존재 양
식을 고안하는 과정에서 만들어지는 것이다.

나는 규칙을 사회적 영역 안에서 특정한 문제를 해결하고 권리를 만들
기 위해 작동하는 움직임을 통해 실재성이 생겨나는 것으로 이해한다. 규
칙은 기준과 판단이 요구되고 권리가 새롭게 요청되는 실재적인 사례들의
출현을 통한 필요성에서 도출되는 것이다.[39] 규칙은 선험적인 보편적 이성

---

39 이는 우리가 마주치는 현실에서 보다 분명해진다. 현실의 구체적인 상황에서 필요, 가치, 목
표, 권리는 서로 충돌하게 마련이다. 현실에서 필요한 규칙은 지고한 최고선이나 일반적 보
편성에서 마련될 수 없으며, 이를 통해서 해결될 수 없다. 새로운 생명공학 기술의 발달로
인한 장기 매매와 난자 매매, 대리모가 야기하는 법적 논란의 예는 기존의 법과 제도로 해
결할 수 없기 때문에 발생한다. 이 문제는 자본주의 시스템과 결합된 세계화와 상품화에 따
라 전 지구적인 차원에서 등장한다. 하지만, 각각의 생명윤리에 대한 법적 시스템과 규제의
양상이 다르기 때문에 구체적인 문제는 지구화의 맥락에서 한 지역에서 정황적 상황으로
발생한다. 특히 보조생식술이라고 불리는 상품화된 재생산 기술의 문제는 개발도상국으로
인식되는 나라, 특히 인도 지역을 중심으로 가장 빈곤하고 권력의 영향력이 없는 여성들이
생계의 수단으로 자신의 신체를 판매하는 방식으로 벌어지고 있다. 이 나라에서는 경제적
부를 창출하기 위해 구매자와 판매자 모두에게 이익이라는 방식으로 보조생식술을 선전하
며 의료 관광을 기술 개발을 정당화하기 위해 기존의 사회적 규범에 호소하는 논의를 만들
어 내기도 한다. 상업적 의도를 가진 보조생식술 옹호자는 기술의 이용을 확산시키기 위해
불임에 대한 여성의 공포를 착취하고 여성성을 엄마가 될 능력으로 규정하거나 자신의 핏
줄을 가지기 위해서라는 인지상정의 문제로 접근하여 기존의 상식과 법을 강화하고 유지
하고 재생산한다. 생명공학 기술이 야기한 문제에 응답하는 규칙은 상황과 관계되지 않고
서는 추상적일 뿐이며, 아무런 힘을 발휘할 수 없는 무능력한 것이 된다. 보조생식술(ARTs:
Assisted Reproductive Technologies)은 재생산을 보조하는 데 있어서 의사가 남성의 정자를 여성
의 질에 직접 넣는 인공수정에서 난자를 여성의 체외로 빼내어 정자와 난자를 시험관에서
수정시키는 방법 및 복잡한 의료 과정을 수반하는 기술 모두를 포함하는 포괄적인 용어이

에 의해서가 아니라 우리 자신의 신체에 영향을 미치는 관계를 확장시키는 직접적인 경험에 의해 획득되는 것이다. 그러하기에 규칙은 다양성을 극대화하는 방식에서 발생하며, 쓰임새와 공간을 창출하면서 새로운 존재 양식을 발명하는 과정과 함께하는 것이다. 이 점에서 이질적인 것들을 결합시키는 공동의 작동 방식인 공감은 사회적 영역 안에서 특정한 문제를 해결하고 권리를 만들기 위해 작동하는 움직임을 만들어 내면서 규칙의 생산으로 나아갈 수 있는 것이다.

　이러한 규칙은 미리 할당하여 설정된 폐쇄적인 것이나 모든 행동들을 다 규정해 주는 하나의 일관된 공리 집합이 아니다. 오히려 법은 궤적이나 흔적에 가까운 관습법과 같은 것으로 이해될 수 있다.[40] 관습법으로서 규칙은 일반적이고 추상적인 권리로부터 특수한 것을 포섭하고 규정하는 것이 아니라, 규범을 필요로 하는 사건의 특이성으로부터 도출되는 것이다. 규칙은 사건이 일어나는 상황에 관계하는 작동 방식을 통해서 도출되며, 상황에 관계하고 개입하면서 기존의 규칙을 변화시키는 변이의 과정인 것이다.

다. 백영경·박연규, 『프랑켄슈타인의 일상』, 밈, 2008, 73쪽.

40　들뢰즈와 가타리 역시 이러한 궤적을 정착적이라기보다는 열린 공간으로 분배하는 노마드적인 것으로 설명하고 있다. "노마드적 궤적이 발자취나 관습적 행로를 따른다 하더라도, 그것은 정착적인 도로의 기능을 수행하지는 않는다. 도로는 사람들에게 폐쇄된 공간을 분배하고, 각 사람들에게 몫을 할당하며 이 몫들 간의 의사소통을 조절하기 위한 것이다. 노마드적 궤적은 그와 반대의 일을 한다. 그것은 사람들(또는 동물들)을 열린 공간, 불확정적이고 비소통적인 공간에 분배한다. …… 그것은 매우 특별한 종류의 분배, 경계나 울타리가 없는 공간 속에서 몫으로의 분할이 없는 분배다."(MP 472/730) 규칙을 관습법으로서 제안하는 논의는 알렉산더 리페브르, 『스피노자, 베르그송, 들뢰즈: 법-이미지』(한병준·허유선 옮김, 치우, 2012, 107-158쪽)에서도 찾아볼 수 있다. 리페브르는 들뢰즈가 법리학의 의미를 완전히 정의하지 않았지만 사건-법 체계를 염두에 두었으며, '법이란 구체적인 충돌과 그에 대한 소송 관계자들의 논쟁들로부터 창조된 것'이며, 미국적 관습법에 더 유사한 것이고, 법의 제1원리는 사건, 사법적 특이성singularity에 있다고 설명하고 있다. 들뢰즈 역시 '법리학은 인권에 있는 것이 아니라 삶에 있고 삶에 대한 권리에 있다고 말하는 것'이라고 서술한다. 여기서 '삶은 개별의 사건'이다. 같은 책, 111-115쪽.

이는 유전자 돌연변이로 저신장을 갖는 터너증후군[41] 아이를 둔 부모들이 150센티미터 이하의 경우에만 성장호르몬 투여에 보험 지원이 되는 규정에 맞서 싸우는 예를 통해서 구체적으로 이해될 수 있다. 이들은 몸의 형태가 다르면 여러 가지 불편과 차별을 감내해야 하는 사회에서 좀 더 정상의 범주에 가까운 키를 얻기 위해 노력하는 동시에 장애라는 의학적 과학적 법적 분류 기준에 근거하여 사회복지 혜택을 요구한다. 이 문제는 실상 재산이 충분하거나 희귀 질환에 대한 보험 지원을 받아 성장호르몬 투여를 선택할 수 있게 된다 해도 결국 누구도 정상적인 키로 여겨지는 몇 개의 수치 범위로부터는 자유롭지 않다는 점에서 시사점을 던진다. 그것은 보험 지원을 둘러싼 논쟁의 과정에서 150센티미터를 정상 신장으로 설정한 규정에 의구심이 생기고 국가나 사회가 젠더, 인종, 신체 형태 및 지능 등을 생물학적으로 규정해 개인들을 분류하고 구성원으로서 의무 및 권리 자원들을 차별적으로 분배하는 방식에 대한 저항이 발생하기 때문이다. 그리고 이를 통해 기존 법률 체계에 문제를 제기하며 사회적 편견과 낙인에 맞서 새로운 생물학적 시민권을 협상하는 과정과 새로운 규칙에 대한 필요성을 도출해 낸다.

무엇보다도 위의 사례는 보편적 인권을 전제하고 그로부터 도출된 법제가 지닌 무력함을 보여 주며, 규칙에 대한 새로운 접근 방식의 필요성을 제기한다. 다종한 상황들은 보편적 인권과 존엄한 개인의 자유로운 선택이라는 논리로 해결할 수 없는 딜레마를 야기할 뿐 아니라, 오히려 자유로운 선택이 우생학으로 귀결될 수도 있다. 앞선 예에서 저신장인 사람은 적당

---

41 터너증후군은 몸 전체나 혹은 일부(모자이크식으로)에서 XX 염색체 중 X 염색체 하나가 결손된 유전자 변이를 뜻한다. 이 증후군은 평균 최종 신장이 142센티미터이며, 저신장 외에도 골격 기형, 골다공증, 중이염 등 여러 가지 증상들을 수반하는 경우가 많다. 유방과 난소, 자궁이 발달하지 않는 경우가 많으므로 '간성intersex'으로 불리기도 한다. 백영경·박연규, 『프랑켄슈타인의 일상』, 136쪽.

206

한 기술을 이용하여 스스로를 완벽하게 만들어야 한다는 담론 속에 선택의 자유를 강요당한다. 유전학적 정상화 기제와 자발적 선택에 의해 정상성의 기준을 확정하는 우생학이 탄생하는 것이다. 하지만 규칙은 보편적 인권이 아니라 규칙을 요구하는 상황 그 자체에서 비롯되며, 기존의 규칙을 상황과 접합시켜 변이함으로써 새로운 규칙은 생산된다. 이는 규칙의 기준을 문제 삼으면서 기준 그 자체를 변화할 수 있는 것으로 만드는 것을 의미한다.[42]

규칙의 변이에 있어 중요한 것은, 규칙을 요구하는 상황을 살아 있는 것으로 만드는 실천이다. 실제로 우리의 능력을 상승시키는 변용을 일으키는 방향으로 이행하는 능동적 행위인 실험을 통해서만 규칙의 실효성은 발휘된다. 규칙의 효력은 우리의 존재를 상승시키는 지속을 만들어 낼 때만 알 수 있는 것이다. 그렇기 때문에 타자성에 영향을 받을 수 있는 실험을 계속적으로 할 수 있는 관계의 개방성은 필수적이다. 개방성은 일반적인 공리로 포섭하거나 환원하지 않고 문제적 상황 그 자체를 부각시키는 권리를 창출하는 것이자, 서로 다른 다양한 차이들과 운동들을 연결시키는 것이며 타자성과의 마주침을 긍정하는 것이다. 그리고 마주침과 실험은 서로 상충하고 서로 발산하는 차이들과 상황의 연결인 공감을 의미하는 것이다. 따라서 규칙은 하나의 원리로 수렴하는 통일성의 구현이 아니라 다양성들을 모이게 하는 자리로 이해되어야 하는 것이다. 이는 서로 다른 차이를 횡단적으로 연결하는 것을 통해서만 새로운 규칙과 존재 양식

42 미국 저신장 모임 LPA(the Little People of America)는 미국 저신장인들의 전국 조직을 칭한다. 1957년에 설립되었고 생의학 분야 연구자들과 특히 유전학 연구자들과 협력한 최초의 보건 자조 단체이다. 구성원은 새로운 생명과학 기술과 맞서, 정상/비정상을 가르는 사회 기제 및 편견으로부터 벗어나 난쟁이 아이를 희망하거나 환영한다는 메시지를 보낸다. 또한 저신장증 여성의 임신을 반대하는 논리가 무통증 출산을 위해 필요한 '정상적인 척추'라는 의료적 규범에 있음을 보여 주는 등 저항의 장을 열면서, 규칙의 척도가 되는 정상성 자체를 변이시키고자 하는 노력을 기울여 왔다. 백영경·박연규, 같은 책, 95~97쪽.

의 생산이 가능하다는 것을 의미한다.

> 최근에 나는 비오스/조에 시대에서 횡단적으로 위치를 뒤바꾸는 각 담론의 장이
> 정치적 저항과 구체적인 행동 양식을 확장하고 있음을 살펴보았다. 이들 사이에
> 횡단적인 내적 연결을 찾으려는 시도는 2000년대에 좌파에 있어서 가치 있는 실
> 천이다. 왜냐하면 이러한 시도는 광대한 리좀적 연대를 포함하는 비통일적이며
> 횡단적인 주체를 가정하고 횡단적인 담론의 실천을 요구하기 때문이며, 이로 인
> 해 지속 가능한 유목적 윤리와 정치적 실천 형식들이 일어난다. 지속 가능한 윤리
> 적 행위가 영향력을 갖기 위해서는, 계속적으로 움직이는 변이된 개념들과 더불
> 어 학제를 넘나드는 구체적인 실천적인 적용이 필요하다.[43]

위의 브라이도티의 말에서 보듯이, 횡단적인 연결로 맺어진 실천적 연대는 일원화된 공통성과 보편성에서가 아니라, 연대의 필요성 자체에서 비롯된다. 연대는 하나로 통합될 수 있느냐 혹은 모든 이에 적용되는 일반성이 있느냐의 문제에 있지 않고, 얼마나 많은 결합을 계속적으로 수행하는가라는 지속가능성의 가치에서 비롯되는 것이다.

연대는 서로 다름으로부터 공통의 관심사나 당위를 묶어 내어 일치를 이루는 안정성을 확보하려는 것이 아니다. 서로 이질적인 것, 혹은 모순적인 것들의 결합이 불가능한 것도 실패로 귀결되는 것이 아니다. 중요한 것은 결합이 다양한 차이들을 생성해 내는 지점을 일으킨다는 것이다.

이러한 연대는 일종의 각기 다른 차이들의 서로 다른 위치 이동을 꾀하

---

43 Rosi Braidotti, *Transposition*, Polity Press, 2006, p. 138.

는 것, 다시 말해 자신이 지닌 위치에서 위치-변이transposition하는 것이다.[44]
위치는 자기 명명에 의해서 결정되는 것이 아니라 타자들과의 대화, 마주
침에 의해 결정된다. 위치는 관계에 의해 서로 얽혀서 체현된 집합이며, 타
자들과의 상호작용 속에서 구성되는 상황적인 것이다. 위치 변화를 통해
서, 정황적인 위치를 확인하며 이와 동시에 이 위치를 발생시키는 정황성
을 이해할 수 있는 것이다. 그러하기에 위치-변이는 정황성을 확보하면서
도 위치를 확정시키는 보편성과 필연성을 강조하는 논리에서 벗어나 저항
의 지점을 모색할 수 있는 것이다. 즉, 위치-변이는 자신의 위치로부터 벗
어나 다른 위치로 이동함으로써 새로운 위치를 만들어 내는 것이기도 하
다. 이러한 위치 변화는 더불어 같이 살아가고 있는 관계성을 인식하고 타
자와 연루되어 있음에서 비롯되는 책임성을 인식하는 것이다. 책임성은
당위에서 비롯되는 것이 아니다. 이 점에서 나는 위치 변화를 타자의 상황
과 현실에 대한 이해이며, 타자의 '현실'에 대한 존중을 통해 연대와 제휴
를 만들어 가는 유대의 능력으로 이해한다.

위치-변이를 꾀함으로써 생산되는 연대체는 유동적인 여러 개의 권력
중심 구조를 지닌 세계에서 발생하는 구체적인 정황들을 연결하는 정치적
실천을 한다. 정치적 실천은 일상의 삶과 개인적인 영역 전체를 정치적으
로 만드는 미시정치의 실행이다. 미시정치는 각각의 특수성과 상황성에
기반하는 지역성을 지니지만 다른 지역과 전 지구적으로 연대하고 권리를

---

44 위치 변동은 브라이도티의 책 『트랜스포지션』의 표제에 포함되며, 그녀가 주요하게 주장하
는 핵심적인 개념이다. 브라이도티에 따르면, "음악과 유전학에서 통찰을 얻어 사용하게 된
용어"로서 "단순히 복수적인 증식이라는 양적인 의미가 아니라 복합적인 복수성이라는 질
적인 의미에서 한 코드/장/축에서 다른 코드/장/축으로 도약하는 것을 지칭"한다. 이런 점
에서 "트랜스포지션은 상호 텍스트적이고, 경계를 가로지르며 횡단하는 전이를 의미"한다.
트랜스포지션을 통해 브라이도티가 주장하고자 하는 바는, 트랜스포지션이 위치 사이를
"지그재그로 왔다 갔다 하면서 서로 가로지르는 사이in-between를 창조한다는 것"이며, 무엇
보다도 "유목적이되 책임성을 지니고 주의를 기울여서 타자에게 연루된다는 것"에 있다. 로
지 브라이도티, 『트랜스포지션: 유목적 윤리학』, 32쪽.

확대하면서 단일한 중심에서 벗어난다. 따라서 지속가능성을 추구하는 공동체는 단일한 정체성을 정치적으로 해체하고 차이를 새로운 상호 연결과 제휴를 위한 바탕으로 삼아 복합적인 다양한 중심들을 생성하고 이와 더불어 공존하는 집합체이다.

나는 특히 이러한 공동체는 브라이도티가 새로운 유럽연합의 시민권의 예를 통해서 제시했듯이, 지속적이고 영속적인 정체성을 종결하고 다문화적이며 소수자적인 타자들과 함께하는 방식을 택한다는 점을 부각하고자 한다. 공동체가 차이를 기반으로 삼아 시민권의 형식을 유동적인 것으로 규정하게 되면, 그 권리는 일시적인 거주자에게도 확대될 수 있게 되는 것이다. 브라이도티에 따르면, "이러한 시민권으로 인해 복잡한 애착심과 다중적 형식의 문화적 소속이 가능해진다. 선행되어야 할 제일 중요한 것은 우리/그들의 이항을 해체하고 고착된 시민권 개념을 버리는 것이다. 그리고 소속성과 애착심을 기능상 분화시키는 네트워크를 도입해야 하는 것이 필수적이다."[45]

위와 같은 시민권을 통해서 알 수 있듯이, 권리는 남성, 백인, 이성애자로 표상되는 인권에서 도출될 수 없는 것이다. 유동적인 시민권은 다양한 인종, 문화, 종교, 섹스, 젠더, 섹슈얼리티, 민족과 같은 서로 다른 지점들을 교차시켜 공동체를 폭력이나 배제의 정치로 규정하는 논리에서 벗어나 교섭의 지대로 접근할 수 있게 해주는 것이다. 이는 권리를 보편화된 인권의 측면에서 근거 짓는 논리에서 벗어나 복합적인 다양성들을 조명하여 새로운 권리를 창출하게 하는 것으로 끌어낸다는 점에서 의미를 지닌다. 이로 말미암아 일원화된 통제로부터 벗어나 시민권으로부터 파생되는 다양한 논의를 창출할 수 있게 되는 것이다. 즉, 시민권의 권리에서 파생된 의료, 복지, 거주, 세금, 혼인, 교육 등의 문제를 둘러싼 정상성의 기준을 흔들면

45 Rosi Braidotti, *Transposition*, Polity Press, 2006, p. 79.

서 배제된 권리를 확대하고 다양한 권리를 새롭게 조명하면서 일원적 중심에서 벗어나 기존의 선택항을 넘어서는 문제 설정으로 바꾸어 놓을 수 있다. 그럴 때 공동체는 친족 체계와 혈연, 사회계약을 넘어 다양한 차이들의 유동적인 결합을 의미하는 시민권을 도입함으로써 선천적인 천부 인권 개념에서 벗어나 새로운 권리를 확대하고 창조하는 것에 관심을 두는 관용적이며 개방적인 체계일 수 있는 것이다.

정리하자면, 긍정의 윤리학으로서 페미니즘은 타자성과의 윤리적 유대를 추구하는 비동일성을 원칙으로 삼아 우리가 살아가는 환경과 세상을 긍정하는 데로 나아간다. 이러한 페미니즘은 공감을 연대의 양식을 삼아 지속가능성을 추구하는 공동체를 발명하고자 하는 정치적 실천이라는 점에서 의미를 지닌다. 이러한 공동체는 지속 가능한 미래를 어떻게 사유하고 만들 것인가라는 물음 속에서 삶의 가치를 새롭게 타진한다. 이는 삶을 살아남는 생존의 시각이 아니라 변이를 통해서 생명을 활성화하는 되기를 지속하려는 활력으로서 표현하고 실험하는 것이다. 이러한 공동체의 구축에 기여하는 긍정의 윤리학으로서 페미니즘은 '여성'이라는 정의를 갱신하는 페미니즘 운동이자 모두의 운동으로 확장될 수 있는 지평을 여는 것이다.

나가며

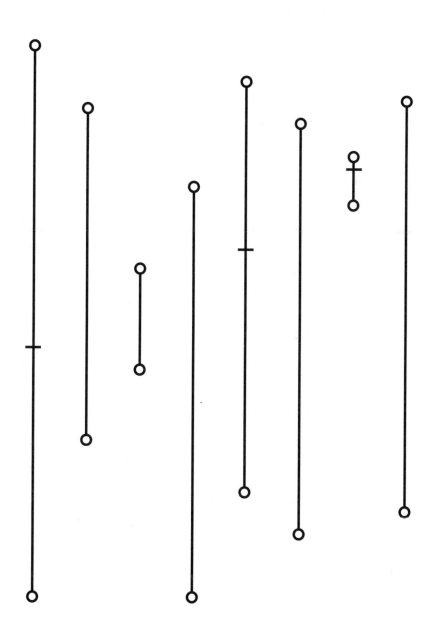

미소하며, 포용하며 일치점을 찾아보자.
비록 우리가 두 방울의 영롱한 물처럼 서로 다르더라도.
—비스와바 쉼보르스카, 「두 번은 없다」

우리가 여기 모여 있다는 것, 그리고 제가 이런 말을 하고 있다는 것 자체가 바로 그
침묵을 깨고 우리의 차이 사이에 다리를 놓으려는 시도라 할 수 있습니다.
우리의 손발을 묶고 있는 것은 차이가 아니라 침묵입니다.
그리고 깨져야 할 침묵은 너무나 많습니다.
—오드리 로드, 『시스터 아웃사이더』

이 책은 행동학이 제시하는 되기 개념의 실천적 의의를 강조하며, 페미
니즘에 되기 개념이 기여하는 바를 살펴본 것이다. 이를 위해 우선 독특한
차이를 옹호하고 다르게 되기를 실행하면서 관계를 조직하는 새로운 방식
을 제안하는 들뢰즈의 행동학을 주요하게 검토하였다. 행동학에서 차이는
각기 특이한 것이자, 다른 차이를 생산할 수 있는 역량을 지닌 강도적인 힘
이다. 강도적 차이는 다른 힘과의 관계를 통해서만 드러날 수 있으며, 힘들
의 작용에서 자신의 힘을 펼치는 방향성을 지닌 물리적 실재이다.

아울러 차이를 강도적인 힘으로 봄으로써 얻은 행동학의 성과를 신체에
대한 새로운 이해에서 찾으려 했다. 행동학은 신체를 차이의 해부학적인
특징이나 정신의 반대항으로 규정하는 논리가 아닌 다른 방식으로 설명한
다. 그것은 신체를 특이한 차이들의 결합체이자, 얼마나 '할 수 있는가'라
는 변화할 수 있는 능력의 문제로 설명하는 것이다. 즉, 신체는 강도적 힘
들의 연결과 그에 따른 변이에 의해 정의된다. 이러한 신체는 첫째, 신체성
이라는 본질을 지닌 것이거나 항존적 상태를 고수하는 것이 아니며, 변이
하는 힘들의 역동적인 변화의 과정 그 자체이다. 둘째, 신체는 환경과 분리

되어 단독적으로 존재할 수 없다. 셋째, 신체의 지속성은 신체가 맺고 있는 다른 신체들과의 관계에 따라 영향을 받는다. 따라서 이 책은 행동학을 강도적 차이를 통해 신체를 이해하는 윤리학이며, 신체를 증강시킬 수 있는 힘의 문제를 윤리적인 문제로서 주요하게 다루는 것으로 이해한다. 행동학에서 좋음은 능동적 변용 능력의 상승을 통해 삶을 지속하는 데에 있다.

나는 행동학이 삶을 지속하고 증강시킬 수 있는 관계의 조직을 윤리적인 가치로 이해하고, 그 실천적 의미가 되기 개념을 통해 제시되고 있다고 생각한다. 행동학은 신체를 수동적인 체념의 상태로 만드는 것이 우리의 일상의 모든 영역에서 변용 능력을 통제하여 지배력을 확장하려는 논리에서 기인한다는 사실을 강조한다. 행동학은 신체의 변용 능력의 활성을 다루는 윤리적 문제를 제기함으로써, 변용 능력을 저하시키면서 자기 복종의 체제를 만드는 지배 권력에 저항하는 정치적 함의를 지니는 것이다. 특히 되기 개념은 탈정체화와 탈중심화를 실행하는 소수자-되기를 주장할 뿐 아니라 각기 독특한 신체들의 변용 능력을 긍정하며, 모두의 변용 능력을 증강시키는 능동적인 행위를 만들어 내는 관계성을 창출하는 실험을 도모하기에 행동학의 실천적 의미를 잘 드러내 주는 것이다.

이 책의 중요한 목적은 페미니즘과 연결됨으로써 되기 개념의 실천적 의미가 확대된다는 것을 밝히고, 페미니즘에서 특히 여성-되기 개념의 유용성을 제시하는 데에 있다. 나는 되기 개념의 정수가 여성-되기 개념에 있음을 강조하고 페미니즘과 연결되면서 윤리적 실용성과 정치적 급진성을 강화한다고 생각한다. 이러한 책의 시도가 행동학의 실천성을 페미니즘과 연결하여 소수적인 것으로 향하는 되기를 실행하기에, 철학을 새로운 개념을 창조하는 것으로 제안하는 들뢰즈의 취지에 적합하다고 생각한다.[1] 페미니즘 또한 행동학이 제시하는 되기 개념을 여성-되기 개념을 통

---

1   QP 8/9

해 정교화하면서 이분법적인 논리에서 벗어나는 신체와 여성을 설명해 낼 수 있을 뿐 아니라, 여성 간의 차이와 여성 내의 차이를 여성 주체를 발명할 수 있는 역량으로 긍정할 수 있다. 특히 인본주의를 넘어선 윤리적 전회를 페미니즘에 제안한다는 점에서 되기 개념은 페미니즘의 논의에 기여한다.

이 책은 되기 개념 중 여성-되기 개념의 중요성을 특히 강조했다. 이 책의 제목이 여성-되기인 이유는 이러한 연유이다. 브라이도티의 논의는 여성-되기 개념을 여성 주체화로 설명하여 페미니즘과 행동학의 연결고리를 모색했다. 브라이도티는 페미니즘적 입장에서 차이를 권력에 의해 성차화된 것으로 이해하고, 되기 개념을 통해 여성 주체의 발명을 설명한다. 브라이도티는 되기를 통해 생산되는 여성 주체를 집합적 신체이자 체현적 실재로 설명하며 다음과 같이 정의한다. 첫째, 여성 주체는 여러 가지 다양한 되기를 시행하면서 하나의 중심으로 수렴되지 않고 변이하는 유목적 주체이다. 둘째, 여성 주체는 여성 간의 다양한 차이를 인정하고 각기 다른 차이들과 더불어 작동하는 다른 사회문제와 결합하여 연대의 역량을 강화하고 확장하는 비단일적인 주체이다.

이 책은 브라이도티가 여성 주체를 차이에 개방적인 윤리적 주체로 이해하면서, 타자성과 관계성을 윤리적 가치로 삼는 긍정의 윤리학을 주장한다는 점에 주목했다. 이 책은 이러한 긍정의 윤리학의 의미를 다음과 같이 규정한다.

1) 긍정의 윤리학은 고통, 공포, 불신 혹은 슬픔과 같이 우리의 행위를 가로막는 열정을 역동적인 행위의 힘으로 변하게 만드는 노력이다. 부정적인 감정 역시 생명력의 흐름과 역동적인 힘들의 관계 전체인 삶 자체에 속해 있는 것이다. 그러하기에 긍정의 윤리학은 부정적인 열정을 회피하지 않을 뿐 아니라 고통을 피하거나 수동적으로 받아들여서 체념하지 않으며, 오직 되기를 실행한다.

2) 긍정의 윤리학은 '우리'가 이곳에 함께 존재하며, 살아 있는 모든 생명체가 상호 의존하면서 살아가고 있음을 강조한다. 살아 있음은 타자의 영향에 열려 있는 것이며, 상호 의존적인 관계의 망에서 더불어 공존하는 것이다. 긍정의 윤리학은 다중한 차이들과 연결하여 관계망을 확장하는 공감sympathie을 강조하며, 능동적인 행위 능력을 증대하는 공생을 강화하는 공동체를 구축하는 시도로 나아간다.

3) 긍정의 윤리학은 시공간의 특수성과 맥락을 무시하고 행위 규범의 보편성을 제시하는 입장을 비판하지만, 맥락과 상황에서 발생하는 다중한 문제들을 연결하여 구체적으로 갈등하고 협상하는 과정을 통해 보편성을 생산해 내려는 노력이다. 그런 점에서 긍정의 윤리학은 본질적 보편성은 비판하지만, 다양한 타자들과의 연대와 공존의 필요성을 보다 확산하는 열린 경계망으로 보편성을 이해한다. 이는 갈등과 분쟁, 불일치를 부정적인 것으로 여기지 않고 어떻게 생산적인 흐름으로 바꿀 것인가를 고민하는 것이며, 차이를 인정하고 이를 협력의 역량으로 삼는 것이다. 즉, 보편성은 전 지구적으로 인식하면서도 구체적인 경험과 맞물린 현장에 기반하는 실천을 통해 생겨난다.

4) 긍정의 윤리학은 윤리적 행위자를 자유의지를 지닌 독립적이고 탈관계적인 도덕적 인간이 아니라, 다중적인 소속성을 지닌 집합적 실재로 제안한다. 또한 책임을 당위의 준수가 아니라, 삶을 계속 지속하게 할 수 있는 형식을 능동적으로 구축하는 것으로 이해한다. 이러한 긍정의 윤리학은 자연과 문화를 연속선상에서 이해하면서 지구환경에 대한 생태적 입장을 견지하며, 자본의 질서에 의해 물질적 조건의 재생산을 통제하려는 체제에 문제를 제기한다. 이는 윤리학의 책임성을 지구상의 모든 생명체를 포함하는 더욱 큰 틀로 확대하는 것을 뜻한다.

브라이도티의 긍정의 윤리학은 정치운동의 연대망으로서 관계를 타진하고, 차이가 차별이 되는 현실에 저항하기 위해 인칭적 타자성을 전략상 차용하기도 하며, 책임과 개방성을 지닌 보편성을 강조한다는 점에서 행동학과 일정 정도 차이점을 드러내기도 한다. 그럼에도 불구하고 나는 긍정의 윤리학이 페미니즘을 견지하면서도 들뢰즈의 행동학의 실천적 유용성과 정치적 급진성을 잘 드러내고 있다고 생각한다.

이 책은 페미니즘을 다음의 두 가지 이유로 긍정의 윤리학으로 이해한다.

첫째, 브라이도티의 말처럼 오늘의 페미니즘의 과제는 상호 영향을 주고받는 관계가 힘 기르기를 할 수 있는 윤리적 주체의 발명에 있기 때문에 페미니즘에 있어서 새로운 방식의 윤리적 논의가 필요하다.

둘째, 여성 주체는 변이를 지속시킬 수 있는 능동적 힘들의 결합인 집합적 관계망이기에, 다양한 차이들을 능동적인 힘들로 창출하는 알맞은 윤리적 관계의 구축은 중요하다. 브라이도티뿐만 아니라, 페미니즘 입장을 견지하는 탐신 로레인^{Tamsin Lorraine} 역시 *Deleuze and Guattari's Immanent Ethics: Theory, Subjectivity, and Duration*(2011)에서 들뢰즈의 행동학을 통해 여성 주체성과 다양한 차이들과 연결된 윤리적 관계를 설명한다. 마찬가지로 나는 여성 주체를 윤리적 주체로 제안하고 지금의 페미니즘을 행동학이라는 새로운 윤리적 전회를 통해서 이해할 필요성이 페미니즘 내에서 제기되고 있다고 생각하는 것이다.

이 책은 이러한 긍정의 윤리학으로서의 페미니즘이 성차화된 차이의 역량을 긍정하면서 저항의 새로운 형식을 창조하고 다양한 윤리적 관계들을 실험한다는 점에서 의의를 찾는다. 또한 관계의 연결을 강조함으로써, 하나의 중심에 귀결하지 않고 복잡한 차이들의 연결을 통해 다중적으로 소속되어 있음을 제안하는 열린 보편성을 창출해 낸다는 것 역시 긍정의 윤리학으로서 페미니즘이 도달한 성과라고 판단한다.

무엇보다도 이 책은 긍정의 윤리학으로서의 페미니즘이 여성만의 정치

218

운동이 아닌 다른 사회운동과 함께 탈근대적인 전망을 제시할 수 있는 모두의 운동으로 확장되는 지평을 열게 된다는 점에서 의의를 찾는다. 긍정의 윤리학으로서의 페미니즘은 페미니즘을 여성만의 고립된 정치의 형식이 아니라, 다양한 차이들과 폭넓게 접합하는 맥락에서 페미니즘적인 목적과 목표를 추구하는 연대와 제휴의 정치운동으로 확장되는 것이다. 이는 인간과 비인간을 넘어서는 생태학적 관점을 견지하며, 문화와 자연, 개발도상국과 선진국 넘어서는 다양한 차이들을 연결시켜 지속 가능한 미래로 향하는 전망을 구체화하는 것이다. 그러하기에 페미니즘이 제시하는 윤리적 관계는 더불어 공생하는 지속 가능한 삶을 위한 능동적인 변용 능력을 활성화하는 공동체의 구축으로 나타나는 것이다. 삶을 지속할 수 있기 위한 공동체의 구축은 일상에서 벌어지는 상황에서 정치적인 것the political을 도출하고 문제 제기함으로써, 권리를 획득하며 규칙을 제정하는 방식으로 이루어진다.[2] 그것은 정상과 비정상을 나누는 기준을 의문시하며, 투쟁을 통해서 기준의 영역을 확장하는 동시에 기준의 안과 바깥을 설정하는 논리를 뒤흔드는 방식으로 나아가는 것이다.

이 책은 긍정의 윤리학으로서 페미니즘이 추구하는 연대와 제휴의 정치로서의 전망이 이미 다양한 활동들, 특히 공간을 변이하는 흐름들 속에서 실행되고 있다고 생각한다. 예를 들어 서부 탄자니아의 숲을 되살리기 위한 제인 구달의 타카르TACARE 활동은 토지의 비옥화와 여성의 교육, 자립적인 지역 공동체의 설립과 지리 환경을 생태적으로 재조직화하는 실행을

---

2   이 책은 정치와 정치적인 것을 구분하고자 한다. 형용사를 명사화한 '정치적인 것the political'이라는 구분은 독일의 법학자 칼 슈미트의 정치적인 것의 개념의 용법을 무페가 받아들여 사용한 것이다. 경제, 문화, 종교, 사회 등과 구분되는 제도적 영역으로서 정치politics와 다르게, '정치적인 것'은 모든 인간 사회에 본래부터 있으며 우리의 존재론적 조건을 규정하는 차원이다. "결국, 우리는 정치적인 것을 어떤 한 유형의 제도로 제한하거나 사회의 특정 분야나 차원이라고 생각할 수 없다. 우리는 정치적인 것을 모든 인간 사회에 본래부터 있으며 우리의 존재론적 조건을 결정하는 하나의 차원으로 생각해야 한다." 상탈 무페, 『정치적인 것의 귀환』, 이보경 옮김, 후마니타스, 2007, 11-30쪽, 참고.

도모하면서, 기아와 가뭄으로 무기력해진 탄자니아인들에게 지속 가능한 삶을 모색할 수 있는 새로운 대안을 제시했다. 이 활동은 생계의 위협으로 인해 벌어지는 막무가내식 벌채를 막아 탄자니아 숲을 보호하고 식수를 확보하여, 이 지역에 거주하는 인간과 생명체, 특히 멸종 위기에 놓인 침팬지가 번식하여 개체수를 늘리는 데 일조했다. 타카르 활동은 지구에 거주하는 모든 생물의 연결성을 강조하는 윤리적 관계를 구축하는 운동의 필요성을 잘 보여 주고 있기에 긍정의 윤리학에서 제시하는 가치와 조우하는 것이다.[3]

---

3   제인 구달, 『희망의 자연』, 김지선 옮김, 사이언스 북스, 2010, 32쪽.

참고 문헌

1. 들뢰즈의 저작 및 강의록

단행본

Deleuze, Gilles , *Bergsonism*, Paris: Presses Universitaires de France, 1966 (김재인 역, 『베르그송주의』, 문학과 지성사, 1996)

———— *Dialogues*, Paris: Flammarion, 1996 (허희정·전승화 역, 『디알로그』, 동문선, 2005)

———— *Différence et repetition* / 11e. ed, Paris: Presses Universitaires de France, 2003 (김상환 역, 『차이와 반복』, 민음사, 2004)

———— *Foucault, Paris:* Editions de Minuit, 1986 (허경 역, 『푸코』, 동문선, 2003)

———— *La philosophie critique de Kant*, Paris: Presses Universitaires de France, 2004 (서동욱 역, 『칸트의 비판 철학』, 민음사, 1995)

———— *Logique du sens*, Paris: Editions de Minuit, 1969 (이정우 역, 『의미의 논리』, 한길사, 1999)

———— *Mille Plateaux(avec Félix Guattari)*, Paris: Editions de Minuit, 1980 (김재인 역, 『천 개의 고원』, 새물결, 2001)

———— *Nietzsche et la philosophie*, Paris: Presses Universitaires de France, 2007 (이경신 역, 『니체와 철학』, 민음사, 1998)

———— *Spinoza, Philosophie pratique*, Paris: Editions de Minuit, 1981 (박기순 역, 『스피노자의 철학』, 민음사, 1999)

———— *Spinoza et le problème de l'espression*, Paris: Editions de Minuit, 1967 (이진경·권순모 역, 『스피노자와 표현의 문제』, 인간사랑, 2002)

———— *Pourparlers 1972-1990*, Paris: Editions de Minuit, 2003 (김종호 역, 『대담』, 솔, 1993)

———— *Proust et les singnes*, Paris: Presses Universitaires de France, 1964 (서동욱·이충민 역, 『프루스트와 기호들』, 민음사, 1997)

———— *Qu'est-ce que la philosophie?*, Paris: Editions de Minuit, 1991 (이정임·윤정임 역, 『철학이란 무엇인가』, 현대미학사, 1995)

───『들뢰즈가 만든 철학사』, 박정태 역, 이학사, 2007

영문판

Gilles Deleuze and Felix Guattari, *A Thounsand Plateaus —Capitalism and Schizophrenia II*,
    trans. Brain Massumi, Minneapolis: Univ. of Minnesota Press, 2011
Deleuze, Gilles , *Negotiations:1972-1900*, trans. Martin Joughin, New York: Columbia Univ.
    Press, 1995
─── *Desert Islands: and other texts 1953-1974*, trans. Michael Taomina, Ed. David Lapou-
    jade, Los Angeles: Semiotext(e), 2004
─── *Two Regimes of Madness: Texts and Interviews 1975-1995*, trans. Ames Hodges Mi-
    chael Taomina, Ed. David Lapoujade, Los Angeles: Semiotext (e), 2007

강의록

Les cours de Gilles Deleuze (www.webdeleuze.com)
「질 들뢰즈: 스피노자에 관한 세미나 1978년 1월 24일」, 김상운 역, 미출간 논문

2. 브라이도티 저작 및 논문

단행본

Braidotti, Rosi , *Patterns of dissonance : a study of women in contemporary philosophy*, Cam-
    bridge: Polity Press, 1991
─── *Nomadic subjects : embodiment and sexual difference in contemporary feminist theory*,
    New York: Columbia University Press, 1994 (박미선 역,『유목적 주체 : 우리 시대 페미니즘
    이론에서 체현과 성차의 문제』, 여이연, 2004)
─── *Metamorphoses : towards a materialist theory of becoming*, Cambridge: Polity Press,

222

2002

—— *Transposition*, Cambridge: Polity Press, 2006 (박미선 외 역,『트랜스포지션: 유목적 윤리학』, 문화과학사, 2011)

—— *Deleuze and Law: Forensic Futures*(editor), Springer: Palgrave Macmilla, 2009

논문

Braidotti, Rosi , "Toward a New Nomadism", *Gilles Deleuze and the Theater of Philosophy*, Constantin Boundas and Dorothea Olkowski(eds), London & New York: Routledge, 1994 (오수원 역,「새로운 노마디즘을 위하여」,『문화 과학, 16호』, 1998.)

—— "Affirmation, Pain and Empowerment", *Asian Journal of Women's Studies Vol.14, No. 3*, pp. 7-36, 2008 (이화여자대학교 아시아여성학센터,「긍정, 고통, 그리고 임파워먼트」,『글로벌 아시아의 이주와 젠더』, 2011)

3. 국내 2차 문헌

단행본

백영경·박연규,『프랑켄슈타인의 일상』, 밈, 2008
서동욱,『들뢰즈의 철학 : 사상과 그 원천』, 민음사, 2002
윤영수,『복잡계 개론』, 삼성경제연구소, 2005
이화여자대학교 한국여성연구원,『지구화 시대의 현장 여성주의』, 이화여자출판부, 2007

논문

김은주,「외적 충격으로부터 어떻게 내면이 구축되는가?—데카르트의 물체 충돌 규칙과 스피노자의 변용(affectio) 개념」,『철학 사상』, 2013

김은주,「들뢰즈의 신체 개념과 브라이도티의 여성 주체」,『한국여성철학』, 2013
───「들뢰즈와 가타리의 되기 개념과 여성주의적 의미」,『한국여성철학』, 2014
───「탈근대의 윤리적 주체화와 책임의 새로운 지평」,『한국여성철학』, 2018
김재인,「들뢰즈의 '아펙트' 개념의 쟁점들: 스피노자를 넘어」,『안과 밖』, 2017
루인,「의료 기술 기획과 근대 남성성의 발명」,『남성성과 젠더』, 권김현영 외, 자음과 모음, 2011
윤혜린,「문화 횡단의 맥락에서 본 문화 상대화와 문화 상대주의 사이의 개념적 공간에 대한 여성 철학적 성찰」,『철학』, 제 95집, 2008
정희진,「편재遍在하는 남성성, 편재偏在하는 남성성」,『남성성과 젠더』, 권김현영 외, 자음과 모음, 2011

4. 외국 2차 문헌

단행본

Ahmed, S., *The Cultural Politics of Emotion*, London & New York: Routledge, 2004

Gregg, M. and Gregory, J.S. eds., *The Affect Theory Reader*, Durham: DukePress, 2010

Ansell-Pearson, K., *Deleuze and philosophy : the difference engineer*, London & New York: Routledge, 1997

Alaimo, S. and Hekman, S., *Material Feminisms*, Bloomington: Indiana University Press, 2008

Alliez, E., *Gilles Deleuze, une vie philosophique : rencontres internationales Rio de aneiro-Sao Paulo, 10-14, juin 1996 sous la direction d'Eric Alliez*, Paris: Synthelabo, 1998

Bryden, M., *Deleuze and religion*, London & New York: Routledge, 2001

Bonta, M., *Deleuze and geophilosophy : a guide and glossary*, Edinburgh: Edinburgh University Press, 2004

Buchanan, I. , *Deleuze and Feminist Theory*, Edinburgh: Edinburgh University Press, 2000

Butler, J. , *Bodies That Mateer*, London & New Yrok: Routledge, 2011

Colebrook, C., *Deleuze : a guide for the perplexed*, New York: Continuum, 2006

───*Gilles Deleuze*, London & New York: Routledge, 2002

—— *Deleuze and Gender (Deleuze Studies Special Issues)*, Edinburgh: Edinburgh University Press, 2009

—— *Gender*, Springer: Palgrave MacMillan, 2004

Dosse, F., *Gilles Deleuze and Félix Guattari: Intersecting Lives*, Trans. Deborah Glassman, New York: Columbia University Press, 2011

Gatens, M. and Lloyd, M., *Collective Imaginings: Spinoza*, Past and Present, London & New York: Routledge, 1999

Halberstam, J., *Female masculinity*, Durham: Duke University Press, 1998,

—— *In a queer time and space: Transgender bodies*, New York: NYU Press, 2005

Hallward, P., *Out of this world : Deleuze and the philosophy of creation*, New York: Verso, 2006

Kerslake, C., *Deleuze and the unconscious*, New York: Continuum, 2007

Lorraine, T., *Irigaray and Deleuze : experiments in visceral philosophy*, Ithaca: Cornell University Press, 1999

—— *Deleuze and Guattari's imanent ethics*, Albany: SUNY Press, 2012

Lloyd, G., *Spinoza and the Ethics*, London & New York: Routledge, 1996

May, T., *Gilles Deleuze an introduction*, New York: Cambridge University Press, 2005

Massumi, B., *A shock to thought : expressions after Deleuze and Guattari*, London & New York: Routledge, 2002

Olkowski, D., *Gilles Deleuze and the ruin of representation*, Oakland: University of California Press, 1999

Patton, P., *Between Deleuze and Derrida*, New York: Continuum, 2003

—— *Deleuze : a critical reader*, Oxford: Blackwell, 1996

Parr, A., *The Deleuze dictionary*, New York: Columbia University Press, 2005

Schmiedel, M., *Contesting the Oedipal legacy : Deleuzean vs psychoanalytic feminist critical theory*, Paris: Meriel LIT, 2004

Stone, S., *The Empire Stirikes Back: A postsexual manifesto, In The transgender studies reader*, edt. Susam Stryker and Stephen Whittle, New York: Routledg, 2006

Zepke, S., *Art as abstract machine : ontology and aesthetics in Deleuze and Guattari*, London & New York: Routledge, 2005

Zourabichvili, F., *Le vocabulaire de Deleuze*, New Yrok: Ellipses, 2003

고쿠분 고이치로, 『중동태의 세계』, 동아시아, 2019.

펠릭스 가타리, 『기계적 무의식』, 윤수종 역, 푸른 숲, 2003

엘리자베스 그로츠, 『뫼비우스 띠로서 몸』, 임옥희 역, 여이연, 2010

제인 구달, 『희망의 자연』, 김지선 역, 사이언스 북스, 2010

캐롤 길리건, 『다른 목소리로』, 허란주 역, 동녘, 1997

프리드리히 니체, 『니체전집 14 (선악의 저편/도덕의 계보)』, 김정현 역, 책세상, 2002

────── 『권력에의 의지』, 김수남 역, 청하, 1998

마누엘 데란다, 『강도의 과학과 잠재성의 철학』, 이정우 역, 그린비, 2009

존 라이크만, 『들뢰즈 커넥션』, 김재인 역, 현실문화연구, 2005

쉬잔 엠 드 라코트, 『들뢰즈─철학과 영화 : 운동-이미지에서 시간-이미지로의 이행』, 이지영
        역, 열화당, 2004

데이비드 로도윅, 『질 들뢰즈의 시간기계』, 김지훈 역, 그린비, 2005

제롬 로장발롱, 『들뢰즈와 가타리의 무한 속도 1』, 성기현 역, 열린 책, 2012

우줄라 I. 마이어, 『여성주의 철학 입문』, 송안정 역, 철학과 현실사, 2006

찬드라 모한티, 『경계 없는 페미니즘』, 문현아 역, 여성문화이론연구소, 2005

상탈 무페, 『정치적인 것의 귀환』, 이보경 역, 후마니타스, 2007

주디스 버틀러, 『젠더 트러블』, 조현준 역, 문학동네, 2008

장 피에르 보, 『도둑 맞은 손』, 김현경 역, 이음, 2019

장-뤽 낭시, 『코르푸스: 몸, 가장 멀리서 오는 지금 여기』, 김예령 역, 문학과지성사, 2012

지오바나 보라도리, 『테러 시대의 철학 (하버마스, 데리다와의 대화)』, 손철성 역, 문학과지성사,
        2004

아리스토텔레스, 『형이상학』, 김진성 역, 이제이북스, 2007

아르노 빌라니 편, 『들뢰즈 개념어 사전』, 신지영 역, 갈무리, 2012

바뤼흐 스피노자, 『에티카』, 강영계 역, 서광사, 1990

────── 『신학-정치론』, 김호계 역, 책세상, 2002

반다나 시바, 『에코페미니즘』, 손덕수 역, 창작과 비평사, 2000

조르조 아감벤, 『호모 사케르 : 주권 권력과 벌거벗은 생명』, 박진우 역, 새물결, 2008

키스 안셀 피어슨, 『싹트는 생명 : 들뢰즈의 차이와 반복』, 이정우 역, 산해, 2005

잭 헬버스탬, 『가가 페미니즘: 섹스, 젠더, 그리고 정상성의 종말』, 이화여대 여성학과 퀴어·
        LGBT 번역 모임 역, 이매진, 2014

아이리스 영, 『정치적 책임에 관하여』, 허라금 외 역, 이후, 2013

한나 아렌트, 『예루살렘의 아이히만』, 김선욱 역, 한길사, 2006

야콥 폰 위스퀼, 『동물들의 세계와 인간의 세계』, 정지은 역, 도서출판 b, 2012

앨리슨 재거, 『여성주의 철학 I』, 서광사, 2005

――― 『여성주의 철학 II』, 서광사, 2005

임마누엘 칸트, 『순수이성비판』, 백종현 역, 아카넷, 2006

――― 『판단력비판』, 백종현 역, 아카넷, 2008

클레어 콜브룩, 『들뢰즈 이해하기』, 한정헌 역, 그린비, 2007

――― 『이미지와 생명, 들뢰즈의 예술철학』, 정유경 역, 그린비, 2008

――― 『질 들뢰즈』, 백민정 역, 태학사, 2004

폴 패튼, 『들뢰즈와 정치: '앙티 외디푸스'와 '천의 고원들'의 정치철학』, 백민정 역, 태학사, 2005

키스 W. 포크너, 『들뢰즈와 시간의 세 가지 종합』, 한정헌 역, 그린비, 2008

미셸 푸코, 『지식의 고고학』, 이정우 역, 민음사, 1992

――― 『미셸 푸코의 권력 이론』, 정일준 역, 새물결, 1994

――― 『성의 역사 1: 앎의 의지』, 이규현 역, 나남, 1990

――― 『미셸 푸코, 섹슈얼리티의 정치와 페미니즘』, 황정미 역, 새물결, 1995

도나 해러웨이, 『유인원, 사이보그, 여자』, 민경숙 역, 동문선, 2002

이토 마모루, 『정동의 힘』, 김미정 역, 갈무리, 2016

논문

Balsamo, A., "Panic Postmodernism and the Disappearance of the Body", *Technologies of the Gendered Body: Reading Cyborg Woman*, Durham: Duke University Press, 1996

Colebrook, C., "From Radical Representations to Corporeal Becomings: The Feminist Philosophy of Lloyd, Grosz and Gatends", *Hypartia vol 15. no 2*, 2000

――― "Postmodernism is a Humanism: Deleuze and Equivocity", *Women: a cultural review Vol. 15. No. 3.*, 2004

――― "Stratigraphic Time, Women's Time", *Australian Feminist Studies Vol. 24. No. 59*, 2009

Der Tuin, V., "Transversality of New Meterialism", *Women: a cultural review Vol. 21. No. 2.*, London & New York: Routledge, 2010

Driscoll, M., "The Little Girl", *Antithesis, vol 8. no 2*, 1997

Flieger, J., "Becoming-Woman: Deleuze, Schreber and Molecular Identification", *Deleuze and*

Femnist Theory (edited by Ian Buchanman and Clare Colebrook), Edinburgh: Edinburgh University Press, 2000

Friedman, M., "Feminist Virtue Ethics, Happiness, and Moral Luck", *Hypatia vol. 24. no. 1*, 2009

Gatens, M., "Feminism as 'Password': Re-thinking the 'Possible' with Spinoza and Deleuze", *Hypartia vol 15. no 2*, 2000

Goulimari, P., "A Minoritarian Feminism? Things to do with Deleuze and Guattari", *Hypartia vol 14. no 2*, 1999

Grotz, E., "A Thousand Tiny Sexes: Feminism and rhizomatics", *Gilles Deleuze and the Theater of Philosophy*, London & New York: Routledge, 1994

Hooks, B., "Postmodern Blackness", *in Yearning*, Between the Lines, 1980

Jardin, A., "Woman in Limbo: Deleuze and his br(others)", *Substance 44/45*, 1984

Jakobsen, J. R., "Agency and Alliance in Public Discourses about Sexualities", *Feminist Ethics and Social Policy*, eds, Patrice DiQuinzio and Iris Marion Young, Bloomington: Indiana University Press, 1997

Lauretie, T. D., "Upping the Anti(sic) in Feminist Theory", *Conflicts in Feminism*, in Marianne Hirsh and Evelyn Fox Keller, eds., London & New York: Routledge, 1990

Marrati, P., "Time and Affects: Deleuze on Gender and Sexual Difference", *Australian Feminist Studies, Vol. 21, No. 51*, 2006

Massumi, B., "foreword", Gilles Deleuze, Felix Guattari, *A thousand plateaus : capitalism and schizophrenia*, Minneapolis: University of Minnesota Press, 1987

May, T., "Difference and Unity in Gilles Deleuze", *Gilles Deleuze and the Theater of Philosiphy*, ed. Constantin V. Boundas and Dorothea Olkowski, London & New York: Routledge, 1994

Selliberg, K., "Transtions and Tranformations From Gender Performance to Becoming Gendered", *Austrailian Femisit Studies, Vol. 24, No. 59*, 2009

Spongberg, K., "Editorial: Feminist Generations", *Australian Feminist Studies, Vol. 24, No. 59*, 2009

Tauchert, A., "Fuzzy Gender: between female-embodiment and intersex", *General of Gender Studies: Vol. 11*, 2002

제인 알코프, 「젠더와 재생산」, 『글로벌 아시아의 이주와 젠더』, 이화여자대학교 아시아여성학

228

센터, 2011

Rich, Adirenne. "Note towards a Politics of Location", *Blood, bread and poetry: Selected Prose 1979-1985*, Reina Lewis and Sara Mills, New York: W. W. Norton & Company, 2003

Joan Scott, "Gender: A Useful Category of Historical Analysis", *Gender and the Politics of History*, New York: Columbia University Press, 1988

Puar, Jasbir K., "Bodies with New Organs: Becoming Trans, Becoming Disabled", *The Right to Maim: Debility, Capacity, Disability* , Durham: Duke University Press, 2017.

Brian Massumi, "The Future Birth of the Affective Fact: The Political Ontology of Threat", *The Affect Theory Reader*, ed. Melissa Gregg and Greory J. Seigworth, Durham: Duke University Press, 2010

감사의 글

이 책은 2013년에 제출한 박사학위논문을 대폭 수정하고 어떤 부분은 새로 쓰고 다듬어 만들었다. 근대 주체의 도덕을 넘어서려는 니체, 스피노자의 분투와 들뢰즈의 존재론적 기획을 통과하여, 행동학과 교차하는 로지 브라이도티의 페미니즘 기획을 새로운 윤리적 주체화로 구체화하려는 것이 그때 당시 논의의 목적이었던 것으로 기억한다. 그로부터 꽤 시간이 지났고, 지금의 나는 페미니즘 철학의 한복판에서 인간 중심주의를 넘어선 새로운 물질론과 동시대의 논의에 좀 더 착목하고, 정동, 매체 그리고 시공간 구조와 페미니즘 주체화의 관계를 해명해 보려 하고 있다.

여러 해 전에 썼던 글을 들여다보는 일은 당시의 '나'의 학문적 궤적을 더듬어 보는 일이기도 하고, 그로부터 얼마큼 달라졌고 변이했는가를 살펴보는 일이기도 하다. 그때 불투명했던 생각들이 좀 더 확실해진 것도 있고, 그때 명확했던 관념들이 그 전제부터 해체되어 사라진 경우도 있다. 이 과정을 확인하는 일이 글을 다듬으면서 느낀 작은 기쁨이기도 했다.

그 과정에서 다시금 확인한 사실은 근대를 넘어서는 동시대의 주체화가 윤리적 주체화와 불가분리하다는 사실과, 사실상 대문자 보편 주체를 상정하는 근대화의 주체화 과정이, 이미 계급, 인종, 섹스, 젠더, 섹슈얼리티

230

등을 통과해 자아=자기의식=개인=인격과 일치하는 주체 만들기라는 것이다. 또한 브라이도티의 성차 개념이 단선적인 '여성'을 주창하려는 것이 아니라, 신유물론의 계보 속에서 체현된 주체 구조의 복잡성과 신체의 물질성을 강조한다는 것이다. 브라이도티의 논의는 페미니즘이 이론이자 정치운동임을 강조하며, '차이를 지닌 여성들이 어떻게 함께 연대할 수 있는가', '여성으로서 어떻게 발화할 수 있는가'라는 질문에 대한 대답을 찾으려는 시도이면서 동시에 신체와 물질에 드리워진 이분법적 사유를 "돌파하며 작업하는working through"는 새로운 사유를 제안하는 것이다.

*

헤겔의 변증법에 천착하던 내가 들뢰즈의 존재론적 차이에 닿은 일은 우연한 사건이었다. 다른 사람들은 모르겠으나, 나는 나 자신이 목도하고 경험하는 삶에 대한 궁금증과 풀리지 않은 어떤 논제들을 해명하려는 열망에서 철학을 한다. 그 열망은 철학적 사유에 대한 믿음에서 비롯한다. 나에게 철학적 사유는 문제에 침잠, 침몰하여 끝까지 밀어붙이게 하는 역량이자, 새로운 개념을 창조하여 다시 살게 하는 힘이기도 하다.

들뢰즈와 페미니즘을 엮어 내는 시간은 생의 위대한 건강을 되찾는 시간이었다. 이 시간은 고적하고도 조용하지만 가장 강렬한 강도를 통과하는 시간이었고, 아주 단순한 사실을 알기 위해 분투하고, 마주하고 싶지 않던 단면을 직시하여 삶의 변화를 그려 내는 시간, 우연한 삶의 아름다움에 대해 배우는 시간이었다. 에둘러 걸어온 시간의 흔적은 내게 단단하고도 소박한 진실을 보여 주었다. 내가 무엇을 할 수 있을지 그리고 어떻게 더불어 살 수 있을지를 배우게 한 시간들에 감사한다. 그 시간을 통과하지 않았더라면 결코 알 수 없었을 배움 덕분에 절박한 물음을 접고 매 순간의 충실과 기쁨을 생각한다.

시간이 선사한 빛나는 우연으로, 여러 해 전 쓴 논문을 이렇게 털어 다시 빚어낸다. 책 출간을 제안한 에디투스 출판사의 연주희 대표님에게 우선 고마움의 마음을 전한다. 철학의 길로 들어설 때 따뜻하게 손 내밀고 오랫동안 이해해 주신 김혜숙 선생님, 그리고 긴 시간 지도해 주시고 페미니즘 철학을 적극 권장하신 이상화 선생님께 진심으로 감사하다는 말씀을 드린다. 생각해 보니 브라이도티의 유목적 주체를 김혜숙 선생님의 대학원 세미나에서 처음으로 접했고, 들뢰즈의 저작을 이상화 선생님 강의에서 오랜 시간 읽었다. 그 시간이 아직도 생생하다. 고되고 고독한 시간에 함께 논문을 쓰며 큰 힘이 되어 준, 지금은 영화를 찍는 홍지영에게도 고맙다는 말을 전한다. 여성으로 살아간다는 것에 대해 계속 질문하게 하는 나의 어머니 정인숙과 나의 여동생 김지양 그리고 조카 윤기에게 사랑과 감사를 전한다. 최근에 읽고 깊이 마음에 와닿은 에밀리 디킨즈의 시로 이 글을 마무리 짓는다.

불가능은 사랑받는 이들이 죽는 것이지
사랑은 불멸이기 때문,
아니, 그것은 신성—

불가능은 사랑하는 이들이—죽는 것이지
사랑은 생명의 힘을 변화시켜
신성으로.

여성-되기: 들뢰즈의 행동학과 페미니즘

발행일 2019년 11월 27일 초판 1쇄

  2020년 07월 15일 2쇄

지은이 **김은주**

펴낸이 **연주희**

펴낸곳 **에디투스**

경기도 성남시 분당구 장미로 101, 821-503

전화 **070-8777-4065** 팩스 **0303-3445-4065** 이메일 editus@editus.co.kr

www.editus.co.kr

Copyright © 김은주, 2019, *Printed in Korea.*

ISBN 979-11-966224-0-4

이 도서의 국립중앙도서관 출판예정도서목록(CIP)는 서지정보유통지원시스템 홈페이지(seoji.go.kr)와 국가자료공동목록시스템(www.nl.go.kr/kolisnet)에서 이용하실 수 있습니다.(CIP 제어번호: CIP2019048036)

이 도서는 한국출판문화산업진흥원의 '2019년 출판콘텐츠 창작 지원 사업'의 일환으로 국민체육진흥기금을 지원받아 제작되었습니다